国际投资政治风险的防范与救济

Precaution and Relief to Political Risk in International Investment

李英　于迪　著

北京市支持中央在京高校共建项目资助

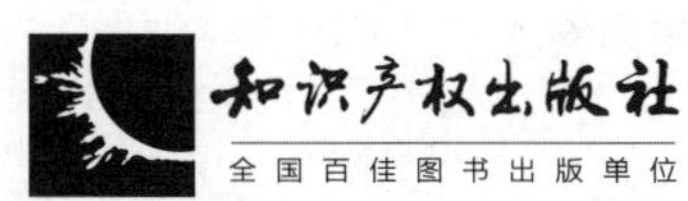

图书在版编目（CIP）数据

国际投资政治风险的防范与救济 / 李英，于迪著 . —北京：知识产权出版社，2014. 5

ISBN 978 - 7 - 5130 - 2725 - 0

Ⅰ. ①国…　Ⅱ. ①李…②于…　Ⅲ. ①国际投资 - 风险管理 - 研究②国际法 - 研究　Ⅳ. ①F831. 6②D99

中国版本图书馆 CIP 数据核字（2014）第 100642 号

责任编辑：熊　莉
特约编辑：张红蕊
责任出版：刘译文

国际投资政治风险的防范与救济

李英　于迪　著

出版发行：知识产权出版社有限责任公司	**网　　址**：http：//www. ipph. cn
社　　址：北京市海淀区马甸南村 1 号	**邮　　编**：100088
责编电话：010 - 82000860 转 8176	**责编邮箱**：xiongli@ cnipr. com
发行电话：010 - 82000860 转 8101/8102	**发行传真**：010 - 82000893/82005070/82000270
印　　刷：北京市凯鑫彩色印刷有限责任公司	**经　　销**：各大网上书店、新华书店及相关专业书店
开　　本：720mm × 960mm　1/16	**印　　张**：18
版　　次：2014 年 6 月第一版	**印　　次**：2014 年 6 月第一次印刷
字　　数：309 千字	**定　　价**：45. 00 元

ISBN 978 - 7 - 5130 - 2725 - 0

前言

在全球经济一体化的进程中，生产、资本、技术、劳动力等要素的国际化程度日益加强，资源在国际间逐渐实现了重新组合与优化配置，全球经济的相互依赖性得到了极大提升。利用外国资本，加强国际间的投资合作成为全球经济一体化发展的必然趋势。而国际投资中的政治风险是东道国政治、法律或社会等因素引发的人为的风险，包括征收风险、外汇风险、战争与内乱风险、政府违约风险以及其他风险等。这些政治风险一旦发生，投资财产将受到严重损失，这无疑是对投资者的重大打击。在处理政治风险争议时，如不能平衡外国投资者与东道国政府的利益，将会在一定程度上制约国际投资的发展，因此对外国投资者在国际投资中的政治风险进行防范和救济非常有必要。

本书主要从国际投资出发，对国际投资政治风险中的征收风险、外汇风险、战争与内乱风险、政府违约风险的成因及其对国际投资的危害进行了深入分析，并从政治风险的防范与救济两个角度为外国投资者在东道国投资提供相关的制度支持。在国际投资政治风险的防范上，本书以国际投资担保制度中的 MIGA 机制以及投资国的海外投资保险制度为落脚点，对保险机构承保的合格投资、合格投资者、承保的政治风险、代位求偿权等方面进行了深入分析，为外国投资者选择合适的保险机构提供相关的信息，从而切实有效地防范政治风险。在国际投资政治风险的救济上，本书从东道国的当地救济、投资国的外交保护、ICSID 机制、双边投资协定的救济四个方面深刻分析了对国际投资政治风险的救济手段。对于中国的海外投资者来说，本书的意义在于了解国际投资的政治风险，学习如何防范这些风险的发生，在风险成为现实后，能够通过国内和国际救济手段保护自己的合法权益。

本书提出的观点难免存在偏颇，望读者批评指正。

目录

MULU

第一章　国际投资概述

第二章 国际投资中的政治风险概述

第三章　国际投资担保制度

第四章　海外投资保险制度

第五章　国际投资政治风险的东道国当地救济

第六章 国际投资中的外交保护

第七章　国际投资政治风险与 ICSID 机制

第八章 国际投资政治风险与双边投资协定

第一章 国际投资概述

第一节 国际投资的定义和分类

一、国际投资的定义

20 世纪 90 年代以来，在全球经济一体化逐渐深入的过程中，国际投资逐渐成为各国经济交往的重要桥梁和纽带。全球范围内生产、资本、技术、劳动力等要素的国际化程度日益加强，资源在国际间逐渐实现了重新组合与优化配置，全球经济的相互依赖性得到了极大提升。利用外国资本，加强国际间的投资合作成为全球经济一体化发展的必然趋势。

在国际投资关系中，投资者以资本为链条促进资本在不同国家之间的流动。其中，接受投资的国家就是资本输入国，也称为东道国，所接受的投资称为外国投资；从该国投出资本以获取一定收益的国家就是资本输出国，也称为投资国，其对外投资亦称为海外投资。

（一）国内法上国际投资的定义

国际投资活动早在资本主义社会初期就已经出现，随着历史的不断发展，各国国内法对国际投资的定义在不同的历史发展阶段呈现出不同的特点。从整体上看，国内法上国际投资的含义演变主要分为以下三个阶段。

1. 国际投资的萌芽

19 世纪 70 年代至 20 世纪 50 年代，电力的应用使生产力得到了空前的提高，出现了货币资本和借贷资本的国际化。由此，国际投资开始萌芽。第三次科技革命则催生了生产资本的国际化，在全球范围内实现资本的大循环。而随着席卷资本主义社会的经济萧条导致众多发达国家国内生产急剧下降，为保护国内市场，各国纷纷提高关税壁垒，在一定程度上限制了国际投资的发展。

2. 国际投资法的产生与国际投资的早期概念

20 世纪 50 年代至 80 年代，“二战”结束，国际经济秩序进入了一个新的发展阶段，发展中国家也逐渐参与到国际投资的活动中，调整国际投资关系的专门国内立法开始出现。最早颁布的专门调整国际投资关系的国内单行法是 1950 年《日本关于外国资本的法律》及其实施细则。然而，这部法律并未明确规定国际投资的定义，只是在第 1 条指出本法实施的目的是确实保证由于外国资本的投入而产生的汇款，具有一定的局限性。1973 年《加拿大外国投资审核法》则指出了控制权这一概念，认为非加拿大人可以取得加拿大企业的控制权进行投资。巴基斯坦的投资法增加了法人投资的主体，其 1976 年《外国私人投资（促进和保护）法》规定，外国私人投资是指一个非巴基斯坦公民，或由一家在巴基斯坦境外注册的公司以外汇的形式在巴基斯坦投资，但不包括外国政府机构的投资。

3. 国际投资概念的演变

20 世纪 80 年代开始，国际投资法将政府机构也纳入投资者的范围内，但投资方式较为局限，如 1989 年《马尔代夫外国投资法》中，外国投资表示由外国政府、机构或者是公民带入马尔代夫共和国境内的货物、金钱、服务。[①]

20 世纪 90 年代，1991 年《白俄罗斯共和国境内的外国投资法》在投资财产中增加了产权和知识产权，而 1992 年《塔吉克斯坦共和国外国投资法》进一步将投资形式予以列举，包括货币资金、动产和不动产、土地和其他自然资源使用权及其他财富等。1993 年《墨西哥外国投资法》中提出了投资比例的概念，认为外国资本必须占多数，这实质上是一种国际直接投资。

21 世纪以来，随着世界经济一体化进程的加速，国际投资的概念在各国的投资法中进一步丰富，投资主体多元化、客体多样化的趋势愈发明显。2004 年《老挝人民民主共和国外国投资促进法》第 2 条规定的投资包括资产、技术和专业人员。2006 年《越南投资法》第 3 条则将投资的客体分为有形资产和无形资产，投资形式包括直接投资和间接投资，认为：“投资指投资商根据本法和其他有关法律规定以有形或无形资产进行的投资活动。直接投资指投资商投入资金并参与投资管理的投资方式。间接投资指投资商通过购买股份、股票、债券和其他有价证券、证券投资基金和通过其他财政中介进行投资但不直接参与投资管理活

① 陈利君等：《南亚国家经贸法律概述》，云南人民出版社 2011 年版，第 693 页。

动的投资方式。”

（二）国际法上国际投资的定义

目前，国际法上对国际投资的定义主要通过列举的方式，规定不同类别的投资形式，但这些规定多集中在双边投资协定和区域性多边投资条约上，缺乏一定的普适性和明确性。联合国贸易和发展会议在其2011年出版的“国际投资协议系列研究报告”之一《定义与范围》中，将国际投资的定义分为三种，即以资产为基础的定义，以企业为基础的定义和以商业存在为基础的定义。[①]

1. 以资产为基础的定义

以资产为基础的投资定义较为普遍，1998年4月生效的针对能源投资保护的多边条约《能源宪章条约》（Energy Charter Treaty，简称ECT）第1条规定：“‘投资’是指由投资者直接或间接控制或所有的任何一种资产，包括：（a）有形和无形、可移动和不可移动资产，以及任何产权如租约权、抵押权、置留权和抵押物；（b）公司或商业企业，股份、股票或其他平等参与公司或商业企业的形式，公司或商业企业的红利和其他债务；（c）对与投资相关的有经济价值的协定的钱和行为方面的要求；（d）知识产权；（e）回报；（f）任何由法律或合同授予的权力、或由任何许可证的效力授予的权力，以及遵循法律在能源部门进行的经济活动。”以资产为基础的投资定义具有宽泛性，并特别指出投资包括间接控制或所有这一形式。2008年《中华人民共和国政府与东南亚国家联盟成员国政府全面经济合作框架协议投资协议》第1条第4款将投资收益也纳入投资的范畴，认为投入或再投入资产发生任何形式上的变化，都不影响其作为投资的性质。

2. 以企业为基础的定义

与以资产为基础的投资定义相比，以企业为基础的投资定义其范围要窄，仅包括与所投资企业有关的投资，而排除了与所投资企业无关的其他类型的投资。这种投资必须依靠特定的企业建立，而不是单纯地通过资产转让相应的货物或服务。1992年《北美自由贸易协定》（North American Free Trade Agreement，简称NAFTA）中对投资的规定是典型的以企业为基础的定义。NAFTA第1139条规

① Scope and Definition, UNCTAD Series on Issues in International Investment Agreements II, UNCTAD/DIAE/IA/2010/2, UN Publication, 2011, p. 35.

定："投资是指一个企业；企业的股票；企业的债券；企业的贷款；所有者有权分享企业所得或利润的企业利益；所有者有权分享企业解散时资产的企业利益；为经济目标或其他商业目标预期或使用的房地产或其他财产，有形资产或无形资产；来自一缔约方领土上资本或其他资源的许诺在这个领土上经济活动产生的股权。"与其他类型的投资定义相比，以企业为基础的投资定义往往明确规定外国投资者既可以以自己的名义进行索赔，又可以代表其企业以企业的名义进行索赔，从而促使投资者在损害赔偿额的确定上处于较为有利的地位。

3. 以商业存在为基础的定义

商业存在在服务贸易总协定（General Agreement on Trade in Service，简称GATS）中是指一国的服务提供者在他国境内建立商业机构（附属企业或分支机构）提供服务的一种方式。以商业存在为基础的投资定义涵盖的投资形式较为有限，被用于一些以服务贸易自由化为具体目标的投资协定。在这些投资协定中，"商业存在"被视为一种跨境服务的供应模式，强调提供市场准入机会，而不包括建立投资的实质性保护（如公平公正的待遇，保护免遭征用等）。1991 年《欧洲联盟条约》则采用了以商业存在为基础的投资定义，结合条约的制定目标第 G 条（3）和第 73 条 C 款的规定①，投资包括直接投资（含房地产投资）于企业，提供金融服务或向资本市场投入证券等，在成员国间消除货物、人员、服务和资本自由流动障碍为特点的内部市场。这种以商业存在为基础的投资定义服务于投资市场的自由化，但对于投资的保护来说，这种定义的范围未免过于狭窄。

（三）国际投资的学理定义

双边投资协定和区域性多边投资条约由于缔约国有限，其对国际投资的定义

① 《欧洲联盟条约》第 G 条（3）："为了达到第 2 条所确立的目标，按照本条约所规定的条件和时间表，共同体的活动应包括：（a）在成员国间取消商品进口和出口的关税和数量限制，以及具有同等影响的一切其他措施；（b）共同商业政策；（c）一个以在成员国间消除了货物、人员、服务和资本自由流动障碍为特点的内部市场；（d）第 100 条第 C 款所规定的关于内部市场人员进入和流动的措施；（e）农业和渔业领域内的共同政策；（f）运输领域的共同政策；（g）确保内部市场的竞争不被扭曲的体系；（h）共同市场发挥作用所要求的成员国法律趋于近似；（i）社会领域的政策，其中包含一项欧洲社会基金；（j）加强经济和社会的聚合；（k）环境领域的政策；（l）加强共同体工业的竞争能力；（m）促进研究和技术发展；（n）鼓励跨欧网络的建立和发展；（o）支持实现高水平的健康保护；（p）支持技能教育和培训以及成员国文化的繁盛；（q）发展合作领域的政策；（r）与海外国家和领地取得联系，以便增加贸易和共同促进经济和社会的发展；（s）支持加强对消费者的保护；（t）能源、公民权利和旅游领域的措施。"

第 73 条 C 款："第 73 条 B 款的规定不影响 1993 年 12 月 31 日前成员国或共同体法律对涉及直接投资企业（包括房地产投资）、提供金融服务或向资本市场投入证券的第三国资本的流出或流入所作的限制。"

并不能得到世界上绝大多数国家的认同，而国内法上各国对国际投资的定义差异较大，使得目前国际上尚不存在对国际投资的统一定义。为缓和这一现状，通行的学理观点是将国际投资分为广义和狭义，分别进行界定。一般而言，东道国为鼓励本国资本的流动多采用广义的国际投资概念，而投资国旨在对本国投资者提供投资的保护则倾向于使用狭义的国际投资概念。

广义的国际投资强调投资客体范围的广泛性，既包括在东道国设立新企业、设立分支机构、收买或兼并当地企业、联合开发项目等直接投资方式，也包括对国际股票、债权、衍生金融产品等国际证券的间接投资方式。广义的国际投资也强调资本的流动性和增值收益，认为："国际投资是指各类投资主体，包括跨国公司、跨国金融机构、官方与半官方机构和居民个人等，以营利为目的，将其拥有的货币资本或产业资本，经跨越国界和地区流动与配置形成实物资产、无形资产或金融资产，并通过跨国运营以实现价值增值的经济行为。"① 坚持广义的国际投资有其必要性。随着国际经济交往的不断加深，国际证券投资、国际借贷、国际援助等国际间经济交往不断涌现，传统意义上的直接投资远远不能满足国际社会发展的需要，国际投资的概念需要因此而扩大。

狭义的国际投资资本范围较窄，认为国际投资即指国际直接投资。所谓国际直接投资，是指伴有企业经营管理权和控制权的投资，投资者在海外直接经营企业，并对企业的经营管理有较大的控制权。② 国际直接投资在国际投资中占主导地位，是国际投资的传统方式和主要方式，对国际经济的发展起着决定性的作用。

二、国际投资的类型

（一）国际直接投资和国际间接投资

根据投资者投资方式的区别，国际投资分为国际直接投资和国际间接投资，二者的主要区别是投资者对投资对象是否享有控制权和管理权。

1. 国际直接投资

国际直接投资是国际化竞争的主要方式，联合国贸易与发展会议（United

① 姚天冲主编：《国际投资法教程》，对外经济贸易大学出版社2010年版，第2页。

② 余劲松主编：《国际投资法》，法律出版社2007年版，第1页。

Nations Conference on Trade and Development，简称 UNCTAD）发布的《2012 年世界投资报告》显示，2011 年全球外国直接投资流出量 1.69 万亿美元，年末存量 21.17 万亿美元。长期展望显示全球外国直接投资（Foreign Direct Investment，简称 FDI）增势稳健，如不发生宏观经济动荡，在 2013 年将达到 1.8 万亿美元，2014 年将达到 1.9 万亿美元。而对于国际直接投资的定义，由于大多数双边投资协定、区域性多边投资条约及世界性多边投资公约并未明确指明是适用于直接投资和间接投资，还是仅适用于直接投资，对投资的适用范围规定得较为模糊，因此只有一些国际组织的报告、部分国家国内法和学理观点对此作出了规定。

（1）国际组织报告的相关规定。各个国际组织报告对国际直接投资的理解并不完全相同，国际货币基金组织在 2011 年发布的《国际收支平衡手册（第六版）》第 6 章规定了直接投资的概念，从控制权这一角度出发，认为一个国家（或地区）的居民或实体（国际直接投资者或母公司）与在另一国的企业（国外直接投资企业、分支企业或国外分支机构）建有长期关系，具有长期利益，并对之进行控制的投资就是直接投资。《国际收支平衡手册》是不同经济体间交易数据的标准框架，提供和解释有关国际收支平衡的概念、定义、分类、惯例等，其还进一步对控制权作出限定，即当一个直接投资者直接拥有在直接投资企业的代表 10% 或 10% 以上投票权的股权时，就产生直接投资关系。

联合国贸易和发展会议于 1999 年出版了国际投资协议系列研究报告《定义与范围》，进一步强化了控制权的概念，指出某一投资者可能无须拥有多数股份即可控制另一个公司，因此，直接投资所要求的股权拥有程度需结合实际情况进行分析，如果投资是长期的，可以视为直接投资。

世界贸易组织（WTO）秘书处则强调对投资资产的管理，在 1996 年 10 月 16 日发布的《贸易与外国直接投资》报告中将直接投资定义为：“当位于一个国家的投资者拥有在另一个国家的资产并旨在进行管理时，就是外国直接投资。外国直接投资与以外国股票、债券和其他金融工具进行的证券投资之间的区别就是管理程度上的差异。”

联合国经济合作与发展组织将控制权与管理权两个概念相结合，在其 2008 年 4 月发布的《外国直接投资的标准定义》（第四版）中这样定义直接投资：“外国直接投资表现为在某一经济体的一居民企业（直接投资者）具有在直接投资者之外的另一经济体境内设立享受长期利益之企业的目的。长期利益意味着直接投资者和直接投资企业之间存在着长期关系，并对企业的经营管理具有重大影响。如果居住在一经济体的投资者对设在另一经济体的某一企业直接或者间接拥有 10% 或者更多的投票权，则视为存在上述关系。”

（2）国内法的相关规定。据联合国贸易和发展会议（UNCTAD）发布的《2012 年世界投资报告》显示，美国是 2011 年全球最大的 FDI 目的地国，也是最大的来源地国。吸收外国资本已有近 170 多年的历史，其国际投资的相关规范具有很强的代表性。1976 年美国《国际投资调查法》将国际直接投资定义为直接或间接控制公司 10% 的股份，且所控制的股份能行使公司表决权。2002 年《刚果民主共和国投资法》也强调了 10% 的比例。由此可见，这些国家对国际直接投资的规定着重突出控制权这一传统概念。

也有一些国家对直接投资规定得较为笼统，如 1987 年《莫桑比克投资法》规定，外国直接投资是任何易作现金估算的外国资本形式。2005 年伊朗伊斯兰共和国《鼓励和保护外国投资法实施细则》认为，所有获许可的私人经营方面的投资就是外国直接投资。

俄罗斯联邦则从控制权、投资形式、投资金额三个方面对直接投资进行限制，1999 年联邦委员会批准的《俄罗斯联邦外国投资法》第 2 条规定：“外国直接投资是外国投资者根据俄联邦民事法律在俄联邦境内获得以公司形式成立的或重新成立的商业组织注册资本（合股资本）10% 以上股份（投资）；对俄联邦境内成立的外国法人分支机构固定资产的投资；外国投资者在俄联邦境内作为融资租赁出租人出租独联体海关进出口税则第十六类和第十七类所列海关估价不少于 100 万卢布的设备。”

一些新崛起的发展中国家近年来颁布的投资法对国际直接投资的规定更突出管理权的概念。如 2006 年 7 月 1 日生效的《越南投资法》第 3 条规定，直接投资是指投资者进行投资并参与投资管理的一种投资方式。2009 年《老挝投资法》第 1 条也指出，投资者把资金投入经营项目，从而成为该经营的企业主，并管理和发展该经营就是直接投资。

我国主要规范国际投资的三部法律（2000 年修正的《中华人民共和国外资企业法》和《中华人民共和国中外合作经营企业法》、2001 年修正的《中华人民共和国中外合资经营企业法》）并没有明确规定国际直接投资的概念，而一些政府部门的行政法规和规章对此作出了界定。1995 年经国务院批准，由中国人民

银行发布的《国际收支统计申报办法》旨在突出对企业有效的经营管理权，而商务部、国家统计局新修订的2004年《对外直接投资统计制度》第2条规定了投资方式是以现金、实物、无形资产等方式设立、购买国（境）外企业，也强调了10%这一股权控制权和经营管理权概念。2009年由商务部发布的《境外投资管理办法》第2条虽然用的是境外投资这一概念，但其后面所指的投资方式都是直接投资的范畴，即境外投资就是国际直接投资。它强调取得企业的所有权、控制权、经营管理权等权益。

（3）学理观点。国内外学者分别从投资形式、控制权、管理权对国际直接投资的概念进行界定。强调投资形式的观点认为，国际直接投资是各国为了吸引外国资金与技术，而允许外国投资者将资金和各类资产投放到东道国，设立企业、兴办工厂、开发资源，进行生产经营活动。[①] 国外观点认为，国际直接投资指投资者于其母国外的另一国境内拥有或控制的全部或部分企业。[②] 注重控制权的观点认为，国际直接投资是指投资者为了在国外获得长期的投资效益并得到对企业的控制权，通过直接建立新的企业、公司或合并原有企业等方式进行的国际投资活动。注重管理权的观点认为，国际直接投资是投资者以控制企业部分产权、直接参与经营管理为特征，以获取利润为主要目的的资本对外输出。

综合以上定义，国际直接投资是指具备一定资质的投资者（包括自然人、法人、国家和国际组织）为获取一定的投资收益，以设立新企业或分支机构、收买或兼并东道国境内原有企业等方式向东道国投资，取得全部或部分控制权、管理权并对所投资企业有重大影响的一种资本输出活动。

2. 国际间接投资

国际间接投资是国际投资的传统投资形式，其发展远远早于国际直接投资。19世纪末20世纪初，资本主义进入垄断阶段，国家间主要通过间接投资进行资本流动。“二战”以后，世界经济政治局势相对稳定，加快了全球生产和资本国际化的进程，国际直接投资的发展超过了国际间接投资。进入20世纪80年代后，国际证券和国际信贷得到了迅猛发展，促使国际间接投资的增长速度不断

---

① 孙南申：《国际投资法》，中国人民大学出版社2008年版，第6页。

② M. Sornarajah. *The International Law on Foreign Investment. Cambridge*: Cambridge University Press, 1994, pp. 4 ~ 8.

提升。

国际货币基金组织在其发布的2011年《国际收支平衡手册（第六版）》中将国际投资分为国际直接投资、国际证券投资和其他投资，并进一步将国际证券投资分为股票投资和债务证券投资。股票投资包括上市股份、非上市股份和其他股权的投资；债务证券投资包括债券、票据、可转让定期存单、商业合同、资产支持证券、货币市场工具和衍生金融工具。其他投资则包括信贷、贷款、货币、定金以及其他可收付的账目。①

对于国际间接投资，学者们一般将其定义为投资者不参加企业经营管理，也不享有企业的控制权或支配权，而仅以其持有的能提供收入的股票或证券进行的投资。其具体形式也有多种，如在证券市场上购买上市公司的股票或公司债券等收取股息或利息，一个国家的银行向处于另一个国家的企业提供贷款，等等。②由此可以看出，国际间接投资主要包括国际证券投资和国际信贷投资。

（二）国际官方投资和国际私人投资

根据投资者的区别，国际投资分为国际官方投资和国际私人投资。国际官方投资是指一国政府或国际公共机构的投资，一国政府不仅包括中央政府，也包括地方政府或特别行政区政府，在某些情况下还包括政府通过其国有企业进行的对外投资活动。③ 国际官方投资主要服务于一国经济交往和外交政策的需要，主要包括外国政府或国际组织为东道国提供借贷、援助等投资活动。国际私人投资作为国际投资活动的主导力量，是指投资者为自然人、法人或其他商业组织的国际投资。其中，跨国公司是国际私人投资的主力军，在国际资本流动的迅速增长中发挥关键性的作用。

对于一国国有企业在东道国的投资，根据该国有企业是否以官方代表的身份出现，其投资性质分属于国际官方投资和国际私人投资。当一国政府通过其国有企业进行对外投资活动，并且该国有企业以官方代表的身份出现时，其投资性质就属于国际官方投资。当一国国有企业作为投资者并非以官方代表的身份出现，即使其资本来源为政府所有的资本，其性质也属于国际私人投资。

---

① International Monetary Fund，（IMF），Balance of Payments Manual，Sixth Edition（2011），V，Classification of Financial Assets and Liabilities.

② 余劲松：《国际投资法》，法律出版社2007年版，第2页。

③ 杨帆：《国际经济法》，中国人民大学出版社2011年版，第182页。

联合国贸易和发展会议《2013 年世界投资报告》指出，国有跨国公司数目从 2010 年的 650 家增至 2012 年的 845 家。它们的直接外资流量为 1450 亿美元，几乎占全球直接外资的 11% 。2012 年收购外国资产的国有企业多数来自发展中国家，所涉收购多数出于寻求战略资产（技术、知识产权、品牌）和自然资源的动机。

（三）国际长期投资和国际短期投资

根据投资期限的长短，国际投资分为国际长期投资和国际短期投资。按照 2011 年国际货币基金组织发布的《国际收支平衡手册（第六版）》第 5 章 5. 103 条的规定，短期投资是指立即结算或一年以内的债权；长期投资是指一年以上或无指定到期日的债权。在国际投资的实践中，外国投资者往往会结合东道国的经济形势从而决定在东道国投资期限的长短。当东道国经济较为萧条时，外国投资者倾向于进行短期投资；而当东道国经济发展较为稳定，某一产业存在发展潜力时，外国投资者则倾向于进行长期投资。

三、国际投资的特征

（一）国际投资的跨国性

跨国性是国际投资最基本、最显著的特征。国际投资法律关系中的跨国性特征，是与国内投资法律关系相对而言的。国际投资的主体、客体、投资环境等因素都与国内投资区别较大，由此决定了国际投资与国内投资相比具有更多元的投资主体、更多样的投资客体和更复杂的投资环境。而对于如何界定“跨国性”，尤其是在一个法律关系具有很多因素的情况下如何确定这种跨国关系，我们倾向于认为直接的、主体和客体的跨国性质产生跨国关系；间接的跨国性质一般不予考虑。[①]

（二）国际投资主体多元化

国际投资主体是指在国际投资活动中依法享有权利和承担义务的当事人，其范围具有一定的广泛性，国际投资主体包括自然人、法人、国家、国际组织。其中，自然人和法人通常以投资者的身份参与国际投资，而国家和国际组织作为国

① 吕岩峰、何志鹏、孙璐：《国际投资法》，高等教育出版社 2005 年版，第 61 页。

际投资的主体具有其特殊性。

1. 自然人和法人

自然人是国际投资活动的最初参与者，随着国际投资活动的深入开展，法人在国际投资活动中的地位逐渐提高，自然人与法人成为国际投资主体中最主要的投资者。

自然人、法人与投资国之间的关系属于国内法调整的范畴，主要表现为投资国对自然人、法人的投资进行保护和监管。在早期的投资活动中，投资国主要通过外交保护的途径对本国在东道国投资的自然人、法人予以保护。现在，自然人、法人多通过投资国与东道国签订一系列双边投资协定或区域性多边投资条约的方式寻求东道国政府的保护。自然人、法人与东道国之间属于由东道国调整的国内法关系。自然人、法人需遵从东道国国内有关国际直接投资的法律法规，符合投资的主体、客体、形式、市场准入、监督管理等一系列政策要求。

2. 国家和国际组织

国家作为国际投资的主体具有其特殊性。首先，国家作为国际法最重要的主体，是国际投资法律规范的制定者，这些国际投资法律规范包括本国的国内法，与他国签订关于投资的条约与协定。其次，国家是国际投资活动的管理者。在当代国际投资中，国家不仅对投资者的投资事项有权进行保护，而且也有义务对投资者的投资事项进行一定的监管，因此要求国家进行干预以确保投资者遵守相应的法律规范。国家的干预既包括投资国的干预也包括东道国的干预，投资国的干预主要体现为对投资者的保护，东道国的干预则主要体现为对投资活动的监管。而东道国与投资国之间的关系属于国际法律关系，两国政府基于对投资者的保护，通过签订双边投资协定、区域性多边投资条约，或者共同加入世界性多边投资公约，规范和解决两国间的投资事项。最后，国家以投资者的身份参与到国际投资中，如对外提供政府贷款等。

国家作为国际投资的主体既包括发达、发展中国家，也包括一些尚处于转型期的国家。“二战”前，国际投资的投资国基本上都是发达国家，广大的发展中国家经济较为落后，缺乏相应的投资资本，根本无力进行国际投资。“二战”后，特别是20世纪80年代以来，广大发展中国家的政治、经济出现了好转，纷纷加入国际投资的行列，但发达国家一直处于国际投资的主导地位。根据联合国贸易和发展会议发布的《2013年世界投资报告》显示，2012年，发展中经济体吸收的直接外资首次超过发达国家，占全球直接外资量的52%，充当了国际投资的“领头羊”。而发达国家在全球经济前景难以料定的背景下，其投资者不得不对新投资持观望态度或撤回国外资产，其全球对外投资仅占全球流量的41.5%（见表1－1）。

表1－1　2011～2012年按区域列出的直接外资流量（单位：10亿美元）

流量 区域	直接外资流入量			直接外资流出量		
	2010年	2011年	2012年	2010年	2011年	2012年
世界	1409 （100%）	1652 （100%）	1351 （100%）	1505 （100%）	1678 （100%）	1391 （100%）
发达国家	696 （49.4%）	820 （49.7%）	561 （41.5%）	1030 （68.4%）	1183 （70.5%）	909 （65.4%）
发展中国家	637 （45.2%）	735 （44.5%）	703 （52.0%）	413 （27.5%）	422 （25.2%）	426 （30.6%）
转型期国家	75 （5.4%）	96 （5.8%）	87 （6.5%）	62 （4.1%）	73 （4.3%）	55 （4.0%）

资料来源：联合国贸易和发展会议，《2013年世界投资报告》

国际组织有广义和狭义之分。广义地说，凡两个以上国家或其政府、人民、民间团体基于特定目的，以一定协议形式而建立的各种机构，均可称为国际组织。狭义的国际组织仅指两个以上国家或其政府通过签署国际协议或类似国际法律文件而设立的常设机构①。本书采用狭义的国际组织概念。国际组织与国家类似，既可以作为国际投资活动的管理者，也可以作为国际投资活动的投资者。作为前者，国际组织通过运用国际条约、国际惯例、一般法律原则对国际投资活动进行管理，并在国际投资争端解决中扮演着重要的角色。作为后者，国际组织主要开展一些国际间接投资。

（三）国际投资客体多样化

1. 国际投资法律关系多样化

国际投资的客体是指外国投资者在东道国进行国际投资的过程中为国际投资法所调整的法律关系，主要有以下三种：

① 邵沙平主编：《国际法》，高等教育出版社2008年版，第220页。

（1）外国投资者与东道国的法律关系。外国投资者与东道国之间属于由东道国调整的国内法关系。外国投资者需遵从东道国国内有关国际直接投资的法律法规，符合投资的主体、客体、形式、市场准入、监督管理等一系列政策要求。

（2）外国投资者与本国的法律关系。外国投资者与投资国之间属于国内法调整的范畴，主要为投资国对投资者的保护和监管。在早期的投资活动中，投资国主要通过外交保护的途径对本国的投资者予以保护，现在，投资者多通过投资国与东道国签订一系列双边投资协定或区域性多边投资条约的方式寻求东道国政府的保护。而当代国际投资中，投资国不仅对投资者的投资事项有权进行保护，而且也有义务对投资者的投资事项进行一定的监管，因此要求投资国进行干预以确保投资者遵守相应的法律规范。

（3）东道国与投资国的法律关系。东道国与投资国之间属于国际法关系，两国政府基于对投资者的保护，签订双边投资协定或区域性多边投资条约，共同加入世界性多边投资公约，运用一般法律原则和国际法惯例，规范和解决两国间的投资事项。

2. 国际投资资本多样化

而国际投资客体所指向的投资对象——资本，也具有广泛的类型。国际投资资本主要包括：①有形资产，指土地、厂房、设备、原材料等；②无形资产，包括专有技术、专利技术、商标、经济信息、销售渠道等；③金融资产，包括国际债券、国际股票、衍生证券等。在实践中，一个投资者既可以采用一种资本形式，也可以同时采用多种资本形式，从而使投资资本呈现多样化。

第二节　国际投资的投资者

通常情况下，与国际投资有关的法律规范都会对投资者进行界定。值得注意的是，并非所有参与国际投资的当事人都是国际投资的投资者，有些当事人可能因投资目的、投资形式的限制而被排除在投资者之外。《多边投资担保机构公约》（MIGA）将合格的投资者限定在自然人和法人之内，《解决国家与他国国民之间投资争端公约》（ICSID）规定的投资者是指私人投资者，但这并不意味着国家不能作为投资者参与到国际投资活动中，区分的标准是国家行使的是国家职能还是商业职能。因此，一般情况下，国际投资的投资者包括自然人、法人、国家和国际组织。但是，在特殊情况下，也包括合伙等其他经济组织。

一、自然人和法人

一些区域性公约、协定与部分国家的国内法都规定自然人和法人是国际直接投资的投资者，如 2002 年《日本国政府和大韩民国政府关于投资自由化、投资促进和投资保护协定》、2003 年实施的《柬埔寨王国统一投资法》、2004 年颁布的《老挝人民民主共和国外国投资促进法》、2008 年《中华人民共和国政府与东南亚国家联盟成员国政府全面经济合作框架协议投资协议》都只规定了投资主体为自然人和法人。《中华人民共和国政府与东南亚国家联盟成员国政府全面经济合作框架协议投资协议》第 1 条认为，自然人是指根据双方法律法规拥有投资国国籍、公民身份或永久居民权的任何自然人；法人是指根据投资国法律组建或组织的任何法人实体，无论是否以营利为目的，无论属私营还是政府所有，并在投资国境内具有实质经营，包括任何公司、信托、合伙企业、合资企业、个人独资企业或协会。一般而言，自然人依国籍确认，凡具有缔约国国籍的自然人，其国际直接投资就能受到条约的保护；法人以注册地、住所地、控制地等标准确定。

我国签订的双边投资协定规定，投资者不仅限于自然人和法人，也包括其他经济实体。对投资者进行定义则主要分为两种模式：一种是对各缔约国的投资者分别定义，如 1982 年签订的《中华人民共和国政府和瑞典王国政府关于相互保护投资的协定》第 1 条第 2 款对投资者规定如下：“在中华人民共和国方面，系指经中国政府核准进行投资的任何公司、其他法人或中国公民。在瑞典方面，系指符合瑞典法律规定的瑞典公民，及所在地在瑞典境内或由瑞典公民或瑞典企业控制的任何法人。”其中，对我国投资者的定义有一个限定条件，即只有经过我国政府批准有权从事对外合作的公司才成为合格的投资者，才能受到条约的保护。另一种是在双边投资协定中对投资者进行共同定义，体现了对等原则。如 1995 年签订的《中华人民共和国政府和以色列国政府关于促进和相互保护投资协定》第 1 条第 3 款规定：“‘投资者’应包含：（1）根据缔约一方的有效法律，具有该缔约一方国籍但不具有缔约另一方国籍的自然人，或者；（2）公司，包括依照有关缔约一方法律设立或组建的公司、商号或社团。”

二、国家和国际组织

国家在国际投资的实践中主要以间接投资者的身份进行投资，如对外提供政府贷款等。当国家通过其国有企业进行对外投资活动，并且该国有企业以官方代表的身份出现时，其投资活动可以被视为国家的对外投资，其投资的领域就不仅限于间接投资，还包括开展自然资源开发、工程承包以及基础设施建设等直接投资。

国际组织具有特定的法律人格，其也是国际投资的重要投资者之一。如世界银行中国际金融公司的一项职能就是负责向发展中国家发放中长期贷款；多边投资担保机构（MIGA）为发达国家的会员国在发展中国家会员国境内的投资提供担保，解决投资争议。

第三节　国际投资的形式

一、国际直接投资的形式

随着世界政治和经济环境的变化发展，国际间的经济联系愈加紧密，国际直接投资的形式不断丰富，主要分为以下五种形式：

（一）在东道国设立新企业

在东道国设立新企业，包括合资经营企业、合作经营企业和外资企业三种。合资经营企业是指一个或多个外国投资者同东道国政府、法人或自然人按照法定或约定的出资比例共同出资，共同经营特定业务，分享利润，共担亏损的企业。[1] 合作经营企业与合资经营企业最大的区别在于，它是按照合同的约定，而不是按照出资比例来确定双方的权利义务关系。外资企业，是指全部资本都由投资国出资的企业。这三种设立企业的方式，有利于消除投资者因东道国投资环境的陌生而造成的经营困难，使投资者与东道国共赢。

（二）在东道国设立分支机构

分支机构与子公司不同，在东道国设立的分支机构不享有独立的法人资格，不具备承担相应法律责任的主体资格。各国对在东道国设立分支机构规定不一，有鼓励，也有限制。希腊规定，如果外国企业在希腊设立的分支机构的职责仅在于监督总公司在希腊以外地区的业务活动，该分支便可以受到免税待遇。日本则规定，外国企业在日本的分支机构在将资金汇出或汇入日本时，须提前向日本政府申请。而尼日利亚和印度的法律明文禁止任何外国投资者设立分支机构。

① 姚梅镇：《国际投资法》，武汉大学出版社 1987 年版，第 176～177 页。

（三）收买、兼并东道国企业

收买、兼并东道国企业是指通过收买、兼并等方式在东道国取得外国企业全部或部分股份后参与企业经营。跨国并购就是以这种方式向东道国直接投资的一个典型，为促进企业的发展壮大及世界间资本的优化配置作出了巨大贡献。

（四）单独或联合投资参与东道国资源开发项目

资源开发项目通常是由东道国政府同外国投资者签订协议、合同，在东道国规定的区域，在一定年限内，由投资者单独出资或投资者和东道国联合出资，开发自然资源，依照协议、合同承担风险，分享利润。

（五）其他形式

其他形式主要包括投资国与东道国两个或两个以上的企业达成国际联盟，进行国际合作开发与建设等，以促进企业增强国际竞争力，实现资源共享，达到企业间的共赢。

二、国际间接投资的形式

国际间接投资的投资者进行投资的主要目的是使资本增值，而并非取得对投资对象的控制权，这就决定了国际间接投资的形式主要集中于国际证券投资和国际信贷投资。

（一）国际证券投资

国际证券投资是指一国政府机构、企业、其他经济组织或个人在国际证券市场上购买外国企业发行的股票和外国企业或政府发行的有价证券的投资。国际证券投资主要分为国际债券投资和国际股票投资。

1. 国际债券投资

国际债券投资是指投资者在国际债券市场上购买外国企业或政府发行的债券，并按期获取债券利息收入和到期收回本金而进行的投资活动。债券作为一种有价证券，代表着持有人的债权，即按约定条件定期取得利息和到期收回本金的权利，反映了发行人与持有人之间的债权债务关系，属于一种可能给投资者带来预期收益的投资证券。①

① 刘丰名：《国际金融法》，中国政法大学出版 1997 年版，第 183 ~ 192 页。

2. 国际股票投资

国际股票投资是指在国内外股票市场上，以购买外国企业股票或其他形式的股权证券的方式进行的投资活动。股票则代表了股东对发行人公司的资本份额及股东权，包括参与股份公司经营管理和取得股息红利等收益，参与公司剩余资产分配权利等，反映了股份公司与股东之间的约定权利义务关系。①

（二）国际信贷投资

国际信贷投资是指一国政府、银行、国际金融组织或个人向其他国家政府、企业、其他经济组织或个人提供贷款、支付保证和出借有价证券。② 主要包括国际商业银行贷款、外国政府贷款、国际金融机构贷款和出口信贷等。

国际信贷按不同标准，可划分为不同的种类：

（1）以时间为标准，国际信贷可分为短期的国际信贷（时间为 1 年）、中期的国际信贷（时间为 1 ~5 年）和长期的国际信贷（时间为 10 年以上）。

（2）以贷款主体为标准，国际信贷可分为政府贷款、国际金融机构贷款、商业银行贷款、银团贷款。

（3）与国际货物买卖活动相关联的信贷，即出口信贷，包括买方信贷和卖方信贷。③

① 李仁真主编：《国际金融法》，武汉大学出版社 2011 年版，第 171 页。

② 参见曾宪义总主编：《国际经济法》，中国人民大学出版社 2006 年版，第 271 页。

③ 周杰普：《中国涉外投资法制》，华东理工大学出版社 1997 年版，第 194 页。

第四节 国际投资与国际投资法

一、国际投资法的概念

国际投资法是指调整国际间私人直接投资关系的法律规范的总称，是国际经济法的一个重要分支。[①] 具体说来，国际投资法具有以下特征：

（一）国际投资法不调整国际间接投资关系

广义的国际投资既包括国际直接投资也包括国际间接投资，而国际投资法不调整国际间接投资关系。国际间接投资主要包括国际债券投资和国际信贷投资，而这两种投资行为基本上都属于国际金融法的调整范畴，因而，国际间接投资由国际金融法进行规范。国际金融法是调整国际金融关系的国际规范和国内规范的总称，调整不同国家之间因跨国货币、资金融通活动而产生的国际金融关系。[②] 对此，学术界也有不同观点，如余劲松教授就指出："私人间接投资关系属于一般民商法、公司法、票据法、证券法等法律、法规的调整范畴。"[③]

（二）国际投资法不调整国际官方投资关系

国际投资法将投资者限定于外国自然人和法人，而排除了国家和国际组织。对于投资者为政府、国际公共机构的国际官方投资，一般由国际金融法、国际经济组织法或有关政府间贷款协定等调整。

（三）国际投资法包括国内法规范和国际法规范

国际投资法是随着国际间私人直接投资的产生而逐渐形成和发展的，其主要法律

① 姚梅镇：《国际投资法》，武汉大学出版社 1987 年版，第 37 页。
② 赵哲伟主编：《新编国际经济法》，对外经济贸易大学出版社 2010 年版，第 242 页。
③ 余劲松、吴志攀主编：《国际经济法》，北京大学出版社、高等教育出版社 2000 年版，第 200 页。

规范包括投资国和东道国制定的有关国际投资的国内法规范以及相应的国际法规范。

1. 国内法规范

国内法规范包括投资国颁布的对外投资的法律以及东道国颁布的外国投资的法律。投资国为增加本国的财政收入、开拓国际市场、提高国际竞争力，往往会颁布一系列鼓励和保护本国投资者向外国投资的法律。在鼓励和保护措施上，主要有资金援助、税收优惠、外国投资环境分析等鼓励性措施和构建本国海外投资保险制度以及提供外交保护等保护性措施。为改善自身的投资环境、吸收更多的国际资本，东道国颁布了以鼓励和规范外国投资为目的的外国投资法律法规，从而明确外国投资者和东道国政府的权利义务关系。这些法律法规的主要内容包括外资的准入和审批、税收及优惠、资本及利益等合法收益的汇出、征收或国有化及其补偿以及投资争议的解决等。

2. 国际法规范

国际法规范包括国际间有关国际投资的双边投资协定、区域性多边投资条约、世界性多边投资公约、国际组织的规范性文件、国际惯例等。

（1）双边投资协定。双边投资协定是投资国与东道国签订的促进与保护双方投资活动的法律性文件，其主要形式有“友好通商航海条约”、“投资保证协议”以及“促进和保护投资协定”。截至 2012 年年底，世界上共有 2857 项双边投资协定，促使双边投资协定成为调整国际投资关系的重要法律手段。

（2）区域性多边投资条约。区域性多边投资条约是区域性国际组织旨在协调成员国间外国投资的法律而签订的。根据联合国贸易和发展会议发布的《2013 年世界投资报告》，投资区域主义呈扩大化的趋势，目前世界各国日益倾向于采用区域办法而不是双边办法处理国际投资协定的规则制定问题。2013 年上半年，至少有 110 个国家参与了 22 个区域的谈判，而如果在这些区域谈判的议程中列入双边投资协定的条款，当事方选择以区域协定中的投资章节取代各自的双边投资协定，那么今天的全球双边投资协定的网络就能得到整合，可以减少 270 多项（或将近 10% 的）双边投资协定。

（3）世界性多边投资公约。世界性多边投资公约是指调整国际投资关系的对缔约国成员具有普遍约束力的国际条约。由于双边和区域性投资协定对国际投资的保护范围较为局限，国际社会一直致力于构建一个世界性的多边投资保护体系。目前，世界性多边投资公约主要有 1966 年《解决国家与他国国民间投资争议公约》、

1988 年《多边投资担保机构公约》、1994 年《与贸易有关的投资措施协定》等。

（4）国际组织的规范性文件。国际组织的规范性文件是指国际组织通过的与投资相关的文件。这些文件虽然没有法律约束力，但可以作为一定范围内的行为准则，供各方当事人参照执行。囊括世界上绝大部分主权国家的联合国于 1945 年成立，自 20 世纪 60 年代以来，联合国大会先后通过了一系列与国际投资有关的重要决议，如 1962 年《关于自然资源之永久主权宣言》，1974 年《建立新的国际经济秩序宣言》《建立新的国际经济秩序的行动纲领》和《各国经济权利与义务宣言》等。这些决议对新的国际投资法和国际投资条约的出台具有重要的影响意义，具有建议性和指导性。而其他一些国际组织，如经济合作与发展组织于 1962 年制定了《资本流动自由化法典》和《无形交易自由化法典》。1992 年 9 月，世界银行和国际货币基金组织通过了《外国直接投资待遇指南》，内容主要涉及适用范围、外国投资入境的批准问题、外国投资的待遇、征收和补偿的原则、解决争端的途径。

（5）国际惯例。关于投资的国际惯例是在国际社会的长期交往和实践中形成的，为国际社会所公认的，被各国所广泛采用的原则、规则和做法。国际惯例作为国际投资法的补充性法律规范，对实践具有较强的指导意义，为当事各方所承认或执行。如当投资国提供外交保护时，投资者需符合作为国际惯例的“国籍持续”“用尽当地救济”等条件。

总之，国际投资法是由调整关于国际直接投资的国内法规范和国际法规范构成的综合的法律体系。这一体系可表示如下：①

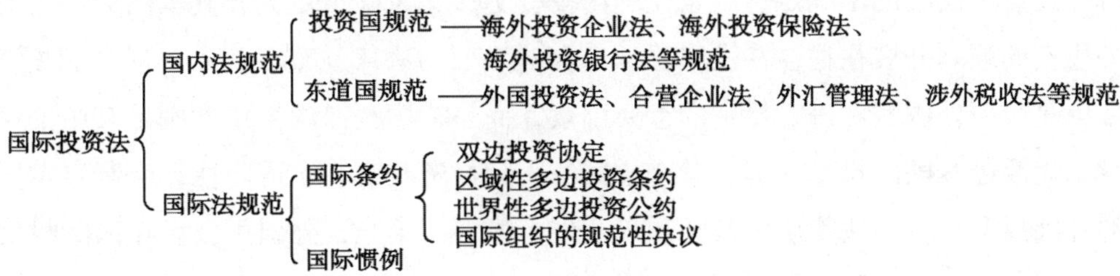

① 参见曾宪义总主编：《国际经济法》，中国人民大学出版社 2006 年版，第 284 页。

二、国际投资与国际投资法的关系

国际投资的理论发展催生了国际投资法的诞生，国际投资的实践丰富了国际投资法的应用。在早期国际投资活动中，资本规模较小，国际投资行为具有较多的偶然性，尚未达到由专门的国际投资法对其进行规范的程度。而“二战”以后，国际经济秩序进入了一个新的发展阶段，国际投资得到了迅猛发展，散见的国内法规范明显不能满足国际投资的发展趋势，各国开始制定本国的国际投资法。而国际投资法的发展过程中也出现了一些方向性的转变。

第一，投资国的限制性方针向鼓励性方针的转变。在国际投资过程中，投资国除了资本的流出，一些优势产业、先进的发展技术也随着本国投资者的投资流向东道国，而投资国出于对这些产业、技术的保护，在本国的国际投资法上更多地纳入了对国际投资的限制性条款。而随着国际投资的深入，投资国逐渐意识到外国投资利大于弊，本国资本等要素的流出对本国经济的发展也具有重大的推动作用，这时，其国际投资法更多地体现为鼓励性方针。

第二，单一的国内法规范向国内法与国际法规范结合的转变。随着跨国公司的发展和其他形式的国际投资活动的出现，有关国际投资的国内法规不断发展，国内立法不断加强，并出现了以双边条约为主的国际法律形式。[①] 其后，区域性多边投资条约、世界性多边投资公约、国际组织的规范性决议、国际惯例都逐步形成与发展，调整国际投资关系的国内法规范和国际法规范融为一体。

国际投资法的制定有利于保障国际投资的顺利开展。第一，外国投资者进行海外投资，面临的不确定性因素比国内投资更多，风险也更大，其本国为保证海外投资的顺利开展往往会在法律层面出台一系列的法律规范。第二，良好的投资环境是吸引外国资本进行投资的重要因素，而东道国法律的稳定性则是其中的关键。为改善本国的投资环境，健全本国的国际投资制度，东道国往往会制定本国的外国投资法，在法律层面鼓励和规范外国投资。第三，外国投资者在国际投资的过程中应遵守本国和东道国的国际投资法律规范，并借助这些法律保障自己的合法权益。

① 刘颖、邓瑞平：《国际经济法》，中信出版社 2003 年版，第 379 页。

第二章 国际投资中的政治风险概述

第一节　国际投资中政治风险的界定

一、风险概述

在《布莱克法律词典》中，“风险”共有六种含义，其中第1、2种定义分别为：(1) 结果、发生或损失的不确定性；伤害、损害或损失的可能性；损害可能性的存在和范围；(2) 伤害、损失或损失发生的责任。第3~6种的定义强调的都是保险。[①] 一般来说，风险具有以下四种属性：客观性、不确定性、相对性和可测性。(1) 风险具有客观性。客观性是指风险的发生不以人的意志为转移。风险的决定因素存在于各个环节之中，不管人的主观意识是否能觉察出风险的存在，都不能改变风险存在的这一客观属性。(2) 风险具有较高的不确定性。这种不确定性既有可能带来损失，也有可能带来收益，还有可能是损失或收益程度的差别。如果人们在事前就已经能够确定投资的损失或收益以及损失或收益程度的差别，那么就不存在面临风险的问题。(3) 风险具有相对性。因投资规模、投资能力、投资保险等条件存在差异，同一种风险对不同的投资者来说，其现实的危害性是相对的。(4) 风险具有可测性。风险虽然具有不确定性，但是投资者可综合考量一些内外因素，借助专门机构公布的风险评估指标推测风险可能性的大小。

从风险的性质进行划分，风险主要包括政治风险、商业风险和法律风险。商业风险主要是指外国投资者在东道国投资过程中所面临的一些商业性质的风险，如所投资企业违约、东道国发生通货膨胀等。法律风险强调外国投资者在投资过程中东道国存在法律法规变更或执行的风险。政治风险则强调风险的政治性(political)，在《布莱克法律词典》中“政治性”是指：“用于修饰或说明政策；

① See Black's Law Dictionary. (8th edition). 2004, p. 4135.

与政府有关的行为。”① 那么，应该如何界定政治风险呢？

二、政治风险的定义

政治风险最早是一个经济学意义上的概念，通常情况下是指政府内一些因素发生变化所引起的政局动荡。《路透金融词典》（Campbell R. Harvey's Hypertextual Finance Glossary）则在其定义中对这些因素进行了列举，认为政治风险是资产征收、税收政策变化或一国商业环境中的其他因素变化的可能性。国家风险分析专家——美国学者 Howell 指出：政治风险是一国内政治决策、政治事件或社会事件对商业环境造成了一定的影响，导致投资者亏损或未能取得投资时的预期利益。② 美国兰德公司（Rand Corporation）是一家非营利机构，针对国家安全和公共福利等方面的问题进行研究并提供咨询服务。Simon 作为兰德公司总部的咨询顾问，将政治风险定义为源于东道国国内或国外，对国际交易中特定或多数投资者的营运和投资具有一定消极影响的政府或社会的行动和政策。③美国菲尔莱狄更斯大学（Fairleigh Dickinson University）教授 Oseghale 对政治风险进行了深入的调查，考虑到跨国公司所遭遇的政治风险现状，其认为 Simon 对政治风险的定义提供了更为完整的概念性规定。④ 美国布鲁克学院（Baruch College）的 Sethi 教授和维克森林大学（Wake Forest University）的 Luther 教授认为很难用一个定义对政治风险进行界定，指出政治风险应在一个系统性的维度内（如风险的程度和类型）进行分析。⑤ 然而，外国投资者对东道国政治风险的认知程度有限，变幻莫测的国际政治经济环境又进一步加深了政治风险预测的难度。

《世界各国风险指南》（International Country Risk Guide，简称 ICRG）是世界上权威性的国家风险分析和评级的商业源之一，它的出台对外国投资者评估东道国的政治风险具有极大的参考意义。ICRG 由美国国际报告集团公司自 1980 年开

---

① Black's Law Dictionary.（8th edition）. 2004，p. 3675.

② See Howell. L. *The Handbook of Country and Political risk Analysis*（3rd ed.）. *East Syracuse. NY：The Political Risk Services Group.* 2001.

③ See. Simon. J. D. Political Risk Assessment：Past Trends and Future Prospects. *The Columbia Journal of World Business.* 1982. 17（3）. pp. 62－71.

④ See Oseghale. B. D. Political Instability，Interstate Conflict，Adverse Changes in Host Government Policies and Foreign Direct Investment. Garland Publishing. New York. 1993，p. 24.

⑤ See S. Prakash Sethi and K. A. N. Luther. Political Risk Analysis and Direct Foreign Investment：Some Problems of Definition and Measurement. *California Management Review* 28，*No.* 2（*Winter 1986*）：p. 5768.

始编制，对世界上140个国家的政治、金融、经济三种类型的风险进行月度风险评估，其中26个国家还进行年度风险评估。ICRG对各国政治风险的评估占综合风险评估的50%，而政治风险评估主要考量12项影响因素并对每一项因素赋予相应分值，由此对各国的政治稳定情况进行比较评估。这12项政治风险影响因素为：（1）政府稳定性；（2）社会经济环境；（3）投资情况；（4）内部矛盾；（5）外部矛盾；（6）腐败；（7）军队干预政治；（8）宗教关系紧张程度；（9）法律和社会秩序；（10）种族关系紧张程度；（11）民主问责制；（12）行政机构。满分为100分，其中（1）~（5）项因素的评估分值各为12分，（6）~（11）项为6分，第（12）项为4分。得分越高的国家政治风险越低，相反，得分越低的国家政治风险越高。1992年，ICRG的创立者转投PRS集团（Political Risk Services Group），而PRS集团除了定期发布ICRG，还在此基础上提供国别风险报告，并将风险划分为四个等级：低、中、高、极高。被评为低风险的国家，政治因素引起的暴力事件发生概率极低，几乎从未直接或间接地影响到国际投资；中等风险国家的国际投资则会遭遇偶然性的骚乱、恐怖主义行为、较为严重的劳资纠纷或其他一些动乱；高风险国家的暴力程度较高或具有潜在的暴力威胁，对国际投资的破坏较高；极高风险国家的动乱级别则接近战争状态。

美国商业环境风险评估公司（Business Environment Risk Intelligence，简称BERI）则在每年的4月、8月、12月分三次对50个国家和地区的风险进行评估，发布《经营环境风险资料》公布各国的政治风险指数。对政治风险评估主要考虑以下三项指标：（1）外部影响因素：主要的敌对势力；其他地区政治势力的负面影响。（2）内部影响因素：政治派系和这些派系的权利；语言、民族与宗教群体及其权利；维持权力所诉诸的限制性措施；思想意识形态，包括民族主义、腐败、妥协；社会状况，如人口密度、分配制度等；可产生极左政府的势力的组织与力量状况。（3）潜在影响因素：示威、罢工和街头暴力在内的社会冲突；政治暗杀和游击战争所显示的不稳定性。与ICRG类似，BERI也采取百分制，70分以上为低风险，表明政治变化不会严重影响企业，也不会出现重大社会政治动乱；55~69分为中度风险，表明已发生对企业严重不利的政治变化，某些动乱将要发生；40~54分为高风险，表明已存在或在不久的将来发生严重影响企业的政治发展态势，正周期性地出现重大社会政治动乱；39分以下为极度风险，表明政治条件严重限制企业经营，财产损失可能出现，已不能接受为投

资的国家。①

其他一些风险评估机构还有风险控制信息服务中心（Control Risks Information Services，简称 CRIS）、经济学人信息部（Economist Intelligence Unit，简称 EIU）、欧洲货币机构投资公司（Euromoney Institutional Investor）、标准普尔评等公司（Standard and Poor's Rating Group）和穆迪国际评级机构（Moody's Investor Services）等。这些政治风险评估机构为外国投资者在东道国投资提供了理论上的指导，而评估报告中政治风险的影响因素也在一定程度上为法律上的政治风险定义的出台奠定了基础。

（一）国内法上政治风险的定义

由于国际投资政治风险的发生往往给外国投资者造成极大的财产损失，外国投资者为了维护自己的合法权益，通常选择将风险转嫁给本国保险公司。因此，有关政治风险的规定一般由投资国保险公司的条例加以规定。而投资国的国内法鲜少对政治风险作出明确的定义，以中国为例，20 世纪 80 年代中国改革开放以来，中国对外投资逐渐发展起来。但是，由于缺乏相关法律法规的规范，对外投资呈现无序的状态，很多投资者遭遇到了政治风险。因此，1985 年，中国人民保险公司根据相关法律、法规的规定，发布实施了《外国投资保险（政治风险）条例》（以下简称《条例》），把政治风险列为本国投资者对外投资的重要财产保险内容。虽然这是我国第一个专门针对政治风险的文件，但是《条例》并未对政治风险作出明确的定义，只是粗略地规定了政治风险保险的含义："投资政治风险保险，是指被保险人（一般指投保人）支付给保险人一定的保险费，保险人对被保险人投资的财产遇到国有化和征收或者战争破坏、政府外汇管理的严重限制等，不能收回投资而遭受损失的，承担赔偿责任。"由此可以看出，《条例》所界定的政治风险主要包括国有化、征收、战争以及政府外汇管理的限制。关于政治风险的法律定义，直到 2010 年，中国商务部发布《对外投资合作境外安全风险预警和信息通报制度》，其第 1 条对政治风险作出了定义："政治风险指驻在国的政局变化、战争、武装冲突、恐怖袭击或绑架、社会动乱、民族宗教冲突、治安犯罪等。"

然而，其他国家的国内法并未对政治风险进行明确定义，仅仅对政治风险的

① 张建："我国对外直接投资非商业风险防范及法律构建"，载《武汉理工大学学报》2005 年第 5 期。

类别进行列举。如美国将征收、货币兑换和政治暴力归入政治风险的范畴，英国则认为政治风险包括战争、征收和禁兑，日本则把政府违约也纳入政治风险之中。

（二）国际法上政治风险的定义

政治风险作为一个术语出现在很多国际法文件中，但是明确规定其定义的并不多。以《巴塞尔协议》为例，为巩固国际银行体系，避免各国资本因需求不同造成不公平的竞争，国际清算银行下的巴塞尔委员会于1988年公布了以规范信用风险为主的跨国规范，称为巴塞尔资本协定。巴塞尔协议是国际银行业统一监管的一个划时代文件，它可以说是国际金融界的“神圣公约”，适用于所有从事国际业务的银行机构。[①] 2003年，巴塞尔委员会对《巴塞尔协议》进行了大幅修正，促成了《新巴塞尔协议》的诞生。在《新巴塞尔协议》中，政治风险在附件4专门性贷款的监管分类标准中就作为项目融资风险的监管评定等级的考量因素。[②]

多边投资担保机构在其发布的2011年《世界投资和政治风险报告》中将政治风险定义为：由于政治力量或事件而对公司经营活动造成破坏的可能性，无论其发生于东道国国内还是发生在国际环境中。在MIGA政治风险的定义中，政治风险包括货币兑换风险、征收和类似的措施险、政府违约险、战争和内乱险。

（三）政治风险的学理定义

政治风险的定义具有多学科性，各国学者在合同法、军事法、投资法等法学领域对政治风险都有所研究。合同法学对政治风险的定义较为狭窄，是指一方与政府签订合同，购买主权债务，在东道国的领土内参与商业活动，却面临政府违反合同约定或征收投资的风险。美国空军研究室成员Fred Schauer从军事法学的角度给出了政治风险的定义，他认为：“政治风险是指官员的政策倾向性存在不一致或不一致可能性的危险，即政策在法律所追寻的价值目标上存在不同。”[③]

在国际投资领域，学理上并未达成对政治风险定义的统一认识，而是根据引

---

① 田晓云：《国际经济法》，人民法院出版社2004年版，第487页。

② Political Risk, Including Transfer Risk, Considering Project Type and Mitigants. The New Basel Capital Accord. Bank for International Settlements. Basel Committee on Banking Supervision. Annex 4. 2003.

③ Adrian Vermeule. Introduction: Political Risk and Public Law. Harvard Law School. Public Law & Legal Theory Working Paper Series Paper No. 12 ~ 14. pp. 3 – 4.

起政治风险的原因将政治风险的定义划分为两类。第一类定义认为，引起政治风险的原因仅限于与东道国政府行为相关的政治因素或政治事件。如有学者指出：政治风险是指接受外国投资的东道国所发生的政治因素变化而给国际投资活动可能带来经济损失的风险。① 还有学者在定义中对引起政治风险的政治事件进行了列举：东道国政局动荡，政权更迭频繁，对于外国投资的政策缺乏稳定性；东道国按照法律规定的程序，对外国投资的企业及其资产实行征用、没收、国有化；东道国发生战争、革命、内乱而使外国投资企业或其资产遭受损失、不能继续营业；东道国实行外汇管制，禁止或限制投资者将其资金、利润以及其他收益自由兑换外币并且自由汇回本国。② 更有学者在定义中尤其强调了政治风险的特性，认为政治风险是与东道国政府行为有关的、非投资者所能控制的风险，是一种非商业性风险，如征收险、外汇险、战争险等。③ 而在国际借贷投资上，政治风险专指由于借款国发生某些政治性意外事件而引起的风险。④

第二类定义认为，引起政治风险的原因不仅包括政治因素，还包括法律、社会等因素。如有学者指出：政治风险是东道国政治、法律或社会有关的人为的风险，不包括自然灾害或其他普通商业风险（如货币贬值或因经营不善、估计错误等所产生的商业上的损失等）。⑤ 并且，有学者还进一步对“人为的”进行解释，认为“人为的”是指由东道国政府所为行为产生的风险，包括东道国政府及政府机构或类似团体的积极作为和消极不作为所引起的，通常是给外国投资者造成不利影响的特别风险。⑥ 本书采用第二类定义，认为政治风险是与东道国政治、法律或社会等因素有关的人为的风险，并认为该定义中政治因素包括战争、内乱等，法律因素包括东道国颁布新的法令、出台新的货币政策、宣布延期偿还外债等，社会因素包括东道国为了社会公共利益实行国有化、征收等。

三、政治风险的种类

在国际经济贸易领域，根据政治风险的来源，政治风险可以分为宏观政治风

① 范剑虹：《国际投资法导读》，浙江大学出版社 2000 年版，第 64 页。
② 王花、吴玲璃主编：《国际经济法学》，兰州大学出版社 2006 年版，第 158 页。
③ 陈业宏、张庆麟、刘笋主编：《国际经济法新论》，华中科技大学出版社 2010 年版，第 217 页。
④ 郭玉军：《国际贷款法》，武汉大学出版社 1998 年版，第 133 ~ 134 页。
⑤ 姚梅镇：《姚梅镇文集》，武汉大学出版社 2010 年版，第 151 页。
⑥ 史晓丽：《国际投资法》，中国政法大学出版社 2005 年版，第 170 页。

险和微观政治风险。宏观政治风险通常来源于国家的宏观经济政策，这种政治风险将对所有在东道国投资的外国投资者产生同样或类似的影响。如 1958 ~ 1959 年，智利对外国投资者在本国投资的私有企业进行征收，而安哥拉、埃塞俄比亚、秘鲁和赞比亚也在同一时期对私有企业进行征收，在这些东道国投资的外国投资者，不论所投资企业大小，都受到东道国征收所带来的影响。微观政治风险通常来源于国家针对特定企业的政策，由东道国对某类特定的企业进行限制性规范。如 1980 年，加拿大提出“石油工业加拿大化”，将外国人在其石油工业中所占股权的比重由 75% 减少为 50% 。[①]

在项目融资领域，具有 30 多年专业经验的英国专家 E. R. Yescombe 将政治风险分为投资风险、法律变化的风险和准政治风险。标准的投资风险包括货币的兑换和转移、项目的国有化和政治不可抗力（包括战争和内乱）。法律变化的风险则是由东道国有关投资的法律变化引发的风险，准政治风险以合同纠纷为典型，既涉及商业的因素也涉及政治的因素。[②]

在国际投资领域，按照政治风险的具体表现形式，MIGA 和投资国的海外投资保险机构对其承保的政治风险进行了相应的划分。1988 年生效的《多边投资担保机构公约》规定，为促进并进一步鼓励外国投资流向发展中国家，减少外国投资者对于政治风险的忧虑，由 MIGA 承保货币兑换险、征收和类似的措施险、政府违约险、战争和内乱险这四大类政治风险。在众多投资国的海外投资保险机构中，德国 1959 年《海外投资担保准则》将征收、战争、违约、资本自由流动四项纳入承保范围。1971 年美国海外私人投资公司（Overseas Private Investment Corporation，简称 OPIC）承保的政治风险为货币兑换险、征收险和政治暴力险。英国于 1972 年建立了本国的海外投资保险制度，为英国的海外投资者提供战争、征收和禁兑三项政治风险的保险业务。日本 1978 年《输出保险法》第 5 章规定，其承保的政治风险为征用险、战争险和外汇险三类。1989 年，日本开设了独立的政府违约险的担保业务，对因东道国政府违反对投资者承担的契约义务而造成下述后果之一者，予以承保：继续营业成为不可能；破产或类似情况发生；银行

① 李敏、黄爱华编著：《国际企业管理——经营国际化的理论与实践》，华南理工大学出版社 2006 年版，第 198 页。

② ［英］E. R. Yescombe：《项目融资原理与实务》，王锦程译，清华大学出版社 2010 年版，第 157 页。

停止其交易或其他同类情形；停止业务活动达6个月以上。①

几十年前，外国投资者最担心的政治风险是国有化、征收风险，如发生在智利的美国 Anacondag 公司国有化案。现在，全球经济的不稳定性加剧了经济全球化的趋势，货币和外汇管制的危害性在投资者中更为突出。② 因此，本书研究的国际投资的政治风险是：征收或国有化风险、外汇风险、战争与内乱风险、政府违约风险以及其他政治风险。随着国际投资的发展，实践中对这几类政治风险的关注度也在不断发生变化。

① 赵秀文、车丕照等编著：《国际经济法概论》，中国人民大学出版社2000年版，第45页。

② See infra notes 52 ~ 63 and accompanying text.

第二节 征收或国有化风险

一、征收或国有化风险的定义

（一）征收风险的定义

征收是国家以其公权力对私人财产权利进行限制或剥夺的一种主权行为，格劳秀斯对此也认为征收是国家行使的主权属性之一。目前，国际条约中尚没有对征收的明确定义，《多边投资担保机构公约》第 11 条和《多边投资担保机构业务细则》（Multilateral Investment Guarantee Agency Operational Regulations）第 1. 29 条将征收和类似措施作为多边投资担保机构承保的政治风险之一，指出东道国政府以作为或不作为方式剥夺了投资者对其投资的所有权、控制权或收益权，就构成了征收。1989 年《多边投资担保机构担保产权投资通则》对构成征收的行为作出了补充规定，符合五个条件之一，就具有征收性：①剥夺担保权人收益的权利；②剥夺项目企业的有形资产；③阻止担保权人处分担保份额或行使依附于担保份额的表决权利；④阻止项目企业的相关权利与义务；⑤对于项目企业施加财政或其他金融义务。并且，同美国海外投资保险机构的规定类似，该通则也要求征收实际持续累积至少 365 天。

关于征收，美国的相关理论和实践较为丰富。《布莱克法律词典》是英语国家中最具权威的综合性法律词典，其强调征收是政府对私人财产权利的获取和改变。在美国，征收是指包括但不限于外国政府及分支机构，或外国政府拥有或控制的公司废除、不履行或减损同投资者签订的项目合约的行为，若上述行为实质性影响到项目的继续运行，且并非由于投资者的错误或不当行为引起。[①] 美国海

① 22 U. S. C. §2198（b）.

外私人投资公司的标准合同将征收的概念扩大化，规定征收是指东道国统治当局的行为直接剥夺了投资者的财产，或有剥夺其投资的效果，且没有提供充分、及时有效的补偿，并要求征收行为持续6个月以上。①

（二）国有化风险的定义

国际法学会1952年会议认为："国有化是通过立法行为和为了公共利益，将某种财产或私有权利转移给国家，目的在于由国家利用或控制它们，或由国家将它们用于新的目的。"② 有学者又进一步指出：国有化是指东道国基于公共利益的需要，根据本国的法律程序，将外国投资者的财产或投资的全部或一部分收归国有的一种强制性措施和法律行为。③ 在本质上，国有化是主权国家为了社会公共利益的需要，在满足一定条件下行使国家主权的单方面国家行为，不以投资者和投资国的意志为转移。外国投资者的财产所有权归东道国所有，实现了财产性质从私有向国有的转变。

（三）征收风险与国有化风险的关系

很多学者将国有化等同于征收，认为国有化和征收都是由东道国实施的将私人财产收归国有的强制性措施。征收与国有化存在以下四项类似之处：①在实施主体上，征收与国有化都是由国家施行，通过东道国政府的一系列行为对外国投资者的财产进行限制或剥夺；②在实施条件上，征收与国有化都需遵循为了社会公共利益的条件；③在实施过程中，为了防止东道国政府恣意妄为，保障外国投资者的合法权益，征收与国有化都需依照相应的法律程序进行；④在法律效果上，征收与国有化都是对财产权利进行限制或剥夺，对外国投资者的财产权益造成严重的损害。当然，征收与国有化在理论与实践层面也存在着一定的差异：①在范围上，国有化往往是东道国出于对本国社会公共利益的调整，虽然不排除大规模的私人财产收归国有行动，但在实践中，影响的范围较征收小，涉及的是小部分群体的利益；②在财产的用途上，国有化一般不改变原有财产的用途，而征收的财产绝大部分情况下都被挪作他用。对于征收与国有化之间的关系，美洲国际法律研究所专家F. V. Garcia Amador认为："在"一战"之前，征收通常集

---

① Noah Rubins Freshfields Bruckhaus Deringer, supra note , p. 504.

② 余劲松：《国际投资法》，法律出版社2007年版，第286页。

③ 周显志主编：《国际投资法教程》，中国财政经济出版社1998年版，第255页。

中在个人财产或者权利上，而在此之后，很多国家将这种措施实施得更为广泛。"二战"后，征收财产的范围更为广泛，并不局限于个人的财产，这类征收行为通常被称为'国有化'。"[①] 因此，国有化是一种大规模的征收行为，广义的征收包括了国有化，二者的差别非常细微，不能影响征收与国有化本质上的共性。在国际投资领域，本书对征收的内容采用了广义的规范。广义的征收包括征收、国有化、征用等一系列国家的强制性措施，国有化是征收的形式之一，所以本书将国有化风险与征收风险合并研究，并使用征收一词。

二、征收风险的形式

根据征收的方式，可以将征收划分为直接征收和间接征收。20 世纪 90 年代以来，随着海外投资活动的日益频繁，海外投资公平化的呼声越来越高，投资东道国减少了对海外投资者的直接征收，取而代之的是越来越隐蔽的间接征收。

直接征收，是指国家对投资者财产的直接剥夺，将投资者的财产归为国家所有，强调国家对投资者财产的取得。而间接征收体现为东道国政府的措施并没有直接剥夺外国投资者的财产所有权，然而此种行为的结果却严重干预或妨碍了所有权人对财产的使用，使财产所有人不能自由、充分地行使其权利。[②]

间接征收也称为"蚕食性征收"（Creeping Expropriation），是当前征收的主要表现形式。美国 2004 年 BIT 范本第一次对间接征收作出了概念性的规定，其认为间接征收是所有权未正式转移的一种行为，与直接征收的效果相同。加拿大 2004 年 BIT 范本也对间接征收作了规定，强调了对间接征收的认定，需针对案件以及案件事实存在的因素进行考虑。国际仲裁庭在裁决案件的过程中，也会对间接征收作出自己的解释。如 1984 年 Tippetts v. TAMS – AFFA Consulting Engineers of Iran 案，仲裁庭认为国家干预了私人财产的使用或收益，就构成了间接征收。

间接征收的类型主要有：强迫出卖财产；强迫出卖公司股份；当地化措施；对投资项目管理权的接收；通过他人对投资财产的物质接收；外国投资者的财产受到侵犯时未提供保护；取消外国投资所依赖的执照或许可的行政决定；违法征

---

① F. V. Garcia Amador. Principios de derecho internacional que rigen la responsabilidad: análisis crítico de la concepción tradicional. Escuela de Funcionarios Internacionales. 1963.

② United Nations Conference on Trade and Development. Key Terms and Concepts in Glossary. New Nations, 2004, p. 68.

税；有违国际法的对外国投资的驱逐；冻结银行账户、鼓励罢工、关闭工厂、造成劳动力来源短缺等侵扰行为。

三、征收的合法性问题

在发达国家与发展中国家之间，对于征收的合法性问题，一直存在着较大的争论。发达国家根据私有财产保护的相关规定，主张征收的合法性建立在合目的性和补偿合理性的基础上。发展中国家认为征收是其行使国家主权的表现形式之一，不论其采用何种形式、基于何种目的、是否进行补偿，征收都是合法的。发达国家与发展中国家关于征收合法性的争议在1962年联合国大会《关于自然资源之永久主权宣言》中相互进行了妥协。根据第1条第4款的规定："采取国有化、征收或征用措施，应当以公用事业、社会安全或国家利益等理由或原因作为根据，这些事业、安全或利益被公认为远较纯属国内外个人的利益或私家的利益重要得多。"1974年《建立新的国际经济秩序行动纲领》第8条又进一步指出："帮助各国行使对本国自然资源的永久主权应当作出一切努力，做到：（1）一切国家都有权对本国的自然资源自由地和切实有效地行使完整的和永久的主权。必须挫败企图阻挠此项权利行使的各种尝试。（2）对于发展中国家就已经收归国有的生产设施的生产经营事宜所提出的援助要求，联合国系统的各种主管机构应当切实保证给予满足。"同年的《各国经济权利和义务宪章》第2条第3款重申了征收适当补偿的原则。

各国的外国投资法也相继在立法层面确立了征收的合法性。1977年《葡萄牙外国投资法典》对征收事项规定得较为详尽，第12条指出："1. 对外国直接投资所取得的资产和权利，只限于为了公共利益才能予以征用，并且必须由根据下述第三款规定组成的仲裁委员会，裁决给予适当的补偿金，此种补偿金不应过分延迟地支付，而且与对葡萄牙国民同类资产与权利的征用，并无差别对待者，此种征用方属有效。2. 对外国人拥有资本的公司，收归国有时，根据本法规定，应允许外国投资人有权取得由根据下述第三款规定组成的仲裁委员会所裁决的适当补偿金，并应不过分延迟地支付。3. 上述仲裁委员会由外国投资人代表一人，政府代表一人及由此二人推选的第三者共同组成，在双方未取得意见一致时，则由最高地方行政执行官会议的首席执行官选定之。外国投资人不服仲裁委员会的决定，在该委员会作出决定之后三十天内，有权向适当的上诉法院提出上诉。

4. 前述各款规定并不排除根据对葡萄牙有约束力的国际公约或协定，向有关的国际法庭提出偿付请求。5. 此项补偿金无论何时应许可其汇出国外，相应的兑换工作不应过分延迟。”

1988 年《匈牙利外国人投资法》第 1 条分 4 款分别对征收的实施、补偿的法律依据、补偿争议解决、补偿数额支付作出规定：“第 1 款：外国人在匈牙利的投资得到完全保护和保证。第 2 款：因对外国投资者的财产实行国有化，被没收或因采取类似的具有法律效力的措施而造成的损失，应按照实际价值立即予以补偿。第 3 款：国家通过采取措施的行政管理机关进行补偿。在发生违反法规的情况下，可请求法庭对有关补偿问题的行政管理决议进行审查。第 4 款：补偿数额应按投资时所用货币支付给有关人员。”其后，1999 年《俄罗斯联邦外国投资法》第 8 条、2000 年《苏丹 1999 年投资（鼓励）法》修正案第 17 条、2003 年《哈萨克斯坦共和国投资法》第 8 条、2004 年《朝鲜民主主义人民共和国外国人投资法》修正案第 19 条、2006 年《刚果民主共和国投资法》第 26 条都强调了外国投资者在东道国进行投资应受到一定的保护，投资财产只有在特殊情况下才可被征收。而对于是否应予补偿、补偿标准等问题，各国的外国投资法规定不一，如 2000 年《苏丹 1999 年投资（鼓励）法》修正案并未指出是否应对征收进行补偿；2003 年《哈萨克斯坦共和国投资法》坚持国有化应予全部补偿，而征收予以部分补偿；2004 年《朝鲜民主主义人民共和国外国人投资法》则主张对征收和国有化都进行部分补偿。

四、征收的条件

国际条约、国际组织决议、国内法都在原则上坚持不实行征收，但并未放弃在特殊情况下进行征收的例外。绝大多数的规定要求征收需同时符合以下条件：①为了社会公共利益；②非歧视；③遵守适当的法律程序；④对征收进行补偿。值得注意的是，并不是所有的法律文件将征收都限定为 4 个条件，有的文件规定得较松，只纳入了 4 个条件中的 3 个甚至 2 个。在早期的国际社会，发达国家主张落后地区的东道国政府对国际直接投资只有保护的义务，而没有征收的权利，而东道国政府则主张其享有独立主权，有权按照本国国内法的规定进行征收。经过各方妥协，联合国大会于 1962 年通过了《关于自然资源之永久主权宣言》，它意味着国际社会普遍承认一国对其自然资源和经济活动的主权，在为了公共目

的、遵守适当法律程序、适当赔偿3个前提下就能实行征收措施。2009年《老挝人民民主共和国外国投资促进法》则规定只需满足公共利益和补偿两个条件就可以征收。

（一）为了社会公共利益

目前，对于社会公共利益的概念还没有一个明确的界定，有些学者认为公共利益指为社区整体的利益，如为促进全体居民的健康、安全、品行、治安、税收、警务规则、公用征收等事项的目的是为全社会的而不是特定个人或部分人的便利、安全和利益。[①] 公共利益也没有明确的标准和判断方法，它的内涵和外延随着经济社会的发展以及人们价值观的变化而发展，在大多数国家，“公共利益”通常包括社会公用设施、社会公用事业、社会福利事业、交通建设、城镇规划等，近年来环境保护、公共健康、人权保护也都被认为是公共利益。社会公共利益，在有的法律文件中被称为公共目的，如《北美自由贸易协定》《中华人民共和国政府与东南亚国家联盟成员国政府全面经济合作框架协议投资协议》等；1962年《关于自然资源之永久主权宣言》用了“以公用事业、社会安全或国家利益”的概念，美国宪法第五修正案用了“公共使用”的概念，《德国基本法》用了“社会福利”的概念，尽管用词不同，但目的都是一致的，即设置社会公共利益原则以防止东道国权力的滥用。

（二）非歧视

非歧视原则是WTO的基本法律原则之一，具体包括最惠国待遇、国民待遇与互惠待遇。在征收中，非歧视原则体现为东道国在实行征收中对本国投资者与外国投资者待遇相同，不同国家的投资者待遇也应相同，非歧视也同样适用于法律程序和征收补偿。1992年世界银行颁布的《外国直接投资待遇指南》、1992年《北美自由贸易协定》、1994年《能源宪章公约》、2002年《日本与韩国关于投资自由化、投资促进和投资保护协定》、2008年《中华人民共和国政府与东南亚国家联盟成员国政府全面经济合作框架协议投资协议》都规定了非歧视这一原则。在投资条约没有规定国民待遇条款时，征收条款中的非歧视有效弥补了这一缺失，为投资者的公平待遇提供了一把“保护伞”。

---

① Stephan W. Schill. *The Multilateralization of International Investment Law*. New York：Cambridge University Press，2009.

（三）遵守适当的法律程序

遵守适当的法律程序是国际法中正当程序原则的体现。遵守适当的法律程序是指采取征收措施，必须符合特定的法律，而法律的范畴目前是一个存在争议的话题。一种观点认为法律即指东道国的国内法。如 2003 年哈萨克斯坦共和国《投资法》第 8 条规定，征收需符合哈萨克斯坦共和国法令规定的特殊情况；1997 年《中华人民共和国政府和苏丹共和国政府关于鼓励和相互保护投资协定》第 4 条指出，征收应依照国内法律程序。另一种观点认为法律指普遍的国际法规定。如 1962 年联合国大会通过的《关于自然资源之永久主权宣言》第 4 条规定，征收需符合本国现行法规以及国际法的规定。还有一部分法律文件笼统地规定为“适当的法律程序”，如《中华人民共和国政府和瑞典王国政府关于相互保护投资的协定》第 3 条。

（四）对征收进行补偿

对征收进行补偿即指东道国对在本国境内外国投资者的投资实行征收后对外国投资者的补偿，而对于补偿的标准，尚没有统一定论，目前来看，补偿主要采取三种不同的理论与实践。

1. 不予补偿原则

不予补偿（No Compensation）即指东道国有权从国家利益出发，根据有关法律或法令采取征收措施，而不必对外国投资者进行任何补偿。一些前殖民地国家和第三世界国家及其部分学者基于历史上跨国公司在东道国攫取巨额利润、对东道国经济上的掠夺这一事实，主张在对外资征收时不予补偿。[①] 采用这一理论的东道国认为征收是本国行使国家主权的内政行为，不论是本国的投资者还是外国的投资者都必须遵守并服从东道国境内的法律，对本国投资者实行征收不予补偿，那么，对外国投资者也不应予以补偿。不予补偿的实践在特定的历史时期和历史条件下有其合理性和存在的理由，但该理论已与现代国际社会脱节，不利于构建良好的投资环境，也不利于吸引和吸收外国资本。

2. 充分、及时、有效的补偿原则

充分（adequate）、及时（prompt）、有效（effective）的补偿原则又称赫尔原

---

① 黄东黎主编：《国际经济法》，社会科学文献出版社 2006 年版，第 304 页。

则，赫尔原则是大多数发达国家坚持的国际投资中征收的补偿标准，它是以美国国务卿赫尔名字命名的征收补偿标准，主张当外国投资者遭遇东道国的征收风险时，外国投资者应得到东道国对其一切损失的赔偿。其中，“充分”指的是东道国对被征收的财产应予以全额补偿，包括财产的直接损失和应得利益等间接损失；“及时”是指东道国实行征收后应当毫不迟延地给予补偿；“有效”指的是东道国给予的补偿必须便于外国投资者实际控制，具体包括使用国际通货予以补偿，并且东道国保证受补偿人能够将所得补偿款进行兑换并汇出境外等。

西方发达国家为保护其海外私人投资者的合法权益，从私人财产神圣不可侵犯的角度出发，多坚持这一补偿原则。如 1991 年《能源宪章公约》（Energy Charter Treaty，简称 ECT）第 13 条就将“充分、及时、有效地支付赔偿”作为征收的条件之一进行规定，并指出“相应的赔偿应等于投资被征用前或投资受到即将被征用影响之前的公平的市场价值。这种公平的市场价值应在投资者的要求下用依价日期当日的市场兑换率以可自由兑换的货币形式支付，赔偿也应包括从征用日到赔偿日这段时间的市场上的商业利率的利息”。ECT 第 14 条还规定，东道国应保证在其境内的外国投资者的征收补偿立即执行，可以自由地转入或转出并且可以自由兑换成现金。

广大发展中国家实行征收的目的就是要摆脱外国资本的控制，推动国家经济的发展与进步，如果对被征收财产实行“充分、及时、有效”的补偿标准，则有可能超过征收国家的经济负担能力，不但失去了征收的意义，还可能会使该国经济陷入困境。[①] 因此，西方发达国家所坚持的这种补偿原则实质上剥夺了东道国的征收权，对于实行征收的国家，特别是广大发展中国家来说是不合理的。

3. 适当补偿原则

目前，世界上绝大部分国家的国内法、签订的投资协定在规定征收的同时，对征收补偿都坚持适当补偿原则（Appropriate Compensation），即东道国只要给予外国投资者部分补偿即可。1962 年《关于自然资源之永久主权宣言》和 1974 年《各国经济权利和义务宪章》、1992 年世界银行颁布的《外国直接投资待遇指南》均采用了这一原则，对投资者给予适当的补偿。

对于这一原则下补偿数额与方式的确定，应结合东道国的相关法律由双方协

① 王祥修、裴予峰主编：《国际私法》，中国政法大学出版社 2011 年版，第 164 页。

商确定。如1964年《瑞士联邦和阿拉伯联合共和国关于补偿瑞士利益的协定》第4条针对征收的补偿规定："1. 按照第2条提及的法律，应给予至1964年10月1日已不居住或不再居住在阿拉伯联合共和国的瑞士籍自然人以及具有瑞士资格的法人的补偿，将以65%的比率，无息地付入一特别账户，以便汇划至瑞士。2. 经1964年10月1日仍居住在阿拉伯联合共和国的瑞士籍自然人的请求，而此项请求必须是在上述日期后一年之内提出的，阿拉伯联合共和国当局可同样以65%的比率，将应给予这些人的补偿，存入该特别账户中。后一种人一旦提出取得非居民身份的请求后，将可享受本协定有关汇划规定的利益；这项申请最迟须在协定期满前一年提出。"

东道国对外国投资者给予适当的补偿，既维护了国家主权，也保障了外国投资者的合法权益，具有一定的合理性与灵活性。适当补偿原则在征收补偿的实践中得到了广泛的应用，许多国家将其纳入了本国的外国投资法律规范中。有些双边投资协定和区域性多边投资条约也将适当补偿原则规定为征收的基本原则。

五、征收风险的危害性

（一）征收风险的成因

征收风险是MIGA承保的政治风险，也是最高的投资风险之一。20世纪初，俄国十月革命建立了无产阶级专政的政权，随后颁布了《关于银行国有化的法令》，对外国投资者占垄断地位的银行收归国有。"二战"后，征收案件显著增加，1994年墨西哥金融危机、1997年东南亚金融危机、2007年美国次贷危机等事件更是引起了一系列的征收索赔。究其成因，主要有以下几个方面：

1. 发展中国家经济独立的需要

"二战"后，广大发展中国家为获得经济独立，纷纷采取征收措施，将外资收归国有。例如，20世纪60年代以来，随着非洲众多殖民地获得独立，许多非洲国家相继通过征收或国有化的方式加快本国民族产业的建立和发展。据统计，在1950年至1976年间，全球共发生征收、国有化或接管案件1954起，其中非洲就达826起，超过总数的42%。[①]

① 袁海勇："中国海外投资风险应对法律问题研究——以对非洲投资为视角"，华东政法大学2012年硕士学位论文。

2. 社会公共利益的需要

在一般情况下，东道国对外国投资不实行征收，但其并未放弃特殊情况下可依法行使的征收权。特殊情况主要是为了社会公共的利益，如为了经济发展、环境保护、国防建设、福利事业等需要。在 2000 年的 Compania del Desarrollode Santa Elena v. Costa Rica 案中，哥斯达黎加政府以承担保护环境的国际义务为理由，针对原告公司的财产颁布了一项征收法令。ICSID 仲裁庭认为基于环境保护之目的对外国投资者财产进行征收不会改变征收的法律性质，仍认定成立征收。因此，东道国为了社会公共利益的需要，完全可以在遵循相关法律的前提下，对外国投资者的财产进行征收。

3. 资源争夺战的结果

随着近年来资源价格的不断上涨，一些东道国对原来与投资者签订的资源开发项目协议逐渐不满，试图通过征收手段分享资源价格上涨的收益和利润。如 1974 年到 1975 年，多米尼加、几内亚、圭亚那、牙买加等一些矾土矿出口国家通过改变投资合同中双方分成份额的方式对投资者实施了征收。2007 年 10 月 12 日，厄瓜多尔以总统令形式颁布法令，规定外国石油公司额外收入归厄瓜多尔国家所有的比例改为 99%，而在厄瓜多尔 2006 年 4 月的《石油修改法案》中，这一比例仅为 50%，这一法令对外国投资者的财产收益权造成了严重的影响，构成了间接征收。此举无疑是厄瓜多尔政府为了进一步增加本国的收入，对本国石油资源争夺的产物，外国投资者在厄瓜多尔的石油投资将受到巨大影响。

4. 利益平衡的需要

一方面，征收是东道国政府协调保护外国投资者和保留国内公共政策空间的需要。外国投资者在东道国境内进行投资，既会受到东道国政府的管理，也能获得一定的投资待遇保护。然而，东道国对外国投资者的财产进行征收的背后是外国投资者既得利益与东道国国内公共利益之争，私人财产权与政府管理权产生了激烈的冲突。另一方面，征收也是综合平衡东道国与投资国利益的需要。征收表面上涉及社会公共利益和外国投资者财产权之争，其背后是东道国和投资国之间的利益冲突。国际投资协定是吸引外资和保护对外投资的重要工具。越来越多的投资协定纳入了征收条款以尝试平衡各方利益，并对征收进行限制，规定相应的补偿标准，将东道国与投资者的利益进行妥协，这些有益的尝试无疑是值得鼓励的。

（二）征收风险对国际投资的影响

当前的国际投资以世界经济的可持续发展为目标，而国际投资中的征收风险在一定程度上反映了东道国与外国投资者之间的利益冲突，如果这种冲突不能被有效平衡与控制，将增加国际投资环境的不稳定因素，进一步恶化国家间的国际关系，制约国际投资的发展。例如，在2007年厄瓜多尔征收案中，我国中化集团已在厄瓜多尔投入2亿美元，石油税从50%调整到99%后，中化集团损失惨重。

征收风险的危害性有以下几个方面：

1. 对投资者来说，企业主体资格丧失，投资收益被东道国吞噬

当投资者已经为投资作出前期准备但还未开始投资时，征收对这些已投入的准备资产是一大重创，致使外国投资者的投资前景不容乐观。而在投资期间若发生征收事件，那么投资者将无法经营企业，企业对外投资的资金流向、生长趋向以及企业战略等一系列事项受到中断，还有可能引发市场危机、财务危机、管理危机等连锁反应。在CMS Gas Transmission Company v. Argentine Republic案中，阿根廷政府的征收措施违反了其在投资合同以及双边条约中对外国投资者所作出的承诺，给CMS公司带来了灾难性的后果，致使CMS公司向仲裁庭的索赔金额达到了2亿美元；平安富通征收案中，比利时、卢森堡和荷兰政府绕开了股东会对富通集团的业务进行了拆分，该行为阻碍了平安对富通的财产控制，致使平安净亏损达到157亿元，且其股价进一步下跌。众多投资者在财产被征收后一无所有，自身陷入经济困境，可能引发社会动乱。

2. 对东道国来说，海外投资风险的不确定性增加

投资东道国对经济的过多干预会使得投资者望而却步，促使计划在东道国投资的投资者谨慎考虑，权衡利弊，一些投资者甚至会放弃原本打算在东道国的投资计划。同时，也给在东道国投资的其他投资者敲响了警钟，一方面，减少了其继续在东道国扩大投资的可能性；另一方面，其他投资者可能会逐渐退出在东道国的投资市场，收回投资，转向其他投资环境优越的国家。非洲和中东的广大地区，如突尼斯、埃及、尼日尔、利比亚等地有丰富的矿产资源，吸引了大量的外国投资者进行资源开发、工程承包、基础设施建设等项目。但这些地区同时也容易发生政治动乱，存在着征收的潜在威胁，投资环境的不确定性较大，外国投资者往往会先权衡风险大小，再决定是否进行投资。

3. 对投资国来说，征收会引起投资国与东道国的投资争端

当投资国与东道国之间未签订双边投资协定，投资者不能通过当地救济解决争议，只有通过投资国国内法途径解决时，投资者会选择采用外交保护的方法维护自身的投资利益。这就将投资者与东道国的征收纠纷上升到两个主权国家之间，引发国家间的投资争端。如在利比亚动乱中，中国和利比亚没有签订双边投资协定，而利比亚也非 ICSID 的缔约国，中国投资者必须先通过利比亚国内法的途径进行索赔，在用尽利比亚当地救济后，中国政府才能行使外交保护来维护中方投资者的利益。如中国政府在利比亚内战升级前开展的“撤侨”行动保护了投资者的人身安全，积极与利比亚政府谈判投资问题，但中国在利比亚的投资资产保护处境维艰。

第三节 外汇风险

一、货币自由兑换与转移

（一）货币自由兑换与转移的定义

1. 货币自由兑换的定义

货币是国际投资的重要投资工具和手段，但货币自由兑换本质上属于货币金融领域的范畴。英国《牛津辞典》把货币的可兑换性（Convertible of Currency）解释为“能兑换成黄金或美元的货币”。[①] 这种定义缺乏一定的普适性，过分强调了黄金和美元的兑换性，而忽视了其他货币的可兑换性。我国台湾地区《英汉货币银行术语辞典》将货币兑换（Currency Convertibility）解释为一国货币按一定外汇汇率，兑换其他国家货币。[②] 对于货币自由兑换，日本《经济新语词典》将其解释为各国外汇管理当局允许通货相互交换。[③] Investopedia 是目前最大的国际性金融教育网站之一，它认为：“货币自由兑换是指一国的货币可以自由兑换为黄金或另一国货币。可兑换性对国际贸易而言极其重要。如果一种货币是不可兑换的，那与外国的贸易活动就会遇到风险和障碍，因为国外商人可能并不接受该国的货币。”[④] 辞典中货币自由兑换的定义规定得较为笼统，指出应允许一国货币自由兑换为另一国货币，但缺乏货币自由兑换形式要件的规定。

一些区域性多边投资条约也对货币自由兑换进行了规定。1992 年《北美自由贸易协定》第 1109 条第 2 款规定了外国投资者货币的自由兑换：“每一缔约方

① The Concise Oxford Dictionary. 1976, p. 223.

② 杨志希编：《英汉货币银行术语辞典》，第 138 页。

③ 《经济新语词典》，经济新闻社 1980 年版，第 313 页。

④ http://www.investopedia.com/terms/c/convertibility.asp，最近访问日期：2013 年 12 月 15 日。

应当允许（投资者）以可自由使用的货币在转移日按照市场主要汇率、即期交易形式进行转移。”2008 年《中华人民共和国政府与东南亚国家联盟成员国政府全面经济合作框架协议投资协议》第 10 条第 1 款则强调了货币转移的可兑换性：“任一缔约方应允许任何其他方投资者在该缔约方境内的投资的所有转移，能以转移当日外汇市场现行汇率兑换为可自由兑换货币，允许此类转移不延误地自由汇入或汇出该方领土。”法律上对货币自由兑换的定义规范性较强，增加了对货币自由兑换的方式的规定。

外国投资者进行货币自由兑换的程度与东道国的政治、经济状况密切相关。自由兑换必须具备以下几个条件：①有充分的国际清算支付能力；②有合理的汇率水平与开放的外汇市场；③宽松的外汇管制政策，或没有外汇管制；④国民对本币有较强信心；⑤完善有效的宏观调控体系；⑥市场经济发展较为成熟。[①]

2. 货币转移的定义

苏联《社会经济统计辞典》规定，货币转移是指货币的地区移动，首先是在共和国之间和州之间的移动。绝大部分的货币转移与下列事实有关：集体农庄庄员在其他共和国和州的集体农庄市场销售产品；劳动者到疗养地疗养或出差；季节性工人的转移等。[②] 而对于货币在国家间的转移，该辞典并未详细说明。瑞典学者伯尔蒂尔·奥林则强调了货币转移的特性，他认为：“在多数情况下，货币的转移先于实物的转移和价格的变动。‘货币转移’一词包括作为借款行为直接结果的购买力的变化，它包括信用数额的‘原始’变化。”[③]

法律上对货币转移的规定较为详细，包括货币转移的范围、方式、例外等规定，尽可能在法律上明确规范东道国的行为和保护外国投资者的合法权益。如 1944 年《国际货币基金协定》第 8 条第 2 款规定：“各会员国未经基金同意，不得对国际经常往来的付款和资金转移施加限制。有关任何会员国货币的汇兑契约，如与该国按本协定所施行的外汇管理条例相抵触时，在任何会员国境内均属无效。此外，各会员国得相互合作采取措施，使彼此的外汇管理条例更为有效，但此项措施与条例应符合本协定。第 3 款还规定各会员国应避免施行歧视性货币

① 陈湛匀编著：《国际金融：理论·实务·案例》，立信会计出版社 2004 年版，第 86 页。

② ［苏］纳扎罗夫（Назаров，М. Г.）：《社会经济统计辞典》，铁大章等译，中国统计出版社 1988 年版，第 419 页。

③ ［瑞典］伯尔蒂尔·奥林：《地区间贸易和国际贸易》，商务印书馆 1986 年版，第 290～291 页。

措施或多种货币汇率制。1988 年《中华人民共和国政府和马来西亚政府关于相互鼓励和保护投资协定》第 6 条对投资的汇回作了专门规定："1. 缔约一方应按其法律和法规，允许以任何可自由兑换的货币转移下列款项，并不得无故迟延：（1）缔约另一方投资者从其投资中取得的净利润、股息、提成费、技术援助费和技术费、利息和其他经常性收入；（2）缔约另一方投资者全部或部分清算其投资所得款项；（3）缔约一方投资者向缔约另一方投资者偿还贷款的款项，该贷款已由缔约双方承认为投资；（4）与承包项目有关的支付；（5）缔约另一方国民在缔约一方领土内经允许从事与投资有关工作的收入。2. 本条第一款所述的转移应按下列汇率进行：（1）在马来西亚方面，按转移之时通用的汇率；（2）在中华人民共和国方面，按转移之日中华人民共和国的官方汇率。3. 缔约各方承诺给予本条第一款所述转移的待遇，应与第三国投资者产生于投资的转移的待遇相同。"

通常情况下，外国投资者进行货币转移带来的效果有三个：一是促进外国投资者完成国际间的结算业务，促进投资规模的扩大；二是使得以货币为载体的技术、劳动力在不同国家间重新优化配置；三是保障国际间的收支平衡，促进国际经济秩序的稳定发展。

（二）货币自由兑换与转移的法律规范

征收风险的法律规范较为统一，多数主权国家原则上不施行征收，但在符合征收的条件下可以采取一定的征收措施。与征收风险的规定相比，货币自由汇兑与转移的法律规范较为复杂，众多法律文件对其规定主要分为四种类型：

1. 对货币自由兑换和转移的法律禁止

"一战"结束后，一些参战国为保持本国收支平衡，弥补收支逆差，防止本国资金外流，宣布实行外汇管制，从而禁止货币自由兑换和转移。如 1950 年《日本外汇管理法》中规定，未经法律允许或内阁特别批准，任何人不得在日本或任何日本汇兑居民不得在国外进行任何支付，从而明确禁止货币的转移。随着各国经济的复苏，很多国家陆续取消了对货币自由兑换和转移的禁止性规定。

2. 对货币自由兑换和转移的法律限制

在本国国内法中对外汇风险作出相应的限制。如 1993 年《越南社会主义共和国外国投资法实施细则》第 67 条对外汇保证规定如下："1. 外资企业、参加合作经营合同外方可在经批准从事外币经营业务的银行购买外币，以满足其往来项目交易和根据外汇管理法规允许的其他交易的需要。2. 根据政府每个时期规划投资的特别重要投资项目，政府总理决定保证外资企业、合营各方的外汇平衡，并在投资许可证中明确规定。”1988 年《缅甸联邦外国投资法》第 27 条和第 28 条则对外汇汇出的银行进行了指定，要求在该银行建立外汇账户和缅币账户。对于汇款，缅甸则规定用当地货币换出美元汇出国外者，1 个月只允许 1 件，而且不得超过 1 万美元。①

3. 对货币自由兑换和转移的法律保障

明确规定给予外国投资者货币自由兑换和转移的保障，而当东道国政府违反这些规定时，需承担相应的法律责任。以 1993 年《朝鲜民主主义人民共和国外汇管理法》为例，其第 27 条规定：“外国投资者可将企业经营中所得利润和其他所得全部免税汇出或不受限制地将其资本转移至共和国境外。”2003 年《中华人民共和国和德意志联邦共和国关于促进和相互保护投资的协定》第 6 条则对投资和收益的汇回作了两项规定：一是列举了东道国允许外国投资者在其境内进行移转的投资和收益。二是规定转移应以可自由兑换的货币按照转移当日接受投资的缔约一方通行的市场汇率不迟延地进行。若市场汇率不存在，则应符合支付时国际货币基金组织特别提款权同有关货币汇率折算得出的交叉汇率。

4. 对货币的自由兑换和转移以保障为原则，限制为例外

与征收风险类似，货币的自由兑换和转移是原则，特殊情况下进行外汇限制是例外。1992 年《北美自由贸易协定》第 1109 条和 2008 年《中华人民共和国政府与东南亚国家联盟成员国政府全面经济合作框架协议投资协议》第 10 条都是其中的典型。2008 年《中华人民共和国政府与东南亚国家联盟成员国政府全面经济合作框架协议投资协议》第 10 条规定：“1. 任一缔约方应允许任何其他方投资者在该缔约方境内的投资的所有转移，能以转移当日外汇市场现行汇率兑换为可自由兑换货币，允许此类转移不延误地自由汇入或汇出该方领土。2. 各方给予第 1 款所述转移的待遇，在同等条件下，应等同于任何其他缔约方或第三国投资所产生的转移。3. 尽管有第 1 款和第 2 款的规定，一缔约方在公平、非歧

① 汪慕恒、周明伟：《东盟国家外资投资发展趋势与外资投资政策演变》，厦门大学出版社 2002 年版，第 263 页。

视和善意实施其与下列内容相关的法律法规基础上，可以阻止或延迟某一项转移，包括：（1）破产，丧失偿付能力或保护债权人权利；（2）未履行东道方的关于证券、期货、期权或衍生产品交易的转移要求；（3）未履行税收义务；（4）刑事犯罪和犯罪所得的追缴；（5）社会安全、公共退休或强制储蓄计划；（6）依据司法判决或行政决定；（7）与外商投资项目停业的劳动补偿相关的工人遣散费；（8）必要时用于协助执法或金融管理机构的财务报告或转移备案记录。”由此，这种类型的规定将外汇风险的条件限定为公平、非歧视、善意、合法、相关法律的特殊规定五个条件。

二、外汇风险的定义

外汇风险主要指投资东道国因外汇不足，限制或停止外汇交易，或因战争等其他事故无法进行外汇交易，致使投资者的原本利润及其他正当合法收益不能自由兑换成外币，并汇回本国的风险。[①] 外汇风险主要包括两个方面的内容：一是货币是否允许自由兑换，即禁兑风险也称为禁止兑换风险；二是货币是否允许自由转移，即转移风险。对于各国海外投资保险机构来说，有的保险机构只承保禁兑风险，如美国；有的保险机构则对禁兑风险和转移风险都予以承保，如日本、德国。在外汇风险中，大多数国家都排除了货币贬值风险。[②] 货币贬值通常是由通货膨胀引起的，是一种典型的商业风险，而非政治风险。浮动汇率制是指一国并未固定本国货币同他国货币的兑换比价，而是根据外汇市场的供求关系，任其自由涨落。目前，浮动汇率制已逐渐被大多数国家接受，因而东道国汇率的变化也不能构成外汇风险。

（一）禁兑风险的定义

禁兑风险主要是指东道国对外国投资者的投资资产禁止予以自由兑换。根据《多边投资担保机构公约》第 11 条的规定，禁兑风险是指东道国政府采取新的措施，限制外国投资者的货币兑换成可自由使用货币或被外国投资者可接受的另一种货币。而根据美国海外投资保险制度的规定，禁兑风险是指作为被批准投资项

① 杜新丽、曹俊编著：《国际投资法》，中国政法大学出版社 1995 年版，第 210 页。

② See Organization for Economic Cooperation and Development. Investing in Developing Countries. Fourth Revised Edition. Paris. 1978. p. 11.

目的利润或其他收益，或因投资回收或处分投资财产而获得的当地货币或其他货币，在东道国禁止兑换成美元。[①] 美元作为国际上普遍接受的国际货币，在国际支付上被广泛使用，当东道国对美国投资者的货币禁止兑换时，这些货币通常由东道国政府的中央银行或其他指定的银行进行统一监管，美国投资者只有为了特定用途得到授权批准后才能进行外汇兑换。

（二）移转风险的定义

根据《多边投资担保机构公约》第 11 条的规定，转移风险就是东道国政府采取新的措施限制外国投资者的货币汇出东道国境外。中国人民保险公司 1985 年《外国投资保险（政治风险）条例》也明确指出，由于“政府有关部门汇兑限制使被保险人不能将按投资契约规定应属被保险人所有，并可汇出的汇款汇出”，引起的投资者的损失，由保险人负责赔偿。由此可见，货币转移风险主要是限制外国投资者将货币汇出东道国，造成货币的流通性将明显降低。

（三）外汇风险中货币的范围

双边投资协定以及区域性多边投资条约都对货币的范围作了规定，并且这种规定呈扩大化的趋势。以我国对外签订的双边投资协定为例，在 1984 年《中华人民共和国政府和法兰西共和国政府关于相互鼓励和保护投资的协定》第 5 条中，这些货币包括：①利息、股息、利润和其他日常收入；②由无形权利而取得的费用；③为偿还按正常手续取得的借款而支付的款项；④全部或部分转让或清算投资的所得，包括投资资本的增值；⑤补偿的费用。在 1988 年《中华人民共和国政府与澳大利亚政府相互鼓励和保护投资协定》第 10 条中，货币的范围增加了“按贷款协议所作的支付”这一项，在 2005 年《中华人民共和国政府和赤道几内亚共和国政府关于促进和保护投资的协定》第 6 条中，则增加了：①技术援助或技术服务费、管理费；②有关承包工程合同款项的支付；③在缔约一方的领土内从事与投资有关活动的缔约另一方国民的收入。

三、外汇风险的危害性

（一）外汇风险的成因

外汇风险是一种典型的政治风险。第一次世界大战结束后，一些参战国发生

① 余劲松：《国际投资法》，法律出版社 2007 年版，第 201 页。

了巨额的国际收支逆差，本国货币的对外汇率发生了剧烈波动，外国资本纷纷撤出。为了防止本国资本的外流，众多参战国纷纷取消了外汇汇兑和转移的自由，进行外汇管制。第二次世界大战期间，参战国为了支付巨额的战争开支，实行了比“一战”后更为严格的外汇管制，禁止外汇的自由交易。直到 20 世纪 80 年代，在经济全球化浪潮的冲击下，大多数国家逐步开放了外汇管制，外汇风险总体大幅度降低，但在一些特殊时期，如 1997 年亚洲金融危机期间以及在一些金融危机的高发国，如南美洲的阿根廷等，外汇风险仍然存在。

外汇风险的产生主要有以下三个方面的原因：

1. 国际收支平衡保障措施的需要

外国投资者进行海外投资，东道国与投资国之间的市场、劳动力、金融等关系连为一体，国际间资本的流动增强，各国货币的汇率易出现波动，进而影响外国投资者资金使用成本的相对价格。当汇率下降时，外国投资者将减少在东道国的投资，当汇率上升时，则会促进外国投资者增加在东道国的投资。一国汇率的波动也会影响国际间的收支平衡，当一国的投资货币市场发生失衡，导致一系列的金融危机和经济危机，会通过国际收支途径传递到国外；同样，国际市场上出现失衡，也会通过国际收支途径传递给国内，因而，国际收支平衡与国内投资市场汇率的变化有着密不可分的联系。

2008 年《中华人民共和国政府与东南亚国家联盟成员国政府全面经济合作框架协议投资协议》第 11 条第 1 款规定：“若发生国际收支严重不平衡、外部金融困难或威胁，一缔约方可采取或保留投资限制措施，包括与此类投资相关的支付和转移。认识到缔约方在经济发展过程中面临的保持国际收支平衡的特别压力，可在必要时采取限制措施或其他方式，确保维持适当的外汇储备水平以实施其经济发展计划。”这条规定主要是基于国际货币基金组织协议的规定，为东道国在国际收支严重失衡的情况下提供的一种外汇政策，以确保东道国国内各项经济计划的顺利开展。

2. 国际货币基金组织的特殊规定

1944 年《国际货币基金协定》第 14 条第 2 款规定：“会员国在通知基金准备按本规定采用过渡办法后得不顾本协定的任何其他条文的规定，维持并根据情况的变化修改在其成为会员国时已在施行的各种限制国际经常性往来的付款和资金转移办法。会员国应继续在其外汇政策中注意基金的宗旨。一旦条件许可，应

即采取各种可能的措施，与其他会员国发展各种商业上和金融上的办法，以便利国际支付，并促进一个稳定的汇率制度。特别是，一旦会员国自信取得此种外汇限制后已能解决本身国际收支问题，而不致过分依赖基金的普通资金时，应即取消本节规定下所维持的各种限制。”因此，东道国可采用相应的过渡办法暂时性地实施一定的外汇限制，但需通知国际货币基金组织，并且，当通过过渡办法解决本身国际收支问题后，应及时取消对外汇作出的限制。但东道国实施过渡办法期间，外国投资者的货币资产随时面临外汇风险，货币自由汇兑和转移存在严重的威胁。

3. 存在严重经济或金融动荡的后果或威胁

严重经济或金融动荡的后果或威胁主要是指因战争、暴乱、市场调节失控所引起的金融秩序严重混乱，如 1997 年的亚洲金融危机爆发后，受到危机影响的国家大多对外国投资者实行外汇限制。如果不对东道国国内的金融市场进行外汇限制，可能会造成外汇短缺，国内金融体系崩溃。在这种情形下，东道国可进行外汇限制，但需在以下的限制条件内行使：①应与《国际货币基金组织协定》条款相一致；②不得超过必需的程度；③应是暂时的，并在其设立和维持不再具有合理性时予以取消；④应尽早通知其他缔约方；⑤应使任何一方所获待遇不低于任何其他方或非缔约方所获待遇；⑥应在国民待遇的基础上实施；⑦应避免对其他缔约方的投资者、所涉投资和商业、经济和财政利益造成不必要的损害。

（二）外汇风险对国际投资的影响

1. 对外国投资者来说，货币流通受到限制，制约投资规模的扩大化

东道国对外国投资者的投资进行货币兑换和转移的限制，时间越长，货币流通受到的影响就越大。而投资者因投资所获取的利润或其他收益能否自由兑换或转移，在很大程度上关系着投资者最终利益能否实现的问题。货币不能自由转移又进一步限制了外国投资者引进先进技术、优秀的劳动力人才等资源，制约了投资规模的扩大。在菲律宾地热公司案中，美国投资者在菲律宾投资建立了菲律宾电热公司，1983 年，公司将 1982 年连续 3 个季度的收入存入菲律宾的一家商业银行，并向菲律宾中央银行申请汇出，获得批准。然而，由于当时外汇大量外流，菲律宾政府决定推迟 90 天偿还外债的本金。随后实行的外汇管制又要求商业银行把所有的外汇卖给中央银行，建立一项外汇储备资金，该外汇资金只配给

重要的进口交易。公司虽然已取得菲律宾中央银行的收入汇出批准书，但因货币汇兑的限制始终无法从该外汇储备资金中申请取得外汇，限制货币的自由流通，企业投资的进一步开展也受到了一定的限制。

2. 对东道国来说，外国投资不能得到基本保障，限制了其吸引外国投资

东道国作为接受外国投资者投资的国家，往往对外国投资的顺利开展进行法律保障，对外国投资者的投资进行货币兑换和转移的限制，无疑违背了东道国保护外国投资、促进本国经济发展的初衷。资本作为连接外国投资者与东道国的货币纽带，对外国投资者来说其重要意义不言而喻。东道国对外国投资者实行外汇限制，在短期可能维护了本国的经济利益，但是从长远来看，打消了外国投资者在东道国投资的积极性，限制了其吸引外国投资。

3. 对投资国来说，减少投资国的税收收入

居民税收管辖权是投资国对本国投资者实行属人管辖权的体现。根据投资国的法律规定，当外国投资者在东道国投资获取一定的收益时，应及时履行自己的法定义务，向投资国相应机关缴纳税费。如果东道国对外国投资者的投资进行货币兑换或转移的限制，外国投资者就不能及时将相应税款汇回本国，就会严重影响投资者本国的财税收入。

4. 对国际社会来说，影响国际收支平衡的稳定

国际收支平衡自始以来就存在短期目标和长期目标之间的矛盾。从国际收支的短期目标来看，国际投资的发展将会在一定程度上造成国际收支失衡。但是，从国际收支的长期目标来看，国际投资能够促进各国资本和利润的回流，加强国际间的经济联系，对于维护国际收支的平衡无疑是有利的。东道国对外国投资者进行外汇限制，阻碍了这一资本利润的回流，不利于国际收支平衡的稳定。

第四节 战争与内乱风险

一、战争与内乱的定义

（一）战争

1. 战争的学理定义

战争的学理定义强调战争是对冲突、矛盾用一种激烈方式予以解决。马克思主义对战争作了精僻的论述：战争是社会发展到一定阶段时所产生的一种社会历史现象，直到原始社会后期，氏族“能够处理在这样组织起来的社会内部一切可能发生的冲突。对外的冲突则由战争来解决”。[①] 毛泽东对战争进行了更加明确和深刻的表述，他指出：“战争——从有私有财产和有阶级以来就开始了的、用以解决阶级和阶级、民族和民族、国家和国家、政治集团和政治集团之间，在一定发展阶段上的矛盾的一种最高的斗争形式。”[②] 德国军事理论家卡尔·克劳杰维茨在《关于战争》一书中指出：“战争——这是迫使对方实现我们意愿的强制行为。”后来他又指出：“战争是人类交际的活动；战争，属于社会生活范畴。它是通过屠杀表现出来的巨大利益冲突，且只能以此来同其他社会矛盾进行区分。”战争的学理定义指出了战争产生的根源和特征，但忽视了实施战争的依据、手段等客观要素，具有一定的片面性。

2. 战争的辞典定义

辞典中战争的定义则将引起战争的原因归为武装冲突，增加了对战争手段和性质的规定。在1983年前苏联哲学工具书《哲学百科辞典》中，战争被定义为：

---

① 马克思、恩格斯：《马克思恩格斯选集》，人民出版社1972年版，第92页。
② 毛泽东：《毛泽东选集》，人民出版社1991年版，第194页。

“国家（集团）、阶级或民族间的有组织的武装斗争。”① 1984 年《中国大百科全书》中认为：“战争在国际法上主要指两个或两个以上国家使用武力推行国家政策引起的武装冲突和由此产生的法律状态。”② 2001 年《不列颠大百科辞典》认为，战争是指：“国家、民族、社会集团间有组织的武装斗争。在战争中动用武装力量是主要的决定性手段，同时还有经济、政治、意识形态等斗争手段。”③

3. 战争的国际法定义

战争是交战各方之间相互使用武力造成的武装冲突，战争状态出现后，全部战争法（包括中立法）开始适用。战争既是一种法律状态，又是一种事实状态。④ 1945 年《联合国宪章》第 2 条第 4 款规定：“各会员国在其国际关系上不得使用威胁或武力，或以与联合国宗旨不符之任何其他方法，侵害任何会员国或国家之领土完整或政治独立。”《联合国宪章》未直接对战争作出规定，而是规定不得使用武力和武力威胁，这是因为现代武力的使用方式已不局限于战争，各种武力和武力威胁都会对世界和平造成一定的破坏，因此，“武装冲突”的概念得以逐渐被确立起来。当然，战争与武装冲突也存在一定的差别。战争主要是指交战双方有“交战意向”的法律状态，而武装冲突则主要是指双方之间有武装敌对行为的事实状态。

“武装冲突”的名称始于 1949 年日内瓦四公约，公约的共同第 2 条明确规定：“本公约适用于两个或两个以上缔约国间所发生之一切经过宣战的战争或任何其他武装冲突，即使其中一方不承认有战争状态。”前南国际刑事法庭也对武装冲突的概念进行了认定：“只要国家之间诉诸武力，或者当权政府同有组织的军队之间发生冲突，或者一个国家中不同的军队相互之间发生冲突”，⑤ 就属于武装冲突。2005 年 6 月，联合国国际法委员会在《武装冲突对条约的影响条款草案》第 2 条第 B 款中明确界定了武装冲突的概念：“武装冲突是指战争或冲突状态，所涉武装行动由于其性质或范围可能影响武装当事国之间或武装冲突当事

① ［前苏联］Л. Ф. 伊利切夫、П. Н. 费多谢耶夫、С. М. 科瓦廖夫、В. Г. 帕诺夫主编：《哲学百科辞典》，苏联百科全书出版社 1983 年版。

② 《中国大百科全书·法学》，中国大百科全书出版社 1984 年版，第 27 页。

③ Encyclopedia Britannica. OHNKC 21 bek . 2001.

④ 邵沙平主编：《国际法》，高等教育出版社 2008 年版，第 397 页。

⑤ Decision on the defence motion for interlocutory appeal on jurisdiction（IT－94－1 Prijedor，ICTY）. 1995. p. 97.

国与第三国之间条约的实施，不论武装冲突任何当事方或所有当事方是否正式宣战或作出其他声明。”

武装冲突包括国际性武装冲突和非国际性武装冲突。国际性武装冲突即指国家之间的冲突，而非国际性武装冲突指的是国家的内战或国内武装冲突。在这两种制度下，国际性武装冲突中受难者的保护远远比非国际性武装冲突所提供的保护要全面与充分，非国际性武装冲突只能为受难者提供最低限度的保护。

（二）内乱

1. 内乱的定义

内乱是指一国国内开展的武装斗争，叛乱运动的规模、组织和武力斗争的程度或者范围超出了纯粹的武装起义或武装暴动的范畴，巩固地占领着一定地区，行使着有效的政府职责，并且对现政府开展准战争的武装斗争。①

2008 年 11 月，红十字国际委员会（International Committee of the Red Cross，简称 ICRC）在其公开出版的文宣手册《国际人道法问答篇》中，将内乱定义为因暴乱行为而使国内秩序受到严重破坏，但并未演变为武装冲突的情况（例如暴动、派系之间或公权力机关的斗争）。

中国人民保险公司 1986 年 1 月修订的船舶战争、罢工险条款规定：“内乱是指由于战争、内战、革命、叛乱使得国内政局动荡，现政府对政局失去有效的控制，从而引起国民的恐慌、骚动，对社会的安定有很大的影响。”而根据 1988 年《多边投资担保机构业务规则》第 1.48 条的规定，内乱通常应及于直接针对政府的以推翻政府或将驱逐出某个特定的地区为目的的有组织的暴力行动；包括革命、暴乱、叛乱和军事政变。骚乱和民众骚乱也属于内乱的范畴，其中骚乱是指多人纠集一起采取蔑视合法政府的暴力行动；而民众骚乱是指具有骚乱的所有特征，但范围更广，持续时间更长而尚未达到内乱、革命、叛乱或暴动程度的事件。

2. 内乱的类型

典型意义上的内乱通常是指在同一国家内两个政府为获得对国家的支配权而相互进行的斗争。除此之外，根据引发内乱的原因，内乱还分为推行霸权导致的内乱、为实现自主权发生的内乱、为分离导致的内乱、为合并导致的内乱和为统

① ［韩］柳炳华：《国际法》（下卷），朴国哲、朴永姬译，中国政法大学出版社 1997 年版，第 357 页。

一导致的内乱。

二、战争与内乱风险的定义

战争与内乱风险是指由于东道国发生革命、战争、内乱及暴动所造成的投资项目遭受破坏、损失、被夺取或留置的风险；或是为了实现某种政治目的而采取的破坏活动所造成的损失，它不包括一般的劳资纠纷、经济矛盾所引起的骚乱、冲突。前者带有突发性，其所带来的破坏也会涉及多家企业。① 《多边投资担保机构公约》第 11 条将战争与内乱风险定义为"东道国境内任何地区的任何军事行动或内乱"。而美国海外投资保险机构把所承保的战乱风险称为政治暴力险，限于个人或集团主要为实现某种政治目的而采取的破坏活动所造成的损失，把一般经济纠纷、劳动争议所引起的冲突风险排除在外。战争与内乱风险包括：①国内或国际势力所采取的敌对行动；②国内战争；③革命；④内乱；⑤具有政治动因的冲突；⑥恐怖主义和破坏活动。②

战争与内乱风险具有极大的破坏性，因而有些保险机构并不承保战争与内乱风险，将战争与内乱带来的损害作为担保的免责内容。但毕竟"无风险就无保险"，保险业本身就是为风险提供保障。③ 因此，战争与内乱的风险虽然很大，但还是有一些保险机构专门设立了战争与内乱风险，对因战争或内乱造成的投资损失进行补偿。值得注意的是，以战争风险为由请求承保机构予以补偿，并不要求以宣战作为前提。在 Kawasaki KKK 诉 Bantham Steamship Co 一案中，虽然 1937 年日本在没有宣战的情况下入侵中国，且开战后两国没有断绝外交往来，仍然可以被认定为战争爆发，当事人完全可以以战争险要求承保机构进行补偿。

三、战争与内乱风险的赔偿

战争与内乱风险的赔偿主要涉及投资待遇方面的问题，不同的国家确立了不同的补偿待遇标准。

---

① ［喀］赛格、门明：《中国企业对非洲投资的政治风险及应对》，第 60 页。

② http：//www. opic. gov/what - we - offer/political - risk - insurance/types - of - coverage/political - violence，最近访问日期：2013 年 12 月 15 日。

③ 樊秋景、耿东华："试论现代战争对世界保险业的影响"，载《科技情报开发与经济》2005 年第 7 期。

印度2004年《双边投资协定范本》确立了最惠国待遇的标准，第6条指出："缔约一方的投资者在缔约另一方领土内的投资，如果由于发生在缔约另一方领土内的战争、其他武装冲突、全国紧急状态、暴乱而遭受损失，该缔约另一方给予其恢复原状、赔偿、补偿或采取其他措施的待遇，不应低于它给予本国或任何第三国投资者的待遇。为此作出的支付应可自由转移。"最惠国待遇标准主要是指缔约一方承诺其现在已经给予和将来给予任何第三方的投资待遇也将同样给予缔约另一方，不同国家的外国投资者能够获得相同的投资待遇，有助于促进双边投资协定的多边化。

美国2012年《双边投资协定范本》确立了战争与内乱风险的公平公正待遇标准，其第5条规定，在因武装冲突和内乱所引发损失而采取的补偿措施一方面，缔约一方应当赋予缔约另一方投资者及合格投资非歧视待遇。而当缔约一方投资者在缔约另一方境内受武装冲突和内乱影响，合格投资全部或部分被缔约另一方的军队或政府征用或毁坏，遭受损失，缔约另一方应当向投资者恢复原状、赔偿或视情况同时支付补偿和赔偿，这种赔偿应当根据具体情况做到及时、充分和有效。联合国贸易与发展组织1999年发布的《国际投资协定》系列研究报告之《公平与公正待遇》指出，在国际法中，公平公正待遇等同于国际最低待遇，其作用都是在国际法或其他条约不能提供这种投资待遇时，为外国投资者提供这样一种待遇上的保护。东道国在公平公正待遇原则下应为外国投资者提供稳定的投资环境，保护外国投资者的合理期待利益，当损害了外国投资者的合法权益时，应遵循相应的法律程序，给予外国投资者补偿。因该标准的概念在国际上未有准确定义，因而具有广阔的解释空间，自20世纪90年代以来在国际投资仲裁实践中广泛运用。

从我国对外签订的双边投资协定来看，经历了从单一的最惠国待遇到最惠国待遇与国民待遇的最优者的转变。1984年《中华人民共和国政府和法兰西共和国政府关于相互鼓励和保护投资的协定》第4条第3款确立了最惠国待遇原则，"缔约一方投资者，如其投资由于缔约另一方的领土和海域内发生战争或其他武装冲突、全国紧急状态或叛乱而遭受损失时，应享受缔约另一方给予的不低于最惠国投资者的适当的待遇。"2011年《中华人民共和国政府和乌兹别克斯坦共和国政府关于促进和保护投资的协定》第7条对最惠国待遇原则进行了确认，又增加了国民待遇原则，具体则适用两个原则中的最优者。并且，在战争或内乱的情况下，因东道国的军队或当局非因战斗行动或情势必需而征用或损害外国投资者全部或部分财产所遭受损失，应给予恢复原状或合理补偿。单一的最惠国待遇标准所提供的待遇可能并没有东道国对本国投资者所提供的待遇高，为避免这一情况发生，在待遇标准中增加了国民待遇的选择权，即外国投资者可在两种待遇的最优者中进行选择，从而确保赔偿数额最大化。

四、战争与内乱风险的影响

（一）对外国投资者来说，投资项目可能遭受破坏或被迫终止，当地救济无法实现

2011 年，利比亚战乱造成我国 70 多家企业在其投资的 50 多个项目全部停工，涉及工程项目承包业务总金额约 188 亿美元，工程项目人员匆忙撤出。大部分项目现场设备、材料的保全情况因战乱遭受破坏或毁灭性打击，致使投资项目无法继续进行。战乱结束以后，大部分投资项目无法恢复，后续进展也存在极大的不确定性。外国投资者在寻求东道国的当地救济时，当地救济机关或遭到破坏或无法行使其职能，当地救济无法实现。可见，对外国投资者来说，战争与内乱风险的危害性是非常巨大的。

（二）对东道国来说，经济遭受重创，投资环境恶化

东道国若想成为投资大国，需努力创造安定的政治环境以发展本国经济并吸引外国投资。当东道国发生战争或内乱时，往往会征收外国投资者的财产，致使投资环境进一步恶化。第二次世界大战以后，世界局势的总体特征为“总体和平，局部战争”，越南战争、两伊战争、海湾战争、科索沃战争等，都在不同程度上破坏了投资环境。以伊拉克为例，战争造成的经济损失超过 2000 亿美元，而在战争结束后，依旧有武装分子对外国投资者的投资进行破坏，袭击输油管道、电力设备等设施，投资环境未能好转。

（三）对投资国来说，外交保护难以实现

投资者遭遇东道国的战争或内乱风险后，索赔往往成为战争或内乱案件的焦点问题。东道国出现战争或内乱，其当地救济往往无可能性，而东道国又无暇顾及国际仲裁，促使外交保护成为外国投资者最常用的战争与内乱风险的救济手段。此时，东道国失去了对国内局势的控制能力，因而投资国很难向一个尚处于

战乱状态的东道国实行外交保护。而当战乱过后，投资国再行使外交保护权时，易与东道国产生国际间的摩擦，从而造成两国关系的紧张局势。

第五节　政府违约风险

一、政府违约风险的定义

政府违约风险是指东道国政府违反或拒绝履行其与外国投资者签订的投资契约，从而给投资者带来损失的可能性。[①] 1985 年《多边投资担保机构公约》第 11 条第 3 款也指出："东道国政府不履行或违反与被保险人签订的合同，并且（1）被保险人无法求助于司法或仲裁机关对其提出的有关诉讼作出裁决，或（2）该司法或仲裁机关未能在担保合同根据机构的条例规定的合理期限内作出裁决，或（3）虽有这样的裁决但未能执行。"因此，政府违约风险一般包括两种情形：（1）东道国政府违反与外国投资者签订的合同；（2）东道国政府拒绝履行与外国投资者签订的合同。

二、政府违约风险的危害性

（一）政府违约风险的成因

1. 东道国出于自身利益的考虑

外国投资者在东道国进行投资，始终处于较为弱势的地位，无法和东道国政府抗衡，若东道国政府无故解除或者拒不履行双方签署的和该项目投资有关的特许协议、特定担保合同和保证合同，则投资者的合法利益无法得到保障，损失也就在所难免。

2. 东道国政策缺乏连贯性

在一些政党轮流执政、政策缺乏连贯性的国家，政府作出的承诺或保证往往

① 王斌："试论政府违约风险的法律控制"，载《浙江社会科学》2007 年第 4 期，第 111 页。

在政府更迭或法律变更后不具有相应的执行效力。一些中东国家政局不稳定，甚至已出现新旧政权交替的情形。当新任政府制定了不同于上一任政府的新政策时，往往不承认和执行上一任政府所签订的合同或者协议，从而单方面取消已经签署或实施的合同或协议，致使外国投资者遭受巨大损失。

3. 东道国法制不健全

东道国的法制不健全是导致政府违约的主要原因。当一国投资法制不健全时，往往会出现无法可依或法律频繁更改的现象。如越南的法制存在不健全的情形，特别是在投资方面，由于很多投资法规的制定没有先例可循，一些法规的出台属于试验性质，是否延续只能视实际施行中的效果而定，日后极有可能会修订、变更或废除。以投资法为例，1987 年制定的《外国投资法》经 1992 年、1996 年、1998 年、1999 年、2000 年、2005 年等多次修改，这些频繁的修改导致一些法律规定缺乏连续性，甚至出现前后相互矛盾的情况，在这种情况下越南政府违约的情况时有发生。

（二）政府违约风险对国际投资的影响

1. 对外国投资者来说，前期投资损失巨大

当东道国政府认为外国投资者的投资与本国社会公共利益的目标不一致时，通常运用外汇、税收、环境等保护政策，甚至出台相应的法律法规，强行终止外国投资者的投资项目，致使外国投资者损失巨大的前期投资。如 2011 年 9 月，在吴登盛总统任职期间，缅甸联邦议会宣布搁置中缅两国总值达 36 亿美元的密松电站合作项目。尽管该项目经过了双方的科学论证和严格审查，但缅方坚持认为，缅甸政府是民选政府，必须体现人民的意愿，该项目可能会破坏自然景观，破坏当地人民的生计，故予以搁置。在该项目上，中方已投入了巨资，中途停建损失惨重。

2. 对东道国政府来说，国家信誉降低

国家的信誉度反映了一国的国际形象，当东道国政府违反对外国投资者的约定时，其国际形象将受到严重冲击。例如，2008 年几内亚政变后执政的军人领袖便宣布中止执行所有的矿业合同，重新进行谈判。当时中国铝业在几内亚有大面积铝土矿勘探权，已经勘探出 15 亿吨的铝土矿总资源量，几内亚政变意味着中国铝业面临着违约风险，令中国投资者对几内亚政府的印象大打折扣。

第六节 其他政治风险

一、营业中断风险

政治风险中的营业中断风险是由于政治事件引起的营业中断，而外汇转移中的营业中断风险是指外国投资者在东道国的某项营业被迫中断，从而遭受的营业损失，本书中的营业中断风险指的是政治风险中的营业中断风险。美国总结了近30年来营业中断的实践经验，在此基础上于《1985年海外私人投资公司修订法案》中设立了营业中断风险这一承保项目，其具体含义是：由于发生禁兑事故、征收事故或战乱事故，致使投资人投保的某项营业暂时中断，从而遭受损失者，应由承保人给予赔偿。在美国，虽然私营保险业的标准财产意外险保单中有营业中断险，但绝大多数不适用于典型的政治风险事故引起的“营业中断”。海外私人投资公司把“营业中断”作为独立的风险予以承保，其用意显然在于对美国海外私人投资给予更多的安全保证。

二、迟延支付风险

迟延支付风险是指凡投资者产权投资所产生的到期债权，与产权投资密切相关的贷款所产生的债权，应得利润所产生的到期债权的全部或一部分，因停止支付或迟延支付的结果，致完全不能受到保证或完全不能收益的风险。另外，迟延支付风险还涵盖由于东道国实行外汇限制而产生的货币贬值风险。本书所指的迟延支付风险是由于政治事故所导致的，因此将它列入其他政治风险的范畴，而由于商业事件引起的迟延支付，不属于该险的范畴。

三、地方保护风险

地方保护风险是指地方政府为保护本地企业的经济利益而实施的排斥、限制和妨碍外地企业参与本地市场竞争的风险。一些非洲国家在国际工程项目中采取“雇佣本地人”“提高关税”“兑换限制”“限制境外投资”“技术性贸易堡垒”“差别税收”“强制保险”等贸易保护政策，以保护本国企业的利益。如刚果（金）的《矿业法》规定，外国投资的工程项目必须实现外籍雇员最少化，本地雇员工资具有国际竞争力。而实际的情况是，刚果（金）本国的雇员劳工素质较低，没有受过教育和技能的培训，企业需要在劳工培训上投入相当大的资金和精力，即使不能满足项目岗位要求，也不能随意地解雇当地工人。

四、政府贪污与腐败风险

政府贪污与腐败风险一直是我国企业在一些非洲国家的投资项目实施中深受困扰的风险之一。2011 年 12 月 1 日，根据国际性非政府组织“透明国际”公布的 183 个国家和地区的 2011 年全球腐败观察指数的权威报告，15 个最腐败的国家分别是安哥拉、刚果民主共和国、利比亚、布隆迪、赤道几内亚、委内瑞拉、海地、伊拉克、苏丹、土库曼斯坦、乌兹别克斯坦、阿富汗、缅甸及索马里，其中，非洲国家占 8 个。贪污腐败使造成国家税收流失，政府的办事效率低下，破坏公平的竞争环境，致使外国投资者的投资成本扩大，给投资项目带来了严重的经济损失。

第七节 国际投资中政治风险的防范与救济概述

政治风险的发生往往给国际投资中的外国投资者带来财产损失，因此，如何防范国际投资中的政治风险以及发生政治风险采取何种手段进行救济成为各国投资者广泛关注的问题。值得注意的是，国际投资中的投资者既包括自然人、法人和其他经济组织，也包括国家和国际组织。由于国家和国际组织作为国际投资的特殊主体，其对国际投资政治风险的防范和救济手段与自然人和法人投资者有很大区别。国家和国际组织作为国际投资的投资者，其投资争端往往通过外交途径或其他政治手段加以解决。因此，本书以自然人、法人和其他经济组织的国际投资政治风险的防范与救济为研究重点。

一、国际投资政治风险的防范

（一）防范的概念与意义

国际投资政治风险的防范是指对国际投资发生政治风险的预警，以及发生政治风险后防止损失进一步扩大的措施。东道国境内的政治风险具有极大的危害性，外国投资者往往无法抗拒，但如果有效防范，就能避免损失或者将损失降到最低限度。

（二）防范的手段

1. 深入分析东道国的投资环境

外国投资者在决定向东道国投资前，应依托投资国的风险预警和信息通报制度，深入分析投资国对外投资部门发布的国别风险投资报告，密切关注东道国当地局势，对东道国的政治制度、国家政策、经济发展水平、意识文化形态、社会秩序、宗教争端等因素进行系统的观察与评估。许多投资国都在本国设立专门的政治风险评估机构，如英国的《欧洲货币》杂志、美国的标准普尔和穆迪公司等。这些政治风险评估机构会及时与各国政府的驻外机构、使领馆、海外分支机构联系，取得不同的国别现状，并定期发布不同国家的政治风险评估报告。外国投资者可借鉴这些政治风险评估机构发布的国别风险报告，从而判断在东道国投资是否存在政治风险。

为帮助我国企业更加全面地了解世界各地的政治、经济、社会、法律、风俗习惯等相关投资合作信息，自2009年起，商务部国际贸易经济合作研究院、商务部投资促进事务局和我驻外经商机构每年编写、更新《对外投资合作国别（地区）指南》，客观介绍有关国家（地区）的投资合作环境，并对企业跨国经营应注意的问题给予提示。我国投资者可在投资前结合《对外投资合作国别（地区）指南》的具体规定，从而对东道国的投资环境进行深入分析。

2. 为投资项目投保政治风险保险

为鼓励与促进不同国家之间资本的流动，保障国际投资的安全，多边投资担保机构为外国投资者向发展中国家的投资提供政治风险担保。同时，投资国为了更好地保证本国投资者对外投资，在本国的海外投资保险机构也设立了相关的政治风险保险业务。东道国为了吸引外资、改善投资环境、保证投资安全，也会鼓励本国保险机构为外国投资者在本国投资承保政治风险。当投资者认为在东道国投资存在潜在的政治风险威胁时，可选择在多边投资担保机构或本国的海外投资保险机构投保政治风险，还可以选择在东道国保险机构投保政治风险，以避免政治风险发生后造成的巨大损失。投资者在多边投资担保机构或海外投资保险机构投保政治风险，不仅仅是防范政治风险的一种措施，更是政治风险发生后能获得相关机构提供的一种救济方式。

3. 与东道国政府积极协商

外国投资者在投资计划实施以前，可主动接近东道国政府，就投资事宜进行协商，以取得相互之间的理解与合作。协商有助于促使外国投资者与东道国政府达成相应的投资协议，在协议中具体明确外国投资者与东道国政府间的权利义务关系，以及投资的具体内容和享有的投资优惠待遇。投资协定的签订能够较为有效地防范在东道国投资遭遇的政治风险。

二、国际投资政治风险的救济

（一）救济的概念与意义

救济在本质上是一种补救和矫正，本书所指的救济专指法律意义上的救济。法律上的救济是指对已发生或已造成损害的不当行为的纠正。法律救济的前提是外国投资者的权利受到侵害、法律救济的效果是有权机关对外国投资者进行救济。国际投资中政治风险的法律救济是在政治风险发生并给外国投资者造成损失后，外国投资者依据相关法律的规定主动向相关机构申请，由相关机构采取措施，外国投资者获得的一系列补救性的法律措施。

法律救济是国际投资法律制度不可缺少的有机组成部分，也是构成一国完善的投资法律环境不可缺少的有机组成部分。国际投资中政治风险争议救济的规定非常重要，因为它们部分地决定着法律保证的具体效力。如果外国投资者缺少相应的救济方式，一国无论怎样改善投资外部环境都是毫无意义的。同时，国际投资政治风险的法律救济有利于保障投资权益，规范东道国的相关行为，在法律层面切实维护外国投资者的合法权益。

（二）救济的手段

当外国投资者遭遇东道国境内的政治风险并由此产生争议后，外国投资者应积极利用国内法和国际法规定的相关救济方式，选择东道国的当地救济、利用国籍持续原则争取外交保护、利用 ICSID 的国际仲裁以及双边投资协定规定的相关救济方式积极维护自己的合法权益。当外国投资者运用一种救济手段后政治风险争议仍不能得到解决的，应及时求助其他法律救济手段，注意协调多种国内、国际救济手段之间的关系，比较多种救济手段的优劣，最终确定运用救济手段的顺序。

第三章 国际投资担保制度

第一节 国际投资担保制度概述

一、国际投资担保制度的概念

在国际投资活动中，外国投资者随时可能面临东道国境内的征收、外汇限制、战争、政府违约等政治风险。而且，在政治风险发生以后，东道国政府通常并未对外国投资者给予合理的补偿，致使外国投资者损失惨重。为了保护外国投资者在东道国的投资安全，国际社会有必要建立一种保护机制，一方面及时向外国投资者补偿相应的政治风险损失；另一方面对东道国政府的行为作出相应的限制，由此，国际投资担保制度应运而生。国际投资担保主要是通过转移支付，把外国投资者因东道国境内发生的政治风险所遭受的损失转移到国际投资担保机构中，由该国际机构根据担保合同的规定对外国投资者进行补偿，同时取得代位权，以向东道国政府求偿。

国际投资担保制度就是规范外国投资者、国际投资担保机构以及东道国政府间担保关系的法律规则和制度的总称。国际投资担保制度能够有效弥补东道国当地救济、国际仲裁、外交保护等救济手段的缺陷，及时补偿外国投资者的损失，避免损失扩大，鼓励国际投资活动的开展。

二、国际投资担保制度的种类

（一）区域性国际投资担保制度

在世界性国际投资担保制度诞生之前，一些区域性国际组织为了本区域内政治、经济的联合，保障本区域投资环境的稳定，构建了一整套的担保制度，主要包括投保资格、投资种类、投资形式、担保合同等内容，以承保本

区域内投资者遭遇的政治风险，建立了如欧共体担保机构和泛阿拉伯投资保险机构。

根据区域性国际投资担保制度的规定，这些区域性国际投资保险机构只对本区域内成员国的投资者进行担保，且担保的限制条件较多。欧共体于1947年成立，其后建立了欧共体投资担保制度。欧共体的投资担保机构只承保两种类型的私人投资：一是两个或若干个共同体成员国的国民所构成的投资；二是为实现符合欧洲利益的共同体方案而构成的投资。投资者只能是欧共体成员国的法人，自然人及其他组织无权进行投保。由于东道国只能是除欧共体以外的国家，所以在欧共体的担保机构同意担保前，投资者还需取得东道国主管当局的同意。1992年欧共体12国签订了《马斯特里赫特条约》(以下简称《马约》)，《马约》于1993年生效，欧共体从而被欧盟取代。《马约》并未提及欧共体的投资担保制度，只是将部分担保权利规定由欧洲投资银行行使，其第198条E款赋予了欧洲投资银行给予担保的权利，但这一担保是在非营利的基础上建立的，与欧共体投资担保的性质相差较大。在6年发布一次的《欧洲经济》报告中，欧盟委员会在2002年报告指出欧洲投资者应借助多边投资担保机构以及国际投资协定中规定的条款对投资进行担保。① 由此可见，在欧盟体系下，欧共体的投资担保制度不复存在，欧洲的区域性投资担保制度目前处于停滞状态。

在泛阿拉伯投资保险制度下，泛阿拉伯投资保险机构只承保东道国为泛阿拉伯区域内的国家，而投资者则包括泛阿拉伯区域内的自然人和法人。担保合同的签署需预先取得东道国政府或管理机构的同意，再由机构的负责人决定是否签发保单。与欧共体投资担保制度类似，泛阿拉伯投资保险制度目前也没有新近的发展，制度内的许多内容被国际性投资担保机构所吸收，没有较大的存在价值。

(二) 世界性国际投资担保制度

世界性国际投资担保制度主要是指在世界内范围建立一种政治风险的担保制度，而不仅仅局限于特定的区域。在世界资本流动的大环境下，保护外国投资者

① See European Economy. EUROPEAN COMMISSION DIRECTORATE – GENERAL FOR ECONOMIC AND FINANCIAL AFFAIRS. Special report No 1 / 2002.

在东道国投资的合法权益。仅仅依靠区域性国际投资担保制度已经不足以保护外国投资者的合法权益，1988 年世界银行体系下的多边投资担保制度就是在这种背景下产生的，并且成为世界性国际投资担保制度的典型代表。多边投资担保制度包括机构设置、担保条件、担保合同、索赔程序等内容，为外国投资者在东道国的投资提供广泛的担保，本章也将主要围绕多边投资担保制度展开。

第二节 《多边投资担保机构公约》的产生背景

一、多边投资担保机构的早期议案

1939年9月，第二次世界大战爆发，全世界有60多个国家和地区参战，造成7000多万人死亡，直接军费开支就达到了数万亿美元，其他经济损失更是无法计算。在国际投资领域，“二战”更是带来了毁灭性的打击。外国投资者在卷入战争的国家几乎都遭受了东道国的政治风险，东道国的当地救济不能实现，国际上又并未有国际性的政治风险担保机构，因而众多外国投资者的损失都不能得到补偿。因此，早在1948年世界银行就有建立一个多边政治风险担保机构的设想。1948年3月3日，世界银行开展了一次对于用政治风险担保的办法来促进国际投资的秘密讨论，形成了《为外国私人投资的转移风险和其他风险提供担保的建议》的讨论记录，该记录详尽地论述了促进外国人产权投资的方式以及投资担保的相关设想。然而，这一记录并未得到世界银行的重视。因为，在20世纪40年代末，“二战”刚刚结束，广大发达国家为尽快摆脱战争带来的影响，纷纷开展战后的经济复苏，而无暇顾及国际投资担保制度的构建，构建世界性的多边投资担保机构的设想被搁置。

在20世纪五六十年代，各国经济逐渐摆脱战争的阴影，经济开始复苏，世界银行及其他一些机构相继提出建议，希望在世界上创立一个多边投资担保机构，承保外国投资者在东道国遭遇的政治风险。世界银行率先于1950年10月作了题为“刺激外国私人投资的方法：具体建议”的备忘录，这一备忘录再一次展现了这一设想。备忘录对世界银行构建多边投资担保机构提出了一些建议，希望世界银行能采取一些措施承保外国投资者遭遇的征收、战争、外汇、政府违约等政治风险，以促进外国投资的开展。1957 年，欧洲理事会协商大会第 701 号文件《非洲发展研究小组报告》指出，建议在欧洲设立“担保和金融援助基金”，专门担保欧洲在非洲的投资。1958 年，国际议会联盟经济和金融委员会支持了会上法国参议员卢卡·杜兰德一雷维勒提出的建议，即创立一个外国私人投资的国际担保基金。1959 年，在欧非合作的背景下，欧洲协商大会理事会第 1027 号文件《关于投资法规和政治风险担保基金的报告》同意了建立“担保政治险基金”的计划。1960 年，国际为促进和保护外国私人投资协会也发表了建立政治风险担保基金的计划。

随着建立世界投资担保机构和担保基金的呼声越来越高，世界银行在充分考虑相关建议后，于 1961 年年初决定对多边投资担保问题进行进一步的研究，探讨其是否能够为会员国提供有益的政治风险担保。为此，世界银行和国际金融公司成立了专门的国际投资担保工作组，随着工作组相关工作的推进，同年 9 月，世界银行行长尤金·布莱克先生在世界银行董事会维也纳年会上的演讲中宣布：“世界银行正在研究设计多边方案，以担保外国私人投资各种非商业风险。”①

二、1962 年的研究报告及其影响

1962 年 1 月，世界银行国际投资保险工作组起草了第一份多边投资担保报告。② 该报告由世界银行公布，报告序言称：该报告由执行董事会批准并公布，“相信该报告所包含的分析，无论是对各国政府，还是对私人企业都将是有用的。”该报告虽然没有法律约束力，但是在国际社会上依然具有较强的影响力。

1962 年的研究报告出台后，其他机构纷纷响应。在其刚公布的几天之内，国际商会就向世界银行的执行董事提交了一份《初步观点声明》，明确表达了其将支持执行世界银行的这一构想。报告公布的第二个月，欧洲理事会协商大会法律委员会也发表了赞成性的声明。随后，经合组织专家委员会于 1965 年 6 月也向世界银行提交了《关于建立多边投资担保公司的报告》，报告请求世界银行在适当的时间针对投资担保机构的相关事项进行磋商。

---

① 世界银行行长尤金·布莱克在世界银行和国际开发协会董事会 1961 年年会的讲话，载《会议记录综述》第 7、8 页（1961 年）。

② 世界银行文件 R62－2 号。

1962 年研究报告也获得了联合国贸易和发展会议的支持。1964 年，日内瓦第一次联合国贸易和发展会议专门讨论了该研究报告，并在会议的报告中要求世界银行“与发展中国家和发达国家政府磋商，迅速研究投资保险，并且，至迟于 1965 年 9 月向联合国提交其研究和磋商的结果”。[①] 因而，在 1965 年 9 月，联合国秘书长从世界银行行长乔治·伍兹那里收到了一份关于投资保险研究现状的临时报告。

三、《国际投资担保机构协议》草案的出台

1966 年 11 月，世界银行发布了《国际投资担保机构章程协议》第一草案，并将该草案提交各成员国政府和相关国际组织进行讨论。世界银行相继收到了众多政府或组织的评论，如经合组织、国际商会、外国私人投资促进和保护协会等。在这些评论中，只有加拿大的执行董事对草案予以支持，其他评论对设立国际投资担保机构表示了漠视。然而，1968 年 2 月举行的第二次联合国贸易与发展会议对草案表示了极大的支持，大会通过了关于《增加私人资本流入发展中国家》决议，强烈支持世界银行建立多边投资担保机构的方案。

1968 年，在第一草案的基础上，世界银行出台了《国际投资担保机构章程协议》第二草案。随后，世界银行收到了大约 44 国的答复，其中，有 36 国原则上支持草案的规定。在 1970 年 3 月的讨论会上，日本、德国、加拿大及拉丁美洲一些国家仍然对草案持否定态度，美国和英国则对草案的某些方面提出保留。在其后的讨论中，各国争议的问题还包括世界银行与会员国的关系、多边投资担保机构的组织机构及代位权等。

1972 年，针对之前的各项讨论，世界银行发布了“可能最广泛被接受”的草案——《国际投资担保机构章程协议》第三草案。此草案在会员国的权利义务、费用的分担、机构的职权等方面进行了创新性的修正。然而，在 20 世纪 70 年代，发展中国家相继开展了大规模的政治独立运动，在本国实行了一系列的征收与国有化运动，政治风险一度成为普遍现象。在这种环境下，世界银行执行董事会未对 1972 年草案进行任何讨论，致使世界银行有关国际投资担保机构建议案方面的工作缺乏后续进展。

---

① 联合国贸发会议第三委员会报告，1964 年 6 月 4 日 E/Conf. 46/133. 建议 E。

四、1983 年工作报告的最终准备

1983 年 6 月，世界银行工作人员的工作报告准备完毕，并由世界银行分发给各位执行董事。该报告主要包括以下七项突出性成果：多边投资担保机构和私人政治风险保险市场、多边投资担保机构及其与国内投资保险机构的联系、多边投资担保机构所吸引的更多投资、多边投资担保机构及其与世界银行联系的问题、多边投资担保机构的资金筹集、多边投资担保机构及投票权和代表权的问题、多边投资担保机构与东道国业务关系的问题。这份工作报告提供了种种选择，从广泛的保护方法到放弃任何正式规则和依赖可以适用的国际法规则的方法，从而为《多边投资担保机构公约》的最终诞生奠定了坚实的基础。

五、《多边投资担保机构公约》的诞生

20 世纪 80 年代后，发展中国家逐渐参与到国际投资的浪潮中，但资金短缺问题严重阻碍了发展中国家经济的发展。为适应国际形势，发展中国家积极调整本国的外资政策，鼓励外国投资者进行投资。此时，发达国家的海外投资保险机构也面临着一系列的挑战。这些国家的海外投资保险机构只是执行本国对外经济政策的工具，难以最大限度地满足外国投资者对外投资政治风险担保的需要，在投资方式、投资手段、投资类型上对外国投资者的限制较多，不能起到真正保护本国投资者海外投资的作用。由此，建立一个由发展中国家和发达国家共同参与的、旨在推动国际资本更多更快流入发展中国家的多边投资担保机构的条件基本成熟。

1984 年 10 月，《多边投资担保机构公约》草案最终完成并被提交到世界银行年会。1985 年 9 月，世界银行理事会通过批准《多边投资担保机构公约》创建一个新的投资担保关联机构。同年 10 月，在韩国汉城召开的世界银行年会上，《多边投资担保机构公约》（也称《汉城公约》）正式通过。1988 年 4 月 30 日，该公约正式生效。

1988 年 4 月 12 日，世界银行根据《多边投资担保机构公约》组建了 MIGA，使 MIGA 成为世界银行集团最新的成员机构。《多边投资担保机构公约》定义了 MIGA 的核心使命："在以公正和稳定的标准对待外国投资的基础上，在其条件与发展中国家的发展需要、政策和目标一致的情况下，促进以生产为目的的资金

和技术流向发展中国家。”MIGA 作为一个法律上单独和财务上独立的实体开展业务，其多边性质以及由发达国家和发展中国家联合支持的方式极大地增强了跨境投资者的信心。MIGA 刚成立时只有 29 个成员国，这些成员国为：埃及、巴巴多斯、巴基斯坦、巴林、丹麦、厄瓜多尔、德国、韩国、格林纳达、荷兰、瑞士、科威特、加拿大、沙特阿拉伯、莱索托、尼日利亚、马拉维、美国、孟加拉国、日本、瑞典、萨摩亚、塞内加尔、塞浦路斯、牙买加、印度尼西亚、英国、约旦和智利。而今，MIGA 已有 179 个成员国，包括 25 个工业化国家、154 个发展中国家和 2 个处于履行成员国资格要求进程中的国家。到 2013 年，MIGA 已具有 25 年的历史，MIGA《2013 年年度报告》指出了今天 MIGA 的使命：促进发展中国家的外国直接投资，以支持经济增长、减少贫困和改善人民生活。

第三节　多边投资担保机构的地位和宗旨

一、多边投资担保机构的地位

国际信用和投资保险人协会，简称伯尔尼协会，是全球投资保险机构和出口信用保险机构的国际组织，纳入了全球30多个主要的保险机构，包括多边投资担保机构、各国官方支持的出口信用机构等，在国际投资政治风险的承保方面发挥着不可忽视的作用。多边投资担保机构作为伯尔尼协会的会员是政府间国际组织，于1988年依据《多边担保投资机构公约》设立，是世界银行集团的第5个新增成员，其旨在向外国私人投资者提供政治风险担保，以促进在发展中国家会员国间的投资流动。MIGA现有180个成员国，覆盖国家较多，对于那些没有国内投资担保机构的国家来说，MIGA很好地填补了这一空白。

根据《多边投资担保机构公约》第1条的规定，MIGA具有完全的法人地位，特别是有权：①签订合同（见下文分析）；②取得并处理不动产和动产；③进行法律诉讼。同时，根据《多边投资担保机构公约》第44～47条的规定，MIGA在资产、档案和通讯、税收、官员在执行公务的行为等方面具有豁免的特权。

在MIGA签订的合同上，由表3－1可见，从2000～2013年，MIGA每年签发的保险数量在28～66件，所支持项目数量在19～50件，总承保金额则从2000年最低的44亿美元增长到2013年的108亿美元，尤其是在2008～2013年，总承保金额连续保持了6年的增长趋势。

然而，世界局势并不十分稳定，外国投资者在东道国投资仍然面临着难以预料的政治风险。MIGA是世界上会员国最多的国际投资担保机构，其每年承保的项目数量仍然非常有限。很多外国投资者对MIGA担保的政治风险以及担保程序

并不十分了解，致使 MIGA 的相应职能不能得到充分发挥。

表 3－1　MIGA 签发担保一览表（2000～2013 年）①

项目 / 年份	签发保险数量（件）	所支持项目数量（件）	总承保金额（亿美元）
2000	53	37	44
2001	66	46	52
2002	58	41	53
2003	59	40	51
2004	55	41	52
2005	62	41	51
2006	66	41	54
2007	45	29	53
2008	38	24	65
2009	30	26	73
2010	28	19	77
2011	50	38	91
2012	66	50	103
2013	47	30	108

由表 3－2 可见，在 2013 财政年度，MIGA 承保的东道国集中在撒哈拉以南非洲地区，所支持的项目数量为 14 件，占总份额的 47%，项目担保金额为 15.116 亿美元，占总额的 54%，无论是从所支持项目数量、支持项目份额来看，还是从担保金额、项目担保金额份额来看，撒哈拉以南非洲地区的投资都处于遥遥领先的领先地位。其次是欧洲和中亚地区，支持项目数量为 6 件，占总份额的 20%，担保金额则较撒哈拉以南非洲有较大悬殊，为 5.371 亿美元，占项目担保总份额的 19%。再次是亚太地区，与欧洲和中亚地区相比主要存在项目数量的差别。最后是中东和北非地区以及拉丁美洲和加勒比海地区，MIGA 在这两个地区承保的项目最少，担保金额也相对较少。当然，拉丁美洲和加勒比海地区与中东和北非地区相比，在支持项目数量相同的情况下，拉丁美洲和加勒比海地区的

① 参见 http：//www. miga. org/resources/index. cfm? stid = 1854，最后访问日期：2013 年 12 月 31 日。

担保金额明显偏少，仅为0.671亿美元。

表3-2 MIGA在2013年为以下地区的项目提供了支持

地区	支持项目数量（件）	支持项目份额（%）	担保金额（百万美元）	项目担保金额份额
亚太地区	4	13	492.3	18
欧洲和中亚地区	6	20	537.1	19
拉丁美洲和加勒比海地区	3	10	67.1	3
中东和北非地区	3	10	172.9	6
撒哈拉以南非洲	14	47	1511.6	54

数据来源：MIGA2013年度报告

由表3-3可见，在2013财政年度，MIGA承保的项目行业集中在农产品加工业、制造业和服务业，这一行业的项目份额达到了47%，其后分别是基础设施，金融业，石油、天然气和矿业。然而，从担保金额上看，基础设施的担保金额为12.723亿美元，占总担保金额的46%，远远超过居于最末位的农产品加工业、制造业和服务业14%的份额。这在一定程度上反映出农产品加工业、制造业和服务业的投资项目虽然数量较多，但是项目工程量较小，MIGA对此的担保金额较少。MIGA在基础设施行业的支持项目较多，担保金额十分巨大，可以说，基础设施是MIGA最有力支持的行业。

表3-3 MIGA在2013年为以下行业的项目提供了支持

行业	支持项目数量（件）	支持项目份额（%）	担保金额（百万美元）	项目担保金额份额
农产品加工业、制造业和服务业	14	47	385.0	14
金融业	5	17	471.6	17
基础设施	9	30	1272.3	46
石油、天然气和矿业	2	6	652.1	23

数据来源：MIGA2013年度报告

表3-4和表3-5分别是中国和埃及作为东道国在MIGA中的担保项目，MIGA承保的中国项目较多，仅2005~2013年MIGA在中国的担保项目就有12个，而MIGA在埃及的担保项目一共只有5个。从MIGA 2005~2013年在中国的

担保项目来看，在刚刚过去的2013年没有担保项目，担保行业中水和废水类占了一半，投保人国籍较为分散，担保金额根据项目类型差别较大。从MIGA在埃及的担保项目来看，新近两年的担保项目较多，在2013年美国投资者投资的石油和天然气项目上，担保金额达到了1.5亿美元。这一现象是由于埃及的国内动乱造成的，国内投资环境不稳定，外国投资者为降低投资风险，在MIGA对埃及投资项目进行投保。

表3－4　中国作为东道国在MIGA中最新担保项目一览表①

（单位：百万美元）

项目名称	项目编号	时间	投保人	国籍	部门	担保金额
渣打银行污水处理项目	10290	2012	Standard Chartered Bank	新加坡	水和废水	57
京唐港扩建工程	5182	2010	Dragados SERVICIOS Portuarios? Logísticos	西班牙	基础设施	16.7
曹妃甸海水淡化项目	7923	2010	Aqualyng Holding AS	挪威	水	7.5
重庆市水务工程	7555	2009	SUEZENVIRO NNEMENT S. A.	法国	水和废水	72.2
第二达阔水（乾元水）项目	5085	2009	Darco Environmental Pte. Ltd.	新加坡	水和废水	3.1
马恒达（中国）拖拉机有限公司	6217	2007	Mahindra Overseas Investment Company	毛里求斯	制造业	7.2
德清达阔生产水务公司	5085	2007	Darco Environmental Pte. Ltd.	新加坡	水和废水	7.5
北京Rohrueck移动垃圾桶有限公司	7115	2007	Golden State Waste Management (Beijing) Corporation	开曼群岛	固体废物管理	6.9
镇江市金州水务有限公司	6983	2007	Golden State Water Group Corporation	开曼群岛	水和废水	2.3
北京高安屯垃圾发电有限公司	6986	2007	Golden State Waste Management Corporation	开曼群岛	固体废物管理	24.9
深圳市水务（集团）有限责任公司	5764	2006	Compagnie Générale des Eaux	法国	水和废水	40
京唐港国际集装箱码头有限公司	5182	2005	Dragados Servicios Portuarios? Logísticos	西班牙	运输	6.1

① 参见 http：//www. miga. org/projects/advsearchresults. cfm? srch = s&hctry = 47c&hcountrycode = CN&dispset = 10&sortorder = asc&srow = 1&erow = 10，最后访问日期：2013年12月16日。

表 3－5 埃及作为东道国在 MIGA 中担保项目一览表①

（单位：百万美元）

项目名称	项目编号	时间	投保人	国籍	部门	担保金额
ELIF 全球包装 SAE	11695	2014	Elif Global Ambalaj San. ve Tic. A. S.	土耳其	制造业	40. 6
埃及炼油公司	11051	2014	Deutsche Investitions und Entwicklungs gesellschaft mbH	德国	石油和天然气	26
埃及阿帕奇	10572	2013	Overseas Private Investment Corporation（OPIC）	美国	石油和天然气	150
SA 环境服务	5180	2005	Urbaser，S. A.	西班牙	固体废物管理	6. 4
Heckett MultiServ Bahna SAE	1266	1997	Harsco Investment Corporation	美国	制造业	2. 2

二、多边投资担保机构的宗旨

MIGA 的所有决定均以其宗旨为指导，根据《多边投资担保机构公约》第 2 条的规定，MIGA 的宗旨是鼓励成员国间的资本流动，尤其是促进外国投资者向发展中国家进行投资。为达到这一宗旨，MIGA 应积极开展下列活动。

（一）对向发展中会员国的投资进行政治风险的担保

投保的种类包括征收风险、货币转移风险、政府违约风险、战争和内乱风险，以促进国际资本和先进技术流向发展中国家。MIGA 在发展中国家承保的行业多样性显著加强，2013 年基础设施和采掘业的复杂项目占新业务量的 69%，这些项目将电力、交通和节能技术带到发展中国家成员国，对发展中国家经济的增长尤为重要。因此，在 2013 年，发展中国家的增长率达到了 5. 1%，远远超过发达国家的 1. 2%。

（二）开展一系列辅助性的活动

辅助性的活动主要用于改善发展中国家的投资环境，促进发展中国家间的资

① 参见 http：//www. miga. org/projects/advsearchresults. cfm? srch = s&hctry = 63c&hcountrycode = EG. 最后访问日期：2013 年 12 月 31 日。

本流动。在发展中国家，每年因腐败有200亿到400亿美元流失。腐败还增加了很多国家的营商成本，破坏了投资环境，削弱了法治。为此，MIGA在2011年制定了廉政战略，帮助保障担保的投资项目顺利开展。2012年，MIGA正式确立了一个框架，并将该框架作为承保流程的一部分，来识别与违反道德或非法活动相关的潜在风险，如贿赂、腐败、欺诈、合谋和洗钱。MIGA的廉政尽职调查要求考虑项目的具体细节，包括对项目结构、许可或招标程序、项目企业及项目参与者带来的潜在诚信或声誉风险的分析。MIGA的廉政尽职调查程序有助于减少所支持的项目发生腐败的可能性，在一定程度上改善发展中国家的投资环境，促进发展中国家的经济社会发展。

（三）致力于集团间以及国家、地区、私人担保机构间的合作

为了给发展中国家创造更好的投资条件，MIGA与世界银行的其他机构如国际复兴开发银行（International Bank for Reconstruction and Development，简称IBRD）、国际金融公司（International Finance Corporation，简称IFC）、国际开发协会（International Development Association，简称IDA）积极开展合作，促成投资项目和计划。2013财年，MIGA与IFC和IDA一起支持了Azito热电厂，提高该国的能源产能。MIGA还与IDA一起支持了一个海上石油和天然气钻井设施的建设和运营，帮助该国降低能源成本，减少使用外汇储备用于进口能源。

除了在世界银行集团内部积极开展合作以外，MIGA还与其他机构保持重要的合作伙伴关系，包括多边和双边发展机构、全球出口信贷机构、保险商以及行业组织。在可行并符合MIGA发展计划的情况下，MIGA可通过与投资国的海外投资保险机构共同承保政治风险，以此扩大MIGA担保容量的利益。而对于具有长期性和较大发展潜力的非股权直接投资政治风险的担保，若MIGA根据自己的判断及适应的磋商认为其可以由投资国海外投资保险机构提供，则MIGA无论如何都不得提供。

吉布提于2007年加入MIGA，坐落于东非，地理位置优越，是东—西国际海运航线上经济增长最快的国家之一。Doraleh集装箱码头是MIGA在吉布提担保的第一个项目。Doraleh集装箱码头公司在Doraleh拥有开发、融资、设计、建设、管理、运行和维护30年的特许经营权。码头总长2 000米，将分两期开发。在施工阶段，将会雇佣350～500名本地工人。完成后，码头将雇用约670名全

职员工。除了直接促进港口的就业，该项目还将促进工程、仓储、零配件、信息技术与服务、餐饮和清洁等行业的发展，这将大大提升当地经济的增长。2008年，MIGA 根据分保计划与伊斯兰投资的保险和出口信贷机构（ICIEC）进行合作，分保 50 000 000美元。MIGA 的参与，促使伊斯兰投资的保险和出口信贷机构为该项目提供了巨额的担保。MIGA 通过支持这个项目，将帮助吉布提提升贸易增长水平，加强其在非洲腹地的投资地位。

第四节　多边投资担保机构的担保业务

一、多边投资担保机构的机构设置

MIGA 的组织机构效仿世界银行的机构设置，设置理事会、董事会以及总裁和职员三级，按照 MIGA 的具体规定履行各自的职责。

理事会是 MIGA 最高的权力机构，专属于理事会的权力包括：①接受新会员国并决定其加入的条件；②暂停会员资格；③决定资本的增减；④提高担保总数的限额；⑤确定一会员国为发展中国家会员国；⑥为投票的需要，划分一新会员国属于第一类或第二类会员国，或对一现有会员国重新划分；⑦确定董事和副董事的报酬；⑧停止业务活动和清理机构的资产；⑨资产清理后，把资产分给会员国；⑩修改《多边投资担保机构公约》及其附件和附表。理事会主席从理事中选任，而理事会成员由 MIGA 会员国自行选派一名理事和一名副理事组成，MIGA 不对理事的选任进行干涉。

董事会负责一般性的业务，为 MIGA 的执行机构，可以行使理事会委托其行使的任何权力，但专属于理事会行使的除外。董事会的主席为世界银行行长，理事会可根据会员国的变动情况调整董事会中的董事人数，但不应少于 12 名。由于董事人数较理事人数较少，每位董事可在缺席或不能行使权力的情况下指定一名副董事，由该副董事全权代其行使职权。董事会的表决遵循半数以上通过原则，当董事双方票数相同时，可由董事会主席投出决定性的一票。

总裁由世界银行行长提名，董事会进行任命和辞退，理事会决定其薪金和任期条件，在董事会的监督下处理 MIGA 的日常事务。总裁对职员进行任命，为确保职员录用的公平性，应尽可能从广泛的地区录用职员。总裁和职员对于在开展 MIGA 业务中获悉的情报，在任何时候均负有保密的义务。

二、多边投资担保机构的担保条件

（一）合格的投资者

根据《多边投资担保机构公约》第 13 条的规定，能够在 MIGA 进行投保的投资者主要包括自然人投资者和法人投资者。一般情况下，对于自然人投资者来说，其需具有除东道国国籍以外的其他会员国的国籍。对于法人投资者来说有两种情况：一种情况是法人需在一会员国注册，且主要业务点也设在该会员国。另一种情况是只要法人的多数资本为一个会员国或几个会员国或这些会员国国民所有。在这两种情况下的会员国都必须不是东道国。

当投资者具有国籍积极冲突时，会员国的国籍应优先于非会员国的国籍，从而在一定程度上扩大投资者的范围，而东道国的国籍应优先于任何其他会员国的国籍，从而在一定程度上限制具有东道国国籍的投资者成为合格的投保人。对于具有东道国国籍的投资者，其投资资产来自东道国境外时，经该投资者和东道国联合申请，董事会特别多数票通过，MIGA 也可将其视为合格的投资者。1988 年《多边投资担保机构业务规则》第 1. 14 条还在合格的投资者中增加了不作为法人对待的合伙、非法人社团和分支机构的投资者这一情形。在这一情形下，投资者的合格性被分离，合格的投资者仅限于个别合伙人、社团的成员或分支机构的所有人。这些投资者可以自然人的身份向 MIGA 投保，从而获得与其股份相应的投资部分的担保。

（二）合格的东道国

MIGA 所承保的投资项目东道国必须为《多边投资担保机构公约》附表 A 中所列的会员国，该附表可根据相关国家的变化作相应的修改。东道国也必须为发展中国家成员国，而一个国际关系由另一会员国负责的附属领土是否为发展中国家，由董事会在该会员国提出请求的基础上决定。附属领土又称为非自治领土，目前世界上共有 16 块附属领土，包括安圭拉、百慕大、西撒哈拉、直布罗陀、英属维尔京群岛、福克兰群岛（包括南乔治亚岛）、开曼群岛、特克斯和凯科斯群岛、蒙特塞拉特、圣赫勒拿（包括戈夫岛、特里斯坦—达库尼亚岛、阿森松岛）、美属萨摩亚、关岛、新喀里多尼亚、皮特凯恩岛和托克劳群岛。以开曼群岛为例，其国际关系由英国负责，虽然英国为发达国家不能成为 MIGA 适格的东道国，但是只要英国向 MIGA 提出请求并经过 MIGA 董事会的通过，开曼群岛就可以成为 MIGA 适格的东道国。值得注意的是，无论如何，英国在开曼群岛的投资不属于 MIGA 的承保范围。

东道国应提供对外国投资充分的法律保护。根据《多边投资担保机构业务规则》第 3.15 节的规定："如果东道国对外国投资的法律保护是充分的，那么，对投在该东道国境内的一项合格投资可予以承保。"换句话说，如果东道国对外国投资不能提供充分的法律保护，则不能成为合格的东道国。

（三）合格的投资

合格的投资是指投资者可以向 MIGA 申请为政治风险担保合同标的的投资。为确保投资能够在东道国享受公平公正的待遇和法律保护，MIGA 对合格的投资作出了一系列的限制。

1. 投资应具有经济合理性，对东道国发展有所贡献

《多边投资担保机构公约》关于投资的经济合理性规定，可能出于如下考虑：如果一个企业不具有经济上的合理性的话，发生政治风险的可能性要大一些。[①] 出于这一方面的考虑，MIGA 将投资的经济合理性作为其评判合格投资的标准之一。MIGA 在决定一个投资项目是否具有经济上的合理性时，将考虑所有与投资项目有关的经济性因素，包括项目在担保期间内技术上的可行性和财政上的持久性。

东道国接受外国投资者的投资，其主要目的是促进本国的资本流通，加强国际间的经济合作，从而带动东道国的整体发展，因此，外国投资者的投资应对东道国的发展有所贡献。2012 年 12 月 5 日经董事会修正的《多边投资担保机构业务规则》第 3.06 条规定，MIGA 在决定一个投资项目是否有助于东道国的发展时，通常会考虑如下因素：①投资项目为东道国创造收益的潜力；②投资项目对最大限度地发挥东道国的贡献，尤其是在生产出口产品或进口替代产品以及对减少东道国承受外在经济变化的脆弱性等方面；③投资项目扩大经济活动范围、增加就业机会以及改善收入分配的程度；④投资项目向东道国输出知识和技能的程度；⑤投资项目对东道国的社会基础设施和环境的影响。在签署担保合同前，

① Shihata. The Multilateral Investment Guarantee Agency . in proceedings and committee reports of the American Branch of the International Law Association. 1985 ~ 1986. p. 60.

MIGA 也将确认投资项目与 MIGA 的环境政策和环境指导目录相符，对自然栖息地、森林、土著居民、国际金融公司资助项目的文化财产、非自愿移民、病虫害管理、大坝安全以及有关国际水道项目的保护。

2. 投资应符合东道国的法律条令

合格的投资应符合东道国的相关法律规定，确保投资项目在东道国的合法、顺利开展。1991 年，一家美国公司出资在中国设立一家中、美、日合营企业，针对该投资美国投资者向 MIGA 申请投保征收险和货币汇兑险，拟投保金额为 1 000万美元。1991 年 9 月，MIGA 将其与美国投资者的担保合同提交给中国政府，请求中国政府批准，这也是 MIGA 在中国的担保合同第一次申请案。中国政府基于当时的外经贸部对合营企业合同审批的规定，发现该合营合同在审批程序、贷款担保、外汇平衡及原料购买等方面的条款不符合中国法律的规定，且明显加重了中方合营者的责任，因而未批准这份担保合同。因此，当中国通知 MIGA 该项投资将违反了中国法律的规定后，MIGA 拒绝为美国投资者的该项投资提供担保。可见，投资符合东道国的法律条令有助于东道国政府对投资项目的事前监督和控制，严把国内法律这一关。

3. 投资应与东道国宣布的发展目标和重点相一致

东道国为促进本国经济的发展，往往会结合本国国情制定一系列的投资方针和政策。外国投资者应尽量在东道国政府鼓励的投资领域和市场中进行投资，对于东道国政府限制投资的领域，减少相应的投资，对于东道国禁止投资的领域，外国投资者应明确避开，从而增加项目在东道国投资的可行性。外国投资者只有根据东道国出台的发展目标和投资重点的方针政策，及时调整自己的投资领域，才能给东道国带来良好的经济和社会效益。

东道国宣布的发展目标和重点往往是本国社会公共利益的体现。为维护这一利益，当外国投资者的投资与东道国宣布的发展目标和重点不一致时，东道国政府通常对该投资项目实行征收、货币汇兑等措施，致使外国投资者损失惨重。外国投资者在遭遇东道国的政治风险后，往往很难获得相应的法律救济。当地救济将难以实现或根本不能实现，而该项投资也不满足 MIGA 的承保条件，因而外国投资者的损失将难以挽回。

4. 投资应具有发展性，是新项目的投资

MIGA 认为一项对现存项目的投资如果是用来更新、扩展、增强现存项目的

财政活力或开发一个现存投资项目，就是新投资。承保签署权人还可以认为某项旨在全部或部分取得一个现存项目企业的投资是新投资，但是这种取得必须：①伴随有该项目的企业扩展、更新或其他增长；②服务于该项目企业的财政调整，尤其是其负债与资产净值比率的改善；③有助于东道国公共部门的调整。对于旧项目的投资，投资者可借助 MIGA 提供的分保。AVX 公司最初是一家在萨瓦尔多生产电容器的美国公司，在 1990 年并入了日本 KYOCERA 公司，由此成为日本公司控股的美国公司。AVX 向 MIGA 请求担保其原有的在萨瓦尔多的投资和拟扩建的新投资，然而，MIGA 的担保仅限于新项目的投资，无法直接承保 AVX 公司原有项目的旧投资。但是，MIGA 可与其他保险机构合作，对原有的投资项目进行分保，分保不超过担保数额的 50% 。因而，在 AVX 公司案中，MIGA 提供了新项目的投资担保，对于旧项目的担保，MIGA 与 Nordia 私营保险机构合作，分别提供了 50% 的担保。

5. 投资类型局限于股权利益、非股权直接投资和其他投资

（1）股权利益的投资。不论投资项目企业的法律形式如何，股权利益的投资始终都具有被承保的合格性。MIGA 对投资者在项目企业内所占利益的份额，也无最低限度要求。根据《多边投资担保机构业务规则》第 1.04 条的规定，MIGA 所承保的股权利益投资包括以下六种形式：①在东道国设立的公司或具有法律人格的其他实体中拥有股份或所有权；②有权参与分享东道国任何合资经营企业的利润及清算所得的收益；③对投资者在东道国境内的非法人分支机构或其他投资机构的资产享有所有权；④有价证券和直接股权投资，包括合资经营企业中的少数参与额，债券转换成的优先股，以及被给予同外国直接投资相联系的有价证券投资的优先权；⑤企业股权所有人对项目企业投放的贷款，但这种贷款的平均偿还期不得少于三年或董事会在特别情况下批准的更短的期限；⑥企业的股权所有人对项目企业提供贷款担保，但这种贷款的平均偿还期限不得少于三年或董事会在特别情况下决定的更短的期限。

（2）非股权直接投资。在决定非股权直接投资的合格性时，MIGA 应只对具有至少三年期限并且其报酬主要取决于该投资项目的生产、收益或利润的投资签发担保。根据《多边投资担保机构业务规则》第 1.05 条的规定，非股权直接投资的形式主要包括：①产品分享合同；②利润分享合同；③管理合同；④许可协议；⑤许可证协议；⑥交钥匙合同；⑦租赁期不少于三年的营业租赁协议；⑧平

均偿还期限不少于三年的附属债券；⑨其他非股权直接投资；⑩为提供给项目企业的贷款所作担保提供的担保品和其他保证金。

（3）董事会确定的其他形式的直接投资。董事会确定的其他形式的直接投资需经董事会经特别多数票通过。董事会可进行一般性的批准，也可针对特定案件，从而作出对承保其他形式投资的批准。除股权持有者为有关企业发放或担保的中长期贷款以外，其他贷款只有同 MIGA 已承保或将要承保的特定投资有关时才可能是合格的。

三、多边投资担保机构的担保范围

MIGA 承保的合格的险别包括：①货币汇兑风险；②征收和类似措施风险；③政府违约风险；④战争与内乱风险；⑤其他政治风险。

（一）货币汇兑风险

在货币汇兑风险项下，MIGA 承保的致损事由包括：①东道国政府限制将当地货币兑换成可自由使用的货币或投资者可接受的其他货币，投资者因而遭受损失的；②东道国政府限制将当地货币或由当地货币兑换成的该外国货币汇出东道国境外，投资者因而遭受损失的；③东道国政府作出不允许兑换或转移当地货币的决定，或者东道国政府批准按低于担保合同中所确定的最低兑换率进行货币兑换和转移；④投资者申请兑换货币或转移货币，然而东道国外汇管理机关没有就货币兑换或货币转移事项作出任何反应，投资者的等待时间已超过 90 天或担保合同规定的其他期限。值得注意的是，对投资者或投资资产的冻结不适用于货币汇兑风险的规定，这一风险可按照征用或类似措施风险的担保规定予以承保。

外国投资者应按照担保合同的规定在东道国境内申请货币兑换或转移，若东道国政府拒绝，还应在东道国境内寻求相应的行政救济，并严格执行 MIGA 的指示。当然，MIGA 对担保汇兑的货币和汇率也有一定的限制。担保汇兑的货币为一种可自由兑换的货币或 MIGA 与外国投资者约定的某个会员国的货币。货币兑换的汇率则为东道国政府拒绝货币兑换时，本应进行兑换之日东道国通行的比率。

（二）征收和类似措施风险

在征收和类似措施风险项下，包括对投资资产的征收、国有化、征用、扣

押、查封、没收以及冻结等措施。MIGA 承保的致损事由包括：①东道国政府实施的行为具有剥夺投资者投资的所有权或控制权或对投资收益产生影响的，致使投资者遭受损失。②东道国政府的行为阻碍了投资者对权利的行使。对于股权投资，东道国政府的行为可能影响了投资者对红利利润的权利以及对股权利益的控制权和自由处置权。对于非股权直接投资，东道国政府的行为可能影响了投资者对项目企业所主张收取约定的支付请求权、将这些请求权转让给第三方的权利以及参与对该投资目的管理的权利。③东道国政府的行为剥夺了担保合同中规定的投资者从其投资获得重大收益的权利。影响投资者的重大收益包括企业的资金和有形资产、经营或营利能力等。值得注意的是，东道国政府的行为既包括作为也包括如行政懈怠这种不作为行为。作为包括东道国政府的许可，授权采取、批准或指导。行政懈怠是指东道国政府在有义务作出行为之日起 90 日或担保合同所规定的其他一段较长时间未实行相应的措施。

在征收和类似措施风险发生后，为认定投资的全部损失已发生，外国投资者有一个求偿的等待期。该求偿等待期为连续 365 天或担保合同规定的其他一段时间。在等待期内，外国投资者的投资项目一直被迫停止经营或者不能行使相应的担保权利。但是，该求偿等待期也可应 MIGA 的同意而消灭，即在征收和类似措施风险发生后，外国投资者将全部权利、索赔权都转移给 MIGA，MIGA 同意接收。

（三）政府违约风险

在政府违约风险项下，MIGA 承保的致损事由主要是指东道国政府撕毁或违反其与投资者签订的协议，从而对投资者造成一定的损失。当然，在某些情况下，东道国政府违反约定的义务也有可能与货币汇兑风险和征收风险竞合。在这种情况下，投资者可以任何一种的险别担保为依据向 MIGA 提出索赔。

政府违约风险的求偿比较特殊，外国投资者应不能获得任何司法或仲裁机构的救济。根据《多边投资担保机构业务规则》第 1.43 节的规定，认定外国投资者不能获得司法性救济的情形包括以下三项：①外国投资者无法求助于司法或仲裁机构作出决定。②司法或仲裁机构未能在担保合同规定的合理期限内作出决定。合理期限从外国投资者提出到机构作出最终决定之间应大于 2 年。③司法或仲裁机构的终局决定不能执行。

（四）战争与内乱风险

在战争与内乱风险项下，MIGA承保的致损事由主要是东道国领土内的军事行为或内乱所致。军事行动指不同国家政府武装力量之间的战争行为。内乱指同一国家内相互竞争的政府武装力量之间的战争行动，也包括直接针对政府的以推翻政府或将其驱逐出某个特定地区为目的的有组织的暴力行动，包括革命、暴乱、叛乱、骚乱、民众骚乱和军事政变。

对于发生在东道国以外领土的战争或内乱，也有可能获得MIGA的承保。（1）与东道国相邻国家境内发生战争或内乱，但影响到两国边境附近的投资项目；（2）发生在东道国境外的战争或内乱，致使外国投资者无法利用运输线路，而该运输线路对投资项目的业务经营至关重要。

（五）其他政治风险

根据《多边投资担保机构公约》第11条（b）款的规定，经投资者和东道国联合申请，董事会特别多数票批准，MIGA也可承保其他风险，如恐怖主义风险。但是，MIGA对以下三种情况不予以承保：①货币贬值风险。货币贬值是一国境内社会经济发展的产物，在通货膨胀的情况下，一国很容易出现货币贬值的情形。货币贬值风险不属于政治风险的范畴，众多政治风险担保机构都不对货币贬值风险进行担保。②东道国政府的作为或不作为是投资者所同意的或投资者对此负有责任。东道国政府所实施的行为或不作为，尤其是一些违反东道国法律的行为，若外国投资者对此并不表示反对甚至表示同意，外国投资者应对自身的行为承担相应的责任，MIGA也将不提供为此的担保。③风险发生在投资者签订担保合同之前。MIGA所承保的政治风险需在签订担保合同之后，对于发生在担保合同之前的政治风险，其损失已成为既定事实，若MIGA对此予以承保，具有很强的被动型，且将在代位权的行使、索赔等方面承担不利后果。

四、投资担保合同概述

（一）投资担保的申请

在符合合格的投资者、合格的东道国、合格的投资之后，外国投资者可向MIGA申请投保。根据《多边投资担保机构业务规则》第3章第4节的规定，外国投资者除非向MIGA直接提交决定性的申请，应先提交一份初步申请，载明有

关投保人、预期的投资以及所寻求担保的风险的基本情况，并提交东道国批准的有关证明文件。东道国批准的有关证明文件也可由 MIGA 通过官方通讯手段向东道国要求这种批准。如果 MIGA 认为该投资具有被予承保的合格性，则初步申请或直接提交的决定性申请应由机构予以登记。MIGA 对投资项目审查合格后，向投资者出具担保合同。

（二）投资担保合同的内容

担保合同是外国投资者与 MIGA 订立的有关权利与义务的法律文件，是外国投资者向 MIGA 索赔的依据，也是 MIGA 向东道国行使代位求偿权的依据。自 MIGA1989 年 6 月正式营业以来，截止到 2013 财政年度（2013 年 6 月），MIGA 已签发了 1143 个担保合同，支持的项目数量达到了 727 个。

根据《多边投资担保机构公约》第 15 条的规定，担保合同应包括 MIGA 承保的政治风险的范围、担保期限、担保合同的调整和终止、担保数额、备用担保、投资者的保证和责任、担保费用、担保争议适用的法律以及索赔等规定。担保合同应在董事会指导下由总裁批准并得到东道国的认可。

东道国享有是否同意由 MIGA 进行担保的决定权。根据《多边投资担保机构公约》第 15 条的规定，东道国可先对投资项目进行评估，再决定是否同意由 MIGA 对该项目进行承保。在东道国同意由 MIGA 予以承保政治风险之前，MIGA 不得缔结任何担保合同。但若东道国在合理的期限内未提出反对意见，MIGA 可将东道国政府的沉默视为东道国的同意 。

（三）投资担保合同的期限

担保合同的期限应从担保合同签订之日开始计算。MIGA 规定的担保期限应介于 3 ~ 15 年，在特殊情况下，MIGA 和投资者可以协商将该期限缩小或延长，但担保期限最长不得超过 20 年。担保合同的期限也可以延长，如担保合同中规定的期限短于 3 年，MIGA 和投资者可将该期限延长至 20 年。

对于担保合同的终止，投资者和 MIGA 都享有终止担保合同的权利。对于投资者来说，在担保合同已履行 3 年以后，投资者可在合同签订的每个周年纪念日自行终止担保合同。同时，投资者或 MIGA 中任何一方都有权终止、修改担保合同，或提出对担保合同进行重新谈判的情形，如出现拖欠担保费、发现在担保申请中有不真实的陈述而 MIGA 已按常理以此为根据作出给予担保的决定等情形。

（四）投资担保合同的数额

投资损失是指外国投资者将资本投入东道国形成投资，相应的权利未得到充分保障而形成的权益流失。从狭义上讲，投资损失则是指不仅投资没有回报，而且资本金也无法收回或少收回。① 投资损失的总数额就是投资损失的全额。对于外国投资者与 MIGA 签订的担保合同，担保合同的数额可由 MIGA 与投资者进行约定，但是，无论如何 MIGA 不得承保投资损失的全额。对于股权利益的投资，担保数额不得超过投资者对投资项目的出资数额加上担保的收益减去未予担保的数额。其中，担保收益是指外国投资者将相应保险金交付 MIGA 后，该笔金额从交付之日起至索赔支付之日的收益。未予担保的数额即指一项投资中未被机构承保的部分。未予担保的数额在每一项担保案中由 MIGA 与投资者进行约定，但该担保数额不得低于该项投资的 10% 。

当然，担保合同中规定的担保数额是可以变动的，外国投资者既可以增加担保数额，也可以减少担保数额。当外国投资者对投资项目进行追加投资或保留原投资项目收益时，可增加原担保合同中的担保数额。当然，外国投资者也可依据担保合同的规定减少相应的担保数额。例如，担保合同中可以规定投资者有权在签订合同的每一周年日减少担保数额。

五、多边投资担保机构的索赔程序

（一）索赔前投资者的义务

外国投资者在风险发生后，向 MIGA 索赔之前，须履行下列义务：①遵守东道国的法律和法令，对其投资项目加以控制，以避免或减少可能的损失；②行使其对项目企业的控制权，以避免损失发生的可能性以及为最大限度地减少此种损失；③妥善保存求偿的文档记录，以备机构查阅；④一经知悉立即将可能导致一项承保损失的发生或明显增加这种损失发生的可能性的事件通知 MIGA；⑤寻求在当时条件下合适的、按东道国法律可随时利用的行政补救办法，以避免或最大限度地减少这种损失；⑥在导致一项承保损失的事件发生时，寻求各种适用的救济，以减少损失数额或者维护担保权人对东道国和其他债务人所拥有的与该项承

① 舒航：《企业投资监督》，中国财政经济出版社 2004 年版，第 16 页。

保投资相关的权利或索赔权；⑦未取得机构的预先同意不将担保合同或其在投资项目内的权益转让给他人或在代位的条件下放弃权利；⑧在整个担保期限期间自己承担至少相当于承保投资数额的10%部分的风险，并且对这部分投资不投保除灾害风险以外的其他风险。⑨担保合同规定的其他义务。担保合同可规定担保权人的其他义务，如定期向机构呈交报告、为机构检查和监督投资项目提供便利等。

当外国投资者错误陈述或不履行索赔前的相应义务时，应根据担保合同的规定承担相应的责任。例如，外国投资者不履行其应作出的努力，导致承保的损失扩大，那么，对于该部分扩大的损失，外国投资者通常将丧失相应的赔偿。

（二）投资者索赔的提出

投资者应在担保合同规定的期限提出索赔，担保合同未规定索赔期限的，以三年为限，超过索赔期限提出索赔的，MIGA 有权拒绝支付。在符合索赔期限的情形下，投资者应用文件证明索赔请求，文件包括有关造成担保损失的任何事件发生的证据以及这种损失数额的证据。对于文件和证据的具体形式，MIGA 并未对此作出规定，因而形式应包括书面、电子、图示、录音、录像、照片、影片等。同时，MIGA 应迅速把为确立一项索赔请求以及为便利同东道国谈判解决所需要的情报告知投资者。

（三）MIGA 对索赔的处理

在投资者向 MIGA 提交支持索赔请求的所有证据后，MIGA 应在担保合同规定的期限内迅速作出关于其支付该项索赔请求的责任的决定。通常，对于货币汇兑风险以及战争和内乱风险，索赔处理的期限不应少于 30 天，也不应多于 90 天；对于征用和违约风险不应少于 60 天，也不应多于 365 天。

索赔的最终支付由总裁决定，总裁根据由其任命并由 MIGA 主要法律官员担任主席的索赔委员会的建议作出。根据索赔的具体情形，总裁的决定分为三种类型：①按照该项索赔请求支付索赔；②允许与外国投资者协商解决该项索赔；③以其他方式处理该项索赔。总裁应将索赔请求及对索赔的决定情况不断报告给董事会，并应将那些属于机构关注的可能有的索赔请求报给董事会。从 MIGA 的实践来看，只有极少数的案件 MIGA 进行了赔偿，多数案件通过 MIGA 调解解决。

20 世纪 90 年代，中国江苏省电力供不应求，用电形势极为严峻，严重影响了江苏经济的快速发展。为解决电力供应矛盾，江苏省政府出台了一系列鼓励、优惠政策，鼓励外国公司在江苏开设电厂。美国海岸公司经过一系列的考察分析，于1995~1996年，通过设立合营企业的方式在江苏省设立四家电厂，并向MIGA投保了征收风险。

四家电厂分别与江苏省地级市的电力公司订立了购电合同，在合同中约定了发电利用小时、投资回报及电价等事项。然而，到了1998年下半年，国家为了规范电价管理，取消了各地方电费附加的收费权。随着江苏省电力市场趋向的供求平衡，1999年7月，江苏省开始执行经国家计委批准的统一销售电价。这样一来，四家电厂与江苏省地级市的电力公司签订的购电合同中发电利用小时及投资回报率都受到了相应的影响。四家电厂还必须与处于垄断性地位的江苏省电力公司另订新的购电合同，其预期利益无法实现。

海岸公司认为四家电厂遭受了江苏省人民政府的间接征收，在与江苏省人民政府谈判未果后向MIGA求助。经过MIGA的调解，海岸公司与中国政府达成和解协议，从而没有正式向MIGA提出索赔。

六、多边投资担保机构的代位权

（一）多边投资担保机构代位权的取得

MIGA向投保人支付或同意支付赔偿后，即根据《多边投资担保机构公约》第18条的规定，获得代位向有关东道国和其他债务人索赔的权利。MIGA的这种代位权需要投资者的密切配合，投资者应立即将相应权利或索赔权转让给MIGA。除了相应权利的转移，投资者还需向MIGA转让以下两项资料：①在导致承保损失的事件发生之后，项目企业、东道国或任何他人从担保权人的账户取得的或为该账户保存的与承保投资有关的资金或其他资产；②证明担保权人在项目企业内的利益或其对项目企业所享有的权利以及其投入于投资项目内资产的所有权的债券、契据、合同或其他文件，或者与承保投资的权利、索赔权或资产有关的其他文据。

MIGA所代位的权利、索赔权及其他利益应相当于与该项担保所承保的投资部分相对应的那部分相关权利、索赔权以及其他利益。例如，如果一项担保承保一项投资的90%，则MIGA代位和受让的应为该项投资的90%的权利。在东道国认可的情况下，MIGA可以与投资者达成协议，将剩余部分的权利、索赔权或

利益一同进行转让，也可以在未与投资者达成协议的情形下追寻这些部分权利、索赔权或利益，则这部分权益归属于 MIGA。

（二）多边投资担保机构代位权的行使

1. 谈判

MIGA 取得向东道国求偿的代位权后，应竭尽全力根据合理的财务和商业准则同有关东道国达成谈判解决。MIGA 自提出开始谈判的要求之日起 120 天期限届满之前，在任何情况下都不应提出调解或仲裁程序。当然，MIGA 可将谈判延长到其认为有利于达成解决的合理期限。在谈判过程中，涉及放弃寻求超过 100 万美元的补偿的和解，MIGA 应取得董事会批准。在美国安然公司与印度尼西亚政府的政治风险纠纷案中，安然公司向 MIGA 投保了征收和类似措施险、货币转移限制险和战争与内乱险。随后，在 1997 年，印度尼西亚政府发布法令，以重新审查为由中止国内许多电厂项目，安然公司的项目也被中止。MIGA 根据担保合同的规定对安然公司进行赔偿后，取得向印度尼西亚政府的代位求偿权。2001 年年初，MIGA 与印度尼西亚政府达成协议，印度尼西亚政府同意以分期付款的方式向 MIGA 支付全额赔偿，截止到 2003 年 6 月，印度尼西亚政府的赔偿款项全部支付完毕。

2. 调解

当谈判失败后，MIGA 与东道国政府同意决定先采用调解解决争端时，应当先采用调解程序。同意调解的协议应该就争端的问题、双方的申述和双方同意的调解人的姓名作出明确的说明。如果双方就调解人选未能达成协议，则可请求解决投资争端国际中心的秘书长或国际法庭的庭长为他们指定一位调解人。如果同意付诸调解之日起的 90 天内仍没有指定调解人，则调解程序即行终止。MIGA 通常应对东道国提出的进行调解的要求作出积极的反应。在任何情况下，只要存在可能通过调解解决争议的可能，MIGA 都应建议调解。

调解人自其任命之日起 180 天内，应向双方提交一份报告，载明其努力的结果，指出双方争议的问题，并提出其解决争端的建议。双方自收到该报告之日起 60 天内，应以书面形式向另一方表明其对该报告的看法。

调解协议具有执行的效力，参加调解的任何一方无权要求仲裁；除非：①调解人未能在 180 天内提交其报告；②争端双方未能在收到报告后 60 天内接受其中所含全部建议；③争端双方就调解人的报告互相交换意见后，未能在收到该报告的60天内就所有有争议的问题达成协议；④一方未能在60天内对该报告发表意见。

3. 仲裁

在调解不成后，MIGA可以向东道国提出建议或根据公约附件二第4条的规定直接将争议提交仲裁。在调解或仲裁程序的整个过程中，MIGA并应随时准备恢复谈判。仲裁程序应按照附件的规定，双方另有协议时按照协议，其他程序都应按照《解决国家和其他国家国民之间投资争端的公约》所适用的仲裁规则。若MIGA拟通过仲裁程序解决与东道国政府的索赔争端，MIGA应向东道国政府发出通知书，通知书中应载明争端的性质、解决方法以及MIGA指定的仲裁员的姓名。东道国自收到通知书之日起30日内，应将其指定的仲裁人的姓名通知MIGA。MIGA与东道国还应共同指定首席仲裁员，由首席仲裁员任仲裁庭庭长。当争端开始审理后，MIGA与东道国政府则都将无权更改已选任的仲裁员。仲裁庭应公正地听取双方当事人的意见。仲裁庭所有裁决均需经多数票通过，并应阐述裁决的理由。仲裁庭的裁决应以书面形式作出，并至少应由两个仲裁人签字，其副本应送交MIGA与东道国政府。该裁决为最终裁决，对当事双方具有约束力，且不得上诉、被撤销或修改。东道国应承认，仲裁庭的裁决在本国领土内与本国法院所作的最终裁决具有同样约束力并予以执行。在执行该裁决中应遵循有关国家关于实施判决的现行法律，不应违反有关免予执行的现行法律。

第五节　国际投资担保制度评析

一、国际投资担保制度的综合评析

（一）区域性国际投资担保制度的评析

区域性国际投资担保制度出现得较早，通常是世界上某个区域为了本区域的经济发展需要而建立的，担保的投资者为该区域的成员国的自然人或法人，从而切实保障本区域投资者的投资安全。当本区域投资者遭遇东道国的政治风险时，就可从区域性国际投资担保机构获得相应的补偿。

然而，从目前来看，区域性国际投资担保制度处于停滞不前或不复存在的状态，逐渐被世界性国际投资担保制度所取代。由于区域性国际投资担保制度的区域局限性，往往并不能在较广的范围内为世界各国的投资者提供政治风险的担保。除此之外，投资限制较多、机构设置过于简单、理赔程序较为复杂等特点进一步限制了其发展，致使区域内的投资者不能及时有效地获得政治风险的补偿。

（二）世界性国际投资担保制度的评析

世界性国际投资担保制度为尽可能广泛的外国投资者提供政治风险担保。与区域性国际投资担保制度相比，世界性国际投资担保制在合格的投资者、合格的投资、合格的东道国等方面都扩大了范围，并对投资担保合同的内容、期限、数额作了详细的规定，明确了外国投资者在向机构索赔前的相应义务，从而确立了一整套的投资担保制度。

世界性国际投资担保制度有助于构建稳定的世界投资环境，鼓励外国投资者进行国际投资，促进世界范围内资本、技术、劳动力等要素的流动，带动全世界经济的发展，推动世界经济一体化的进程。

二、利用多边投资担保机构存在的问题

（一）多边投资担保机构本身存在的缺陷

MIGA 作为承保政治风险的国际机构，其宗旨是促进并进一步鼓励外国投资流向发展中国家，所以其对承保的东道国有一定的限制。合格的东道国需满足三个条件：第一，根据《多边投资担保机构公约》第 14 条的规定，MIGA 只对在发展中国家会员国境内的投资予以担保。第二，根据《多边投资担保机构公约》第 15 条的规定，东道国需对 MIGA 承保的风险予以认可。第三，根据《多边投资担保机构公约》第 12 条的规定，东道国应具有保证投资将受到公正、平等待遇和法律保护的投资条件。而对于不是 MIGA 成员国的东道国，外国投资者则无法利用 MIGA 进行投保，MIGA 投保的优势则无法体现。

（二）多边投资担保机构与东道国国内救济手段的关系

东道国当地救济手段包括行政、仲裁和司法救济手段，而根据《多边投资担保机构公约》第 17 条的规定，担保合同应要求外国投资者在 MIGA 支付索赔之前，寻求在当时条件下合适的、按东道国法律可随时利用的行政补救办法。而多边投资担保机构董事会 1988 年通过的《多边投资担保机构业务规则》第 2.14 条则作了补充规定，强调外国投资者为避免或最大限度地减少承保损失而应作出努力的责任。按照《多边投资担保机构公约》的规定，行政救济是外国投资者索赔的必经程序，而《多边投资担保机构业务规则》则进行了扩充，其实质上要求外国投资者在向 MIGA 索赔前必须用尽东道国的当地救济。而东道国的当地救济存在不能的情形，外国投资者就无法满足向 MIGA 索赔的前提要件，此规定限制了外国投资者获得 MIGA 赔偿的权利。

（三）利用 MIGA 担保条款的问题

对于是否承保，MIGA 以东道国对外国投资的法律保护是否充分为依据。《多边投资担保机构业务规则》第 3.15 条规定：“如果东道国对外国投资的法律保护是充分的，那么，对投在该东道国境内的一项合格投资可予以担保。”根据《多边投资担保机构业务规则》，充分性可以从东道国与投资国是否签订双边投资协定、东道国的法律及实践是否符合国际法的情况等标准进行判定。而当 MIGA 认为东道国对外国投资的法律不充分时，可以拒绝给予承保。而很多发展中

国家会员国对外国投资的法律保护并不充分，当外国投资者在这些东道国投资时，更需要 MIGA 对政治风险的承保，而 MIGA 不能满足这一需求。

（四）MIGA 对担保数额的限制

对于担保数额，MIGA 并不能赔偿外国投资者遭遇政治风险后的全部损失，具有一定的局限性。根据《多边投资担保机构公约》第 16 条和《多边投资担保机构业务规则》第 2.07～2.09 节的规定，MIGA 不得担保承保投资损失的全额，投资中未被机构承保的部分即未予担保的数额应由 MIGA 与投保人约定，但在任何情况下都不得低于该项投资的 10%。

三、国际投资担保制度的发展趋势

（一）吸收更多的会员国

国际投资担保制度主要依靠国际投资担保机构行使具体担保业务，而一个国际投资担保机构的会员国数量总是有限的。区域性的国际投资担保机构的会员国局限在特定区域内，而世界性国际投资担保机构的典型——MIGA 的会员国的数量为 180 个，也还需要吸收更多的会员国，以加强国际投资担保机构的普遍性。

以 MIGA 为例，在 MIGA 每年公布的年度报告中，会列出一个会员国的名单，除了工业化国家和发展中国家两类外，还有处于履行成员国资格要求进程中的国家一类，如 MIGA 曾在 2012 年和 2013 年年度报告中指出，缅甸是尚处于履行成员国资格要求进程中的国家。2013 年 12 月 17 日，在缅甸已履行完其所有会员国资格的要求后，MIGA 在华盛顿宣布缅甸成为 MIGA 的第 180 个会员国。MIGA 的执行副总裁 Keiko Honda 说："在历史的重要时刻，缅甸成为 MIGA 的会员国，对此我们深表欢迎。"Keiko Honda 还继续强调："我们渴望支持缅甸能源、电信、农业综合投资等行业，从而创造更多的就业机会并提供重要的基础设施，促进缅甸实现历史性的转变。"

吸收更多的会员国既能促进国际投资担保机构业务的扩展，增强机构的普适性，也能使更多的国际投资项目投保政治风险，减少外国投资者在东道国遭遇的政治风险损失，保障国际投资的安全性和稳定性。

（二）承保新的险别

征收风险、货币汇兑风险、战争与内乱风险以及违约风险都是典型的政治风险，国际投资担保制度也主要围绕这四种政治风险开展相关担保业务。然而，随着国际社会的发展，国际投资领域出现了一些新的政治风险。营业中断风险、迟延支付风险、地方保护主义风险、政府贪污与腐败风险等政治风险开始逐渐影响到外国投资者的投资安全。以营业中断风险为例，由于发生禁兑事故、征收事故或战乱事故，外国投资者的某项营业被暂时中断，从而遭受重大损失，该风险具有政治风险的特性，对外国投资者危害性较大。在 1985 年，美国《海外投资私人投资公司修订法案》曾将营业中断风险作为新设立的风险予以承保，国际投资担保机构也应适应国际投资的发展需要，将营业中断风险纳入机构的承保范围之内，丰富国际投资担保制度的内容。

（三）考量投保项目的潜力

国际投资担保制度下的担保项目是外国投资者在东道国境内开展国际投资活动的具体表现，涉及东道国境内的资本、技术、环境、劳动力等多重要素。投资项目的开展不应仅仅满足外国投资者的利益需要，更应应致力于东道国的经济发展，从而促进整个国际社会国际投资的开展。因此，国际投资担保机构在承保一个投资项目前，应综合考量投保项目的潜力，承保能够带来显著发展影响并且具有经济、环境和社会可持续性的项目。

MIGA 在 2013 年承保的项目就突出反映了这一趋势，其所支持的项目展示了在各个地区、各个行业的这种侧重：加纳一个能源项目、科特迪瓦一个公私合营收费桥梁项目、阿尔巴尼亚一个水电项目、肯尼亚两个独立电力项目、约旦河西岸椰枣种植农场、阿富汗电信项目。在所有这些项目中，MIGA 突出显示了其具有促进外国投资向优先发展领域投资的趋势，促进外国投资者向东道国境内的公共基础设施、农业等领域投资。

（四）开展机构合作

为加强国际间的资本流动，促进各国经济的发展，国际投资担保机构应加强与国际组织的交流合作。这些国际组织既包括政府间国际组织，如联合国、世界银行、国际货币基金组织，也包括非政府间国际组织，如亚太经合组织。国际投资保险机构应积极与这些国际组织建立伙伴关系，共享信息与专业知识，通过融资和减少风险，从而共同支持投资项目。

同时，国际投资担保机构还应加强国家、地区、私人担保机构间的合作，如

中国人民保险公司、韩国贸易保险公司、非洲贸易保险机构、阿拉伯国家间投资保险公司等。不同类型的投资保险机构具有相似的工作原理，加强机构间的合作，才能确保服务和方法的互补，促进政治风险担保行业成为一个整体。

（五）加强宣传

国际投资迅速发展，外国投资者的投资项目数量也在逐年增加，但是，国际投资担保机构每年承保的担保数量非常有限，如 MIGA 在 2013 年仅签发了 30 个政治风险项目的担保。外国投资者对国际投资担保制度本身并不十分了解是造成这一现状的原因之一。虽然一些国家为国际投资担保制度下的会员国，但是国内的投资者并非对国际投资担保制度有着相应的了解。为此，国际投资担保机构以及会员国政府应加强对投资者的宣传，设置专门的官方网站，对机构的性质、宗旨、担保的政治风险、担保条件与数额、索赔程序等方面作出详细的介绍，并以一些机构已承保的案例为宣传典型，从而让外国投资者结合自身实际情况选择合适的政治风险在国际投资担保机构投保。

第四章 海外投资保险制度

第一节 海外投资保险制度概述

一、海外投资保险制度的概念

“二战”后，发达国家的投资者为进一步拓展海外交易市场，加快本国资本的流动，降低投资成本、追求高额回报，增强企业国际市场竞争力，将大量资金投入到发展中国家。然而，在海外投资过程中，发达国家的投资者却屡屡遭遇东道国政府实施的征收、外汇限制、战争与内乱等政治风险。当这些投资者在东道国索赔时，由于东道国的当地救济难以及时、充分、有效地补偿外国投资者因政治风险产生的所有损失，他们不得不向本国政府求助。作为这些投资者的投资国，发达国家充分意识到有必要在法律层面建立一种制度，由专门的机构对本国投资者在海外投资过程中遭遇的政治风险进行救济，再由这一机构代表投资者向东道国政府进行交涉，以获得赔偿。从而既促进本国投资者在海外投资的发展，又通过保证本国投资者获得政治风险的相关赔偿保障了海外投资安全。因此，海外投资保险制度应运而生。

海外投资保险制度，是投资国海外投资保险机构对本国海外投资者在东道国可能遇到的政治风险提供保证或保险，投资者申请保险并获得批准后，与投资国海外投资保险机构签订保险合同，若由于约定的政治风险发生导致投资者遭受损失，则由投资国的保险机构补偿投资者的损失，保险机构随之代位取得本国投资者有关投资的一切权利，包括相关资产的所有权、债权、索赔权等，由保险机构向东道国进行求偿的一项国内法制度。① 海外投资保险制度的主体包括投保人和保险人。投保人即为投资者，而保险人即指投资国的海外投资保险机构，保险合

① 王立君：《国际投资法》，格致出版社 2010 年版，第 72 页。

同则为投保人和保险人签订的约束投资者与海外投资保险机构的法律文件。海外投资保险机构对保险合同约定的政治风险承保，当投资者因东道国的政治风险遭受的损失后，需根据保险合同的规定履行相关手续，随后即可获得海外投资保险机构的赔偿。

海外投资保险制度是投资国的一项国内法制度，各国的海外投资保险机构多依据本国的国内法设立，政府在其中起着主导作用。国内一般性财产保险公司保险人多为一般的商业公司，以营利为目的，而本章所说的海外投资保险机构专指政府机构、政府性质的公司、政府与政府性质的公司共同实施保险业务，通常不以营利为目的。

但是，不容忽视的是从事海外投资保险业务的实体本身正在发生变化，海外投资保险业务正在由政府机构、政府性质的公司和政府与政府性质的公司共同实施发展到私营保险公司参与实施。但是，二者的经营性质有所不同。私营保险公司是商业保险公司，以营利为目的。而政府机构、政府性质的公司和政府与政府性质的公司作为海外投资保险机构，不以营利为目的，而是以贯彻国家投资政策，保护本国私人海外投资为根本。对于私营保险公司从事海外投资政治风险保险应遵循的法律制度，本章不予讨论。

二、海外投资保险制度的一般特征

海外投资保险制度具有一般性财产保险的共性，对投保人所遭遇的财产损失进行赔偿，但考虑到海外投资保险制度的设立背景，海外投资保险制度是只为本国投资者在东道国投资所遭遇的政治风险提供保险服务的。因此，海外投资保险制度具有如下特征：

（一）海外投资保险制度的国家属性

从各国海外投资保险制度的立法实践来看，海外投资保险制度的国家属性表现为以国家为后盾，由政府专门机构、政府投资设立的专门公司或者由政府委托的特别机构为本国海外投资者提供政治风险保险或者担保，即国家保证。有些国家的海外投资保险机构虽然采用公司制，但并不是传统意义上的商业公司。事实上，这些公司只负责执行投资保险业务，而政治风险的险种、承保的条件及具体项目的审查和批准则由政府决定。海外投资保险制度归根结底是在保护投资国的国家利益，保险责任最终是由国家来承担。

1. 保险人的国家属性

从各国海外投资保险制度的立法实践来看，海外投资保险机构的保险人都代表着投资国政府的利益，具体到保险人的种类，共有三类：一是政府机构；二是政府性质的公司；三是政府与政府性质的公司共同实施保险业务。其中，由政府性质的公司作为海外投资政治风险的保险人有利于避免海外投资者投资纠纷的政治化，因此大多数国家的海外投资保险机构都由政府性质的公司进行承保，对本国投资者海外投资所遭遇的政治风险损失进行赔偿，如美国的“海外私人投资公司”（OPIC）、澳大利亚的“出口融资和保险公司”（EFIC）、加拿大的“出口发展公司”（EDC）、荷兰的“荷兰信用保险公司”（NCM）等。与海外投资保险机构相比，一般性的财产保险机构的保险人大多为根据本国法律设立的商业公司及商业组织，是保险公司利益的代表，不代表政府的利益。

2. 保险责任最终由国家承担

投资者在东道国遭遇了政治风险后，虽然是由投资者本国的海外投资保险机构根据保险合同的规定对投资者支付赔偿，但该保险责任的最终承担者并非海外投资保险机构，而是投资国本身。海外投资保险机构是投资国政府利益的代表，大多数国家都对本国的海外投资保险机构给予一定财政性的补贴，以维持机构的正常运转。为了便于对海外投资保险机构的监督，投资国的相关部门也会对海外投资保险机构的项目进行审查和批准，从而促使补贴金额得以合理落实。一般性的财产保险公司则不能享受政府补贴，完全自负盈亏，在公司的经营权上具有较大的自主性。

（二）海外投资保险制度的非营利性

1. 海外投资保险制度的政策导向性

海外投资保险制度是投资国为贯彻和执行本国的经济、政治政策服务的，是投资国实施对外政策的直接工具。在经济政策上，投资国为鼓励与促进本国投资者进行海外投资，拓展海外投资市场，加强国家间资本的流动，往往会在本国的海外投资保险制度中对合格的投资者、合格的投资与合格的东道国限定一定的条件。在政治政策上，海外投资保险制度有利于充分保障本国投资者的合法权益，减少投资国行使外交保护的次数，缓和投资国与东道国的外交关系，如美国在

《对外援助法》中称“美国的投资保证自始即属于美国援外体制的一个组成部分，借以利用援外手段，贯彻投资保证制度的实施”。

2. 海外投资保险机构的非营利性

海外投资保险机构承保本国投资者在东道国遭遇的政治风险，并非以营利为目的，而是以保护本国投资者进行海外投资为目的，在本国投资者遭遇东道国的政治风险后，能较为充分、及时、有效地对本国投资者所遭遇的政治风险损失进行赔偿，从而鼓励和保护本国投资者的海外投资，达到促进本国经济发展的目的。一般的财产性保险公司则以营利为目的，在决定承保一项保险业务时，通常会考虑该保险业务是否能给保险公司创造经济利益，而较少考虑社会公共利益的需要。

（三）承保风险的政治性

海外投资保险机构承保的风险仅限于东道国境内的政治风险，而不包括一般性的商业风险。政治风险主要是由东道国的政治、法律或社会等因素引发的危害性较大的风险，外国投资者对该风险往往难以预料，一旦遭遇了政治风险，将受到巨大的损失。从各国海外投资保险的实践来看，典型的政治风险主要包括征收风险、外汇风险以及战争与内乱风险，其他政治风险则包括政府违约风险、营业中断风险、迟延支付风险等。在一般性的财产保险中，商业保险公司承保的风险主要有由于自然灾害引发的风险、由于意外事故引发的风险和由于其他因素引发的风险三类。其中，一般性的商业保险公司也承保战争风险，但该战争风险不同于海外投资保险机构承保的战争风险，一般性商业保险公司承保的战争风险对东道国无特殊要求，更没有地域的限制，而海外投资保险机构则需界定东道国的合格性再决定是否予以承保。对于海外投资保险机构承保的征收风险和外汇风险，一般性的财产保险公司则对此不予承保。

（四）承保的投资限于海外私人直接投资

海外投资保险机构承保的投资仅限于投资者直接享有经营和管理权的海外私人直接投资。海外官方投资主要服务于一国经济交往和外交政策的需要，是一国政府或国际公共机构的投资。由国家作为投资者在东道国进行投资，作为投资者本身的抗风险能力得到显著加强，不再需要由国家作为经济后盾对该投资进行支持。对于海外间接投资，投资者在海外投资过程中不参与企业经营管理，也不享有企业的控制权或支配权，而仅以其持有的能提供收入的股票或证券进行投资。由于海外投资保险机构对海外间接投资的监督与管理存在一定的难度，对该种投资的所面临的政治风险也难以进行掌控，因而不对海外间接投资提供政治风险保险业务。

第二节　海外投资保险制度的模式

一、海外投资保险制度的模式概述

随着各国海外投资的不断发展，海外投资保险制度也相应建立起来。各国在建立本国的海外投资保险制度时，不仅要考虑促进和保护本国的海外投资，还要考虑本国的政治经济发展现状，选择最适合的模式。目前，按照各国海外投资保险制度的现状分析，所遵循的模式大致有三种：以日本为典型的单边主义模式、以美国为典型的双边主义模式和以德国为典型的混合主义模式。

（一）单边主义模式

单边主义模式，指仅根据本国国内法的规定对本国投资者在东道国投资的政治风险进行承保，而不以本国政府与东道国政府签订双边投资协定为承保的前提。这种模式以日本为典型。单边主义模式的承保对象范围非常广泛，本国投资者即使向未与投资国签订双边投资协定的东道国进行投资，也可获得投资国海外投资保险机构的政治风险保险。

采取单边主义模式建立本国海外投资保险制度的国家，对本国投资者所选择的东道国通常没有限制或者禁止性的规定，无论在哪个国家进行投资，都提供平等的保护。无论投资者到何种类型的东道国投资，其本国的海外投资保险机构都将提供政治风险保险，从而促使投资者的投资权益得到最大限度的保护。采取单边主义模式的目的是最大限度地促进本国资本在海外的扩张，抢占国际金融和贸易市场，提高本国企业的国际化以及国际市场的竞争力，同时也为了缓解国内资源短缺以及对环境的保护。

单边主义模式虽然能够最大限度地推动本国的海外投资，提升本国的国际地位，但是这种模式存在很多问题。首先，在单边主义模式下，国籍持续原则对于本国投资者来说至关重要。海外投资保险机构将考虑国籍持续原则从而决定是否对投资者遭遇的政治风险进行赔偿。若投资者在承保时具有投资国的国籍，但在索赔时丧失了投资国的国籍，投资国的海外投资保险机构出于本国利益的考虑通常不会对该投资者进行赔偿。其次，由于投资国并不一定与东道国签订了双边投资协定，因此，海外投资保险机构在代位向东道国求偿前需遵循用尽当地救济原则。只有当本国投资者用尽东道国的当地救济之后，海外投资保险机构才可向东道国进行政治风险求偿，在一定程度上降低了海外投资保险制度的运作效率。

单边主义模式的最大缺点是海外投资保险机构的代位求偿权难以保证。在单边主义模式下，本国投资者在东道国的投资发生约定的政治风险以后，本国的海外投资保险机构根据保险合同给予本国投资者赔偿，但由于投资国与东道国之间可能没有签订双边投资保护协定，海外投资保险机构向东道国政府索赔缺乏国际法上的依据。首先，主权国家之间没有管辖权。根据国际法原则，投资国与东道国间的主权地位是平等的，投资国没有权利将本国的意志施加给东道国。其次，海外投资保险机构的代位权，只有在东道国认可的前提下，才可以顺利实现，否则很难实现代位求偿权。在这种情况下，投资国不得不通过外交途径解决，增加了与其他国家发生政治经济摩擦的可能性，不利于投资国海外投资的发展。

（二）双边主义模式

双边主义模式以投资国与东道国之间双边投资协定的存在为海外投资保险机构承保的前提，即投资者只有在投资国与东道国签订双边投资协定的国家投资，才可以在本国海外投资保险机构投保。这种模式以美国为典型。

双边主义模式要求投资国与东道国必须签订双边投资协定，如果东道国未与投资国签订双边投资协定，投资国的海外投资保险机构则不向在该东道国进行投资的本国投资者提供发生政治风险的保险。可见，遵循双边主义模式的投资国海外投资保险机构对本国投资者提供的保护是区别保护。海外投资保险机构向本国投资者支付索赔后即取得了向东道国政府代位求偿的权利，在双边主义模式下，海外投资保险机构代位求偿的法律依据是投资国与东道国签订的双边投资协定，该双边投资协定在约束投资国与东道国的行为上具有较强的国际法效力。因此，在海外投资保险机构根据保险合同向本国投资者支付赔偿后，东道国应根据双边

投资协定的规定按期向投资国的海外投资保险机构支付赔偿，从而促进海外投资保险机构索赔的顺利开展，使海外投资保险机构的代位求偿权依法实现。可见，双边主义模式最大的优点在于能保证海外投资承保机构的代位权的实现。和单边主义模式相比，双边模式的海外投资保险制度有利于代位权的实现。因而双边模式是在两国订立双边投资协定投资国的代位权得到东道国的认可的前提下实施的。

双边主义模式既有助于投资争议的快速解决，又可以有效避免投资国与东道国之间的政治经济摩擦。在单边模式下，投资者只能在用尽当地救济之后，才可以向投资国寻求外交保护。与此相比，双边主义模式能更有效地保护本国投资者的利益，本国投资者在政治风险发生后，其损失能有效地得到赔偿，因此可以尽快摆脱与东道国的投资纠纷。由于投资国与东道国签订了双边投资协定，两个国家之间采取平等和对等的原则来解决投资争议，避免了国际经济纠纷的政治化，减少了从投资纠纷演化成政治摩擦的可能性。

（三）混合主义模式

混合主义模式是介于单边主义模式与双边主义模式之间的一种折中模式。其特点是不以投资国与东道国之间签订双边投资协定作为海外投资保险机构是否接受本国投资者投保的法定前提。如果东道国没有与投资国签订双边投资协定，但是本国投资者如果能够提供东道国政治、经济和其他投资环境良好的证明文件，投资国海外投资机构也可以为其在东道国可能发生的政治风险进行保险。混合主义模式结合了双边主义模式和单边主义模式的特点。若东道国与投资国之间签订了双边投资保护协定，则采用“双边主义模式”，若东道国与投资国之间未签订双边投资保护协定，则采用“单边主义模式”，且以双边主义模式为主、单边主义模式为辅。混合主义模式以德国为典型。

采用混合主义模式建立本国海外投资保险制度的国家，通常希望采取灵活的方式扩大可保险的范围，发挥单边主义模式的优势，让本国企业尽可能地走出去，参与到国际市场的竞争中，提高本国经济活力。同时，又发挥双边主义模式的稳定性和效率高的特点，有效利用对等原则，迅速高效解决投资争议。混合主义模式能充分发挥双边主义模式和单边主义模式的优势，对不同类型的东道国按照不同的模式为投资者提供政治风险保险，最大限度地扩展承保东道国的范围，保护本国投资者的投资安全，促进海外投资保险机构向东道国索赔的及时、充分、有效开展。

二、美国海外投资保险制度

（一）美国海外投资保险制度的历史沿革

美国是世界上最早进行海外投资保险立法的国家，也是首创海外投资保险制度的国家。美国海外投资保险立法最早开始于 1948 年通过的《对外援助法》(Foreign Assistance Act)。同年，美国根据《对外援助法》制定《经济合作法》(Economic Cooperation Act of 1948)，贯彻执行马歇尔计划。由于马歇尔计划主要是“二战”后美国为了援助欧洲而制定的，当时负责管理援外事务和海外投资的经济合作署只承保美国投资者在欧洲的投资，对美国投资者在欧洲投资遭遇的外汇风险进行承保。不管是从承保东道国来看还是从承保政治风险的范围来看，1948 年美国首创的海外投资保险机构的适用范围非常有限。

1951 年，美国公布了《共同安全法》，开始将海外投资政治风险的保险由单一的欧洲地区转向发展中国家和地区，进一步扩大了承保东道国的范围。1952 年，美国设立了共同安全署，专门负责管理海外投资政治风险保险业务，从而将海外投资与援外事务进行区别，提高对海外投资政治风险保险的重视程度。1953 年，美国将共同安全署更名为海外事务管理局，并将承保东道国的范围进一步扩大。1955 年，美国设立了国际合作署，主管海外投资政治风险保险业务，并根据同年《共同安全法》的修正案，将海外投资政治风险的范围扩大到战争风险、征收风险等范围。

1961 年，美国国会通过了《对外援助法》修正案。在该法案中，较为详细地描述了“投资保险”（investment guaranties）的相关内容，包括合格的东道国、保险的险种以及保险的具体期限等。美国政府根据该法案，于同年设立“美国国际开发署”（United States Agency for International Development，简称 USAID）作为保险人，对美国投资者在海外投资遇到的政治风险提供担保。随着美国国有企业私有化的进程，根据再次修改的《对外援助法》，USAID 在 1969 年被新设立的“海外私人投资公司”（Overseas Private Investment Corporation，简称 OPIC）所取代，接管美国之后的海外私人投资保险业务。海外私人投资公司于 1971 年正式

运行，直属于国务院领导，承担由国际开发署主管的对外投资保险业务，现已发展成为主管美国私人海外投资保险业务的专门机构。自1948年以来，虽然美国《对外援助法》多次修改，援外机构几经变更，但美国政府对本国对外投资者的保护政策一直没有改变。1981年，美国通过对法案的修订，第一次将内乱（Civil Strife）作为政治风险纳入战争内乱险。1985年，美国通过修订法案，在传统的保险范围内增加了“营业中断险”（Business interruption insurance）。2003年，美国再次修订法案，将“征收及类似措施险”（Expropriation and similar measures insurance）中的征收行为扩大到政府的分支机构和该政府所有或者控制的公司行为。从美国海外投资保险立法开始至今，通过一系列的法案修订，逐步完善海外投资保险立法，取得了较大的成功。

由于美国是实行双边主义模式的国家，长期以来，美国对本国海外投资者的法律保护体现在与东道国缔结的双边投资协定之中。自20世纪50年代初期起，美国先后与100多个国家陆续签订了双边投资协定。其主要内容就是以一系列明确的程序性规范，使美国投资者海外投资的法律保护得以切实贯彻执行，从而促使美国的海外投资保险更加制度化。

（二）美国海外投资保险制度的内容

1. 承保机构

美国现行的海外投资保险制度的承保机构是“海外私人投资公司”（Overseas Private Investment Corp，简称OPIC）。海外私人投资公司是由美国政府设立的一家政府附属机构，虽然采用公司制，但它是由美国国务院政策领导，兼具公、私法人性质。海外私人投资公司具有独立的法人资格，可以以自己的名义起诉或应诉。

海外私人投资公司实行董事会领导制，董事长由美国政府的国际开发署署长兼任。根据美国《对外援助法》的规定，海外私人投资公司共有13名董事，其中有7名是私方董事，6名是政府代表。私方董事是由具有丰富的国际实务经验的企业代表担任。政府代表通常由商务部、国务院及财政部选派。所有的董事均需由总统取得参议院同意后任命，在一定任期内担任。海外私人投资公司的主要职责是协助实施联邦政府对外投资政策，特别是主管美国私人海外投资保险及保证业务。公司在实行自负盈亏的基础上，对美国私人海外投资在经济上及金融上可靠的项目给予资助，并承担政治风险的保险再保险及保证，并资助美国企业在海外开辟投资市场，特别鼓励及资助中、小企业向海外进行投资。[①] 海外私人投资公司的设立，可以避免政府与政府之间的直接对抗，公司可以充当外国政府与美国投资者之间的桥梁，使政治性问题取得商业性解决。[②]

2. 承保条件

（1）合格的投资者。根据 1981 年《美国海外私人投资公司修订法案》第 238 条第 3 款的规定，对于海外私人投资公司承保项目中的投资者，即被保险人，需符合以下条件之一：美国公民，即具有美国国籍的自然人；依据美国的法律（或美国某州的法律、美国某块领土的法律）而登记成立的，其主要权益（即资产的 51% 以上）属于美国公民所有的美国公司、合伙企业以及其他社团（包括非营利性社团）；由一个或一个以上的美国公民以及上述公司、合伙企业或其他社团全权拥有的具有外国国籍的公司、合伙企业或其他社团，但此类公司的资产至少要有 95% 为美国公民、公司、合伙企业或其他社团所有。在贷款条件下，该类公司、合伙企业或其他社团的合格性，在签发保险单时加以确认。在美国的海外投资保险制度下，投资者的合格性要求投资者自始至终都是合格的，即投资者无论是在签订保险合同时还是提出政治风险索赔时，都必须为合格的投资者。

（2）合格的投资。合格投资必须同时具备以下条件：仅限于在国外的新项目投资，但在一定条件下，对现有企业的增建、扩建和现代化的投资亦可视为新投资，也可申请投资保险；仅限于经美国政府同意的在不发达友好国家和地区的投资，并且该项目是由美国海外私人投资公司认可的；经外国政府批准的投资项目；只限于同美国签有双边投资协定的国家和地区的投资项目。1996 年 5 月，美国公民乔斯在中国投资设立了一家生产纯净水的企业。建厂时，由于资金短缺而保险费用较高，乔斯没有向本国的海外私人投资公司投保。随着公司经营的顺利开展，乔斯积累了大量的资本，于是决定扩大公司的经营规模，再引进两套生产设备。2001 年 2 月，乔斯向本国的海外私人投资公司提出申请，但该公司认为乔斯的投资不符合条件，不属于新投资，所以拒绝为其承

---

① 商德文：《海外国际性投资模式比较》，经济日报出版社 1994 年版，第 115 页。

② 陈安：《美国对外投资法律保护及典型案例分析》，鹭江出版社 1985 年版，第 19 页。

保。① 本书认为，新投资不仅包括建立新企业，也应该包括企业的扩建和重建以及更新设备，因此，美国公民乔斯决定扩大公司的经营规模，再引进两套生产设备应属于新投资的范围。

（3）合格的东道国。根据《海外私人投资公司投资保险手册》的规定，海外私人投资公司为美国私人的海外投资承担保险责任的做法，适用于90多个国家，这些国家已经确认为“友好的不发达国家和地区”，并且已经与美国签订双边投资协定，同意实施美国海外私人投资公司的承保办法。

3. 承保险别

美国海外私人投资公司承保的政治风险包括：征用风险、外汇风险、战乱风险和营业中断风险。

征用风险，是指美国投资者的资产由于东道国政府采取征用或没收措施而造成损失的风险。根据美国《1981年关于海外私人投资公司的修订法案》规定：“‘征用’一词，包含但不限于东道国政府中途废止、拒绝履行或单方削弱它自己与有关项目投资人签订的合同，致使该项目受到重大的不利影响，难以继续经营。其条件是东道国政府采取上述中途废止、拒绝履行或侵害削弱合同的行为，并非由于投资人的过错所引起的。”如果东道国政府征用行为是由投资者违反东道国法律或其他不正当行为引起的，则海外私人投资公司不负赔偿责任。如在1971年，智利政府征用美国国际电话电报公司在智利的企业，海外私人投资公司认为，该征用行为是国际电话电报公司干涉智利政府内政引起的，故美国海外私人投资公司不负赔偿责任。

外汇风险，是指由于东道国政府禁止将美国投资者的收益兑换成美元而造成损失的风险。承保该类风险的前提条件是，在签订保险合同时，东道国法律并无禁兑规定。

战乱风险，是指投资者在东道国的投保财产由于东道国发生革命、战争、暴乱和骚乱而造成损失的风险。革命、战争和暴乱没有特殊的要求，但对于骚乱风险，美国的海外私人投资公司强调骚乱的政治性，要求骚乱是由于东道国中的个人或集团为了实现某种政治目的而采取的破坏性行为，而对于一般的劳资纠纷与经济矛盾，都不属于骚乱的范畴。同时，虽然美国私人投资公司既可以承保有形

① 王海英：《国际经济法案例教程》，北京大学出版社2005年版，第177页。

财产，也可以承保无形财产，但骚乱风险较为特殊。骚乱风险的承保对象仅限于有形财产，无形财产不在承保之列。

营业中断风险是美国海外投资保险制度的特色，是指由于征用、外汇、战乱三项风险发生，使被保险人某项营业活动暂时中断而造成损失的风险。征用、外汇、战乱等政治风险强调投资者损失的直接性，而营业中断风险则强调投资者损失的间接性。当外国投资者虽然遭遇了东道国的征用、外汇、战乱等，但是却不能构成上述政治风险，外国投资者可考虑东道国政府的行为是否构成了营业中断风险。

4. 承保期限

美国海外私人投资公司承保的本国投资者政治风险的期限将根据所开展投资的种类、投资的性质、投保风险的类别等因素综合确定。一般说来，股权投资保险合同的最长期限为 20 年，规模较大的敏感性项目的征用风险期限应低于 12 年，但可针对具体情况而适当延期。贷款保险期限则根据贷款期限来确定。

5. 承保费用

美国海外私人投资公司承保的保险费用由公司自行确定，根据承保的投资类型、政治风险的种类和范围具体确定。中小企业的年率为：征用风险为 0.4% ~ 0.8%，外汇风险为 0.3%，战争风险为 0.6%。如果投资者同时投保上述三项政治风险，年率为 1.3% ~1.7%。特别保险费的年率则可根据具体情况或高于或低于上述收费率。

6. 补偿金额

补偿金额是投资者在遭遇东道国的政治风险后，根据保险合同的规定所获得的海外投资保险机构支付的补偿款的数额。补偿金额以投资者最初投资时海外投资保险机构批准的投资项目的美元票面价值，加上保险合同所定限度内该投资实际上应得的利润、利息或其他收益为限额。但是，美国投资者并不能获得投资金额的全部补偿，海外私人投资公司只支付投资者投资金额的 90%，剩余的 10% 由投资者自行承担。

7. 索赔程序

美国海外投资保险制度以代位求偿权为连接点，当海外私人投资公司赔偿投资者的损失后，可根据与东道国签订的投资协定，代位取得投资者求偿的权利，

要求东道国赔偿因政治风险对投资者造成的损失。美国海外投资保险制度的索赔模式以双边投资协定为纽带，将投资者与东道国的投资关系上升到两个主权国家间的高度，有利于对投资者的保护。

三、日本海外投资保险制度

（一）日本海外投资保险制度的历史沿革

日本的海外投资保险制度起源于1950年颁布的《输出保险法》中的输出信用保险制度。1956年《输出保险法》将海外投资资本保险纳入调整范围，从而使日本成为继美国之后世界上第二个设立海外投资保险制度的国家。1957年，《输出保险法》又增加了海外投资利润保险，进一步扩大了海外投资保险制度的内容。伴随日本经济的发展和出口的增长，日本的海外投资呈现出多元化扩张的态势，为此，在1970年，日本政府将海外投资资本制度和利润保险制度合二为一，建立起完善的海外投资保险制度。1987年，日本对海外投资保险制度进行了修改，并将《输出保险法》更名为《贸易保险法》，从而将保险扩展为全面的贸易和投资领域，以便于防范多样化国际交易的风险。日本海外投资保险制度为日本的对外投资起到了保驾护航的作用，根据2013年6月联合国贸发会议发布的《2013年世界投资报告》，日本2012年对外直接投资总额跃居世界第二位，仅次于美国。

（二）日本海外投资保险制度的内容

1. 承保机构

日本海外投资保险机构采用政府机构作为承保机构。1956年，《输出保险法》将“通商产业省出口保险部”规定为本国的海外投资保险机构。通商产业省出口保险部承保的风险种类繁多，不仅包括海外投资政治风险，还包括普通出口保险、出口收入险、出口票据风险、出口证券保险等。[①] 通商产业省出口保险部既是日本海外投资保险的审批机构，也是政治风险保险业务的经营机构。2001年，日本设立了“出口和投资保险组织”（Nippon Export and Investment Insurance，简称NEXI），由出口和投资保险组织专门负责贸易和投资领域的政治风险

① 王传丽：《国际经济法》，中国政法大学出版社2012年版，第237页。

保险。出口和投资保险组织是一个独立的行政机构，内设总裁、副总裁、执行董事、规划及行政部、首席管理组、战略管理组、财政组、会计组、管理组、债务管理和恢复组、服务恢复组、系统办公系统和统计组、新一代系统开发组、公共关系组、承销组、商业促销组、新项目销售组、合同文件组、索赔服务组、客户关系组、结构贸易融资保险部、项目组、融资风险管理部、信贷分析与控制组、环境组、国家风险分析组、信用管理组等众多部门，还针对日本投资者在不同东道国的投资设立了亚太、中东组以及欧洲、亚洲、南美洲组两个区域组。

2. 承保条件

（1）合格的投资者。在日本，合格的投资者限定为具有日本国籍的自然人和在日本登记注册的法人。值得注意的是，日本的海外投资保险中的保险合同并不一定由投资者与海外投资保险机构签订，只要所保险的投资者是合格的，就可由经海外投资保险机构认可的任何人与海外投资保险机构签订。

（2）合格的投资。日本海外投资保险制度下的合格的投资需同时具备两个条件：一是投资限于新投资；二是投资内容必须旨在促进日本对外经济交往的健康发展。① 合格的投资具体包括以下五类：以参加事业经营为目的投向外国法人或社团的股份或股本；日本投资者能直接支配经营的外国法人的投资；对外国法人的合营公司的5年以上的长期贷款；为开发资源向外国法人为期5年以上的贷款；为进行“海外直接事业”以日本人名义取得的不动产或其他权利。

（3）合格的东道国。日本是典型的实行单边主义模式的国家，对于东道国，海外投资保险机构并不要求东道国需与日本签订双边投资协定。但出于投资保险安全的考虑，日本海外投资保险机构也要求本国投资者申请投保时提交东道国的某些证明材料，如东道国政治经济情况稳定，具有较为完善的外资保护政策，没有国有化倾向，同意外国投资等。

3. 承保险别

日本海外投资保险机构承保的政治风险包括征用风险、外汇风险和战争风险。根据1970年《输出保险法》第14条的规定，凡日本在外国投资者的资产为外国政府（包括地方公共团体）所“夺取”者，在外国的企业被国有化时，日本海外投资者所持有的股份、股本被强制转让者，均属征用险。1987年《贸易

---

① 姚梅镇：“日本海外投资保险制度”，载《武汉大学学报》（社会科学版）1981年第6期。

保险法》第 52 条第 2 款则将“与不动产相关的权利”也归入“夺取”的内容。日本的外汇风险中特别增加了若由于投资者的责任，投资的对方破产或其债务在 6 个月以上的，也属于外汇风险的范畴。战争风险的内容则较为丰富，包括日本海外投资者投资的处所因战争、革命、内乱、暴动等而遭受损失；企业的有形财产和无形财产因外国政府的侵害导致不能继续经营、陷于破产或类似情况；银行对该企业停止交易或类似情况；停止营业在 6 个月以上者，或其中任何一种，都属于战争风险的范围。

4. 承保期限

日本海外投资保险的期限一般不得延长，通常情况为 5～10 年，除非被投资企业的建设需要，该期限可以延长到 15 年。

5. 承保费用

日本海外投资保险机构规定的承保费用按投资类型分为两类，一般性投资的年保险费率为 0.55%，如果是开发资源的投资，投资者所缴纳的年保险费率则为 0.70%。

6. 补偿金额

日本投资者在遭遇东道国的政治风险后获得的补偿金额，分为保险契约金额和实际赔付金额两种。保险契约金额是指日本投资者与海外投资保险机构签订的保险合同中所约定的海外投资保险机构对其赔付的最高限额。实际赔付金额则为政治风险发生时日本投资者实际收到海外投资保险机构的补偿金额。实际赔付金额应低于保险契约金额。

7. 索赔程序

政治风险发生后，日本投资者可在损失发生后两个月请求海外投资保险机构支付保险金，海外投资保险机构原则上必须从接受请求之日起两个月内支付保险金。日本海外投资保险机构支付保险金后即取得向东道国政府的代位求偿权，但是该求偿权的行使需符合用尽当地救济原则。只有当日本投资者在东道国用尽当地救济之后，海外投资保险机构才能依据外交保护原则向东道国求偿。

四、德国海外投资保险制度

（一）德国海外投资保险制度的历史沿革

德国的海外投资保险制度主要是指由原联邦德国建立的海外投资保险制度。

第二次世界大战之后，原联邦德国在美国的援助下，经济得到了极大的发展，并于20世纪50年代末开始发展对外投资。进入70年代之后，原联邦德国的对外投资发展迅速，对促进本国经济起到了重要作用。1949年，原联邦德国的黑姆斯信用保险公司、德国信托股份公司开始负责办理海外投资保险业务。1959年，原联邦德国正式建立了海外投资保险制度，仍由黑姆斯信用保险公司和德国信托股份公司负责办理海外投资保险业务。德国的海外投资保险制度实行混合主义模式，双边主义模式为主，单边主义模式为辅，虽不以双边投资协定为法定条件，但事实上对双边投资协定持较为积极的态度，凡是投资者申请向与德国签订双边投资协定的东道国投资的政治风险保险，较为容易地获得德国海外投资保险机构的保险。

（二）德国海外投资保险制度的内容

1. 承保机构

德国采用政府与国有企业共同实施保险业务，根据1959年《联邦预算法》，海外投资保险业务由两个国有公司——“黑姆斯信贷担保股份公司”和“信托股份公司”承担，而公司只负责执行投资保险业务，而是否给予承保等问题由政府决定。

黑姆斯信贷担保股份公司成立于1917年，专营各类信用保险业务。从1926年起，它接受德国政府的委托，负责实施德国的出口保险计划，当时是由黑姆斯信贷担保股份公司直接承保，再由政府办理100%再保险。这项计划在第二次世界大战期间中断。直到1949年，联邦议会通过了一项特别立法，重新委托黑姆斯信贷担保股份公司代表政府办理出口信用保险业务。黑姆斯信贷担保股份公司代表德国联邦政府办理出口信用保险业务，有权按照协议收取一定的手续费，但是保险项下的赔偿责任却由德国政府承担，一般情况下，这个比例为85% ~ 90%①。信托股份公司主要是德国政府为本国信贷机构向东道国贷款提供的担保，这种担保一般是服务于代表德国国家利益的项目。

2. 承保条件

（1）合格的投资者。在德国，合格的投资者仅限于德国从事对外投资的企业。德国投资者若要取得海外投资保险机构的保险，必须按照法定的程序，提供

① 李钢：《国际对外投资政策与实践》，中国对外经济贸易出版社2003年版，第100页。

有关资料，向政府有关部门提出申请。当保险合同约定的政治风险发生时，投资者除根据保险合同获得补偿外，还要及时向海外投资保险机构通报有关情况。

（2）合格的投资。在德国，海外投资保险机构予以承保的投资需为新投资，应符合两个条件：一是被担保的投资必须能加强德国与发展中国家的关系；二是被担保的投资必须主要是对外从事商品和其他行业物品的生产、精炼或零售、运输服务的企业。

（3）合格的东道国。由于德国是实行混合主义模式的国家，德国的海外投资保险机构并不要求东道国需为与德国签订双边投资协定的国家，只要求德国投资者能够在东道国获得应有的法律保护，东道国的经济政治环境较为稳定，就被视为合格的东道国。在实践中，德国海外投资保险机构更倾向于向已经与德国签订双边投资协定的东道国投资的投资者予以承保，以促进索赔的有效开展，减少不必要的外交保护。

3. 承保险别

德国海外投资保险的范围包括征收风险、外汇风险、战争风险、迟延支付风险和汇率变化风险。征收风险是指由于东道国政府采取征用或与征用相类似的措施而造成损失的风险。外汇风险是指德国投资者应得的金额，在东道国不能自由兑换成外币、不能自由汇回德国而造成损失的风险。战争风险是指由于东道国因战争、革命、武装暴动、内乱而对德国投资者造成损失的风险。因东道国停止支付或迟延支付而造成的损失，属于迟延支付风险的范畴，是德国海外投资保险制度的特色。汇率变化风险则是指由于东道国停止支付、延期支付或不能自由兑换等导致货币贬值给德国投资者带来的损失。[①]

4. 承保期限

一般为15年，对于经营期限较长者，可延长至20年。保险期满后，根据需要可延长5年。

5. 承保费用

德国海外投资保险机构的承保费用，因保险期限的长短而不同。保险期限在5年以内的，年保险费率为0.6%；5～10年的，为0.5%；10～15年的，为1.0%；15～20年的，为1.5%。

---

① 干春友等编著：《国际贸易与国际投资法律实务》，中国计划出版社1994年版，第356页。

6. 补偿金额

在最高保证限度金额内，由德国政府补偿损失的 80% ~95%，其余5% ~20% 的损失由投资者自己承担。保险金额的赔偿以德国马克支付。

7. 索赔程序

政治风险发生后，投资者对事故发生的一切前提、损害的事由和损失的金额均负有证明义务，损失的补偿期限是收到损失或临时损失估计额通知后 3 个月内或事故发生后 6 个月内支付完毕。①

在代位求偿上，德国则是结合了美国与日本的规定。当德国与东道国签订了双边投资协定时，保险机构可依据双边投资协定中的代位权条款直接向东道国索赔。而当德国与东道国未签订双边投资协定时，德国可以通过行使外交保护等其他救济方式保护本国海外投资者的权益。

① 袁古洁主编：《国际经济法教程》，华南理工大学出版社 2005 年版，第 184 页。

第三节　海外投资保险制度评析

一、海外投资保险制度的价值

海外投资保险制度作为应对本国投资者在东道国遭遇的政治风险而产生的一项法律制度，具有保护与鼓励本国投资者进行海外投资，促进国际资本流动等制度价值。

（一）转移投资者的政治风险

海外投资保险制度设立的首要目的就是通过海外投资保险机构这个媒介将本国投资者的政治风险进行转移，在投资者遭遇东道国的政治风险后，由海外投资保险机构对本国投资者遭遇的政治风险损失进行赔偿，从而大大减轻本国投资者进行海外投资的风险负担，增加投资者进行海外投资的信心。

（二）促进私人投资纠纷的有效解决

保险合同约定的政治风险发生后，投资者可根据合同的规定向海外投资保险机构进行求偿。海外投资保险机构对本国投资者进行赔偿后，就代位取得了向东道国政府求偿的权利。由于海外投资保险机构的背后是一国的政府，由海外投资保险机构向东道国进行索赔实现了私立救济向公立救济的转化，属于间接的“外交保护”。但是，海外投资保险制度又不同于外交保护制度，海外投资保险机构向东道国索赔的依据是投资国国内法或投资国与东道国签订的投资条约，避免了将投资者和东道国之间的纠纷上升到国家间的层面进行解决，从而促进政治风险纠纷的和平有效解决。

二、海外投资保险制度存在的问题

（一）海外投资保险制度发展较晚

海外投资保险制度是投资国为保护与鼓励本国私人海外投资的一项国内法制度，有助于促进国际间的投资与合作，但海外投资保险制度发展较晚，且建立海外投资保险制度的国家数量有限。直到 1948 年，美国才创建了海外投资保险制度，成为世界上第一个拥有本国海外投资保险制度的国家。随后，德国、日本、法国、英国、澳大利亚、加拿大等发达国家也相继建立了本国的海外投资保险制度。而发展中国家自 20 世纪七八十年代才开始建立起本国的海外投资保险制度，如我国在 2001 年成立中国出口信用保险公司，承办中国投资者的海外投资保险业务。截至目前，各国的海外投资保险机构只有 20 余家，并且主要是由发达国家创建，绝大多数国家尤其是发展中国家，还未建立本国的海外投资保险制度。

（二）海外投资保险机构对投资的限制

海外投资保险机构对合格的投资设置了很多限制。一方面，各国的海外投资在一定程度上都受到本国政府的干预，投保项目须经过本国政府主管部门的审查和批准。另一方面，合格的投资仅限于新项目的投资，当然，在一定条件下也包括现有企业扩建、更新或改建的新项目投资，美国、日本、德国、澳大利亚等国都作出了相应的规定。这就造成在东道国投资新旧项目的区别对待，旧项目的投资往往不能在投资国境内投保，一旦遭遇政治风险，往往不能够通过海外投资保险机构保护自己的权益。

（三）赔偿比例及求偿的限制

当发生政治风险后，由投资国的海外投资保险机构对投资损失进行赔偿，但各国的赔偿比例不一。值得注意的是，各国海外投资保险机构对本国投资者的赔偿是部分赔偿，不能从根本上弥补投资者因政治风险受到的损失。美国海外私人投资公司规定赔偿损失总额的 90%，而瑞士则规定为 70%，其他损失由被保险人即投资者自行承担，投资者仍在一定程度上承担政治风险的部分损失。而海外投资保险机构向投资者赔偿损失后，根据各国投资保险制度的模式，由海外投资保险机构向东道国求偿。双边主义模式的国家以代位权为连接点，代位取得对东道国求偿的权利，因为这种模式将未与本国签订双边投资协定的国家的投资者排

除在受保护的范围之外，可能会对本国的投资者产生不公平待遇问题。而单边主义模式的国家，只有在东道国用尽国内法救济手段之后，才能依外交保护权的方法行使代位权。① 这种方法向东道国求偿难度较大，实施起来比较困难，会降低海外投资保险机构的运作效率。混合主义模式的国家则是将双边主义模式国家与单边主义模式国家向东道国求偿的手段结合，都会面临着上述问题。

三、投资者的应对策略

（一）投资者需使自己成为合格的投保人

投资者需认真研究海外投资保险机构的保险条例，使自己成为合格的投保人。投资者为自然人的，需具有投资国国籍。对于投资者既具有东道国的国籍又具有投资国的国籍的，除非东道国与投资国签订特别协定，原则上投资国的海外投资保险机构将拒绝承保。而投资者为法人的，除国籍条件外，还需满足绝大部分资产为投资国所有的条件。如美国的海外投资保险机构就要求本国公司或社团的资产至少 51%，外国公司或社团至少 95% 为本国公民、公司或社团所有。

（二）投资者需使投资符合海外投资保险制度的规定

投资者不仅要让自己成为合格的投保人，还要使自己的投资符合投资国及海外投资保险机构对海外投资的规定。如外国投资者向我国进行直接投资，就需遵守由国家发展和改革委员会、商务部发布的《外商投资产业指导目录》，该目录经过 2011 年的修订，将外商投资产业划分为鼓励外商投资产业、限制外商投资产业和禁止外商投资产业。对于禁止外商投资的产业，外国投资者将不能得到投资国海外投资保险机构的承保。在绝大多数国家，海外投资保险机构将合格的投资限定在新项目的投资，对旧项目的投资，投资国的海外投资保险机构不予承保。

（三）投资者要选择合格的东道国

投资者要正确选择东道国，因为只有合格的东道国才能得到海外投资保险机构的投保。由于海外投资保险制度在国际社会上有三种模式，而这三种模式对合格东道国的要求各有不同。奉行双边主义模式的投资国，要求东道国必须是与本国签订双边投资协定的国家，而奉行单边主义和混合主义模式的国家则对此无特

① ［日］佐藤和男：《国际投资的法律保护》，1968 年日文版，第 174 页。转引自姚梅镇：“日本海外投资保险制度”，载《武汉大学学报》（社会科学版）1981 年第 4 期，第 90 ~ 96 页。

殊要求。而有些海外投资保险机构甚至还对东道国作出了一些具体要求，将承保征收风险的东道国限定在与其有特殊利益的国家。如美国将东道国限于与其友好的发展中国家，并且对东道国国民的人均国民收入作出了具体规定。

（四）投资者需选择合格的投资项目

在符合上述三个条件后，投资者需慎重选择投资项目，申请投保。外国投资者决定向投资国的海外投资保险机构投保后，应向海外投资保险机构提交保险申请书、海外投资计划说明书、东道国外资引进许可证、东道国政府对投资项目的批准等文件。保险机构在收到申请后，进行一系列的审查，才会与投资者签订保险合同。

（五）及时向海外投资保险机构进行索赔

发生政治风险后，投资者需根据保险合同的规定，主动向海外投资保险机构提出索赔。投资者在遭遇政治风险后，需符合保单规定的政治风险等待时间，才能向投资国的海外投资保险机构索赔。而各国对政治风险措施的影响，一般规定需持续 1 年以上。为确保海外投资保险机构切实对投资者进行政治风险赔偿，投资者应先履行保单项下的义务。首先，确保保险合同在政治风险发生时有效；其次，积极履行在政治风险发生后的义务，包括及时通知海外投资保险机构、配合保险机构对政治风险的审查、尽可能地避免政治损失的扩大等；最后，在取得赔偿后积极配合海外投资保险机构行使向东道国索赔的代位权。

在投资国的海外投资保险机构进行投保并不意味着投资者的所有损失都能得到赔偿。投资者得到保险金的数额是按照政治风险的损失额与海外投资保险机构规定的赔偿率来确定的，一般各国都要求投资者自行承担至少 10% 的损失。这就要求外国投资者提高警觉意识，做好政治风险的防范工作。

当政治风险发生后，东道国政府已对外国投资者进行补偿的，外国投资者依然能够向投资国的海外投资保险机构索赔，即海外投资保险机构对外国投资者的赔偿不以东道国政府是否提供了补偿为条件。东道国政府已经对外国投资者补偿的，在海外投资保险机构计算赔偿金额时，应扣除外国投资者已取得的补偿。

第四节　中国海外投资保险制度

一、中国海外投资保险立法现状

（一）与对外投资相关的法律

《中华人民共和国对外贸易法》（以下简称“外贸法”）于 1994 年 5 月 12 日第八届全国人民代表大会常务委员会第七次会议通过，并自 1994 年 7 月 1 日起施行。“外贸法”由“总则”“对外贸易经营者”“货物进出口与技术进出口”“国际服务贸易”“对外贸易秩序”“对外贸易促进”“法律责任”和“附则”共八章计 44 条组成。“外贸法”对海外投资未作规定。该法于 2004 年 4 月 6 日由第十届全国人民代表大会常务委员会第八次会议修订通过，自 2004 年 7 月 1 日起施行。其中第 55 条规定：国家采取措施鼓励对外贸易经营者开拓国际市场，采取对外投资、对外工程承包和对外劳务合作等多种形式，发展对外贸易。

（二）与保险相关的法律

1949 年新中国成立以来的第一部保险法《中华人民共和国保险法》于 1995 年 6 月 30 日第八届全国人民代表大会常务委员会第十四次会议通过，1995 年 10 月 1 日起施行。该法以规范保险业和保险合同为核心，主要调整财产保险合同和人身保险合同，保险公司的组织形式为股份有限公司和国有独资公司。财产保险业务包括财产损失保险、责任保险、信用保险等保险业务。该法没有规定具体保险险种，没有对政治风险的规定，更没有对海外投资风险的保险规定。作为保险基本法，由于缺失对出口信用保险的规定，因而不能作为海外投资保险制度的法律依据。

2002 年，根据第九届全国人民代表大会常务委员会第三十次会议《关于修改〈中华人民共和国保险法〉的决定》,《保险法》作了首次修改,并于2003年1月1日起实施。但是,这次修改没有改变该法商业保险法的性质,仍以财产保险合同和人身保险合同作为调整对象,财产保险合同被定义为以财产及其有关利益为保险标的的保险合同。最新的《保险法》是中华人民共和国第十一届全国人民代表大会常务委员会第七次会议于2009年2月28日修订通过的。该法规定保险公司的业务范围包括:人身保险业务,包括人寿保险、健康保险、意外伤害保险等保险业务;财产保险业务,包括财产损失保险、责任保险、信用保险、保证保险等保险业务;国务院保险监督管理机构批准的与保险有关的其他业务。但是,该法所称的信用保险不能推断为出口信用保险,更不能作为海外投资政治风险的保险。

(三)与海外投资相关的行政法规

随着我国经济体制改革和对外开放的进一步发展,中国企业纷纷走出去,进行海外投资。国务院及相关部委为此先后制定了一系列有关海外投资的行政规章。主要有:1985年原对外经济贸易合作部制定的《关于在国外开放非贸易性合资经营企业的审批程序和管理办法》;1989年国家外汇管理局制定的《境外投资外汇管理办法》及1990年出台的《境外投资外汇管理办法实施细则》;1992年原对外经济贸易合作部制定的《关于在境外举办非贸易性企业的审批和管理规定》(试行稿);1993年原对外经济贸易合作部制定的《海外投资企业的审批程序和管理办法》;1996年国务院颁布的《中华人民共和国外汇管理条例》;2004年商务部制定的《关于境外投资核准事项的规定》和国家发展改革委员会制定的《境外投资项目核准暂行管理办法》;2009年商务部制定的《境外投资管理办法》和国家外汇管理局制定的《境内机构境外直接投资外汇管理规定》;等等。

(四)与海外投资保险相关的行政法规

从中国海外投资保险的实践来看,2001年,国务院发布《关于组建出口信用保险公司的通知》,决定组建中国出口信用保险公司。中国出口信用保险公司的主要任务是:通过政策性出口信用保险手段,支持货物、技术和服务等出口,为企业提供收汇风险保障。2002年,中国出口信用保险公司发布《投保指南》,正式推出海外投资保险业务。尽管《投保指南》只是中国出口信用保险公司为方便业务开展而发布的程序性文件,但作为中国唯一承办政策性信用保险业务的

保险公司，其发布的《投保指南》对于中国海外投资保险实务有着重要的指导作用。从此，中国海外投资保险制度具有了雏形。

中国商务部自2009年以来组织中国驻外使馆、商务部投资促进局和商务部研究院共同编写发布了四个年度版本的《对外投资合作国别（地区）指南》（以下简称“指南”），该指南的主要内容是一些国家（地区）的投资合作环境、债务情况、基础设施发展规划、建设—经营—转让（BOT）方式、相关数据和政策法规等情况介绍，并对企业跨国经营应注意的问题尤其是风险防范问题给予提示。值得注意的是，该指南不具有任何法律效力。

（五）中国缔结的双边投资保护协定对海外投资保险的相关规定

1. 关于合格的投资的规定

《中华人民共和国和德意志联邦共和国关于促进和相互保护投资的协定》第1条明确规定：“投资”既包括直接投资也包括间接投资，包括但不限于：（一）动产，不动产及抵押、质押等其他财产权利；（二）公司的股份、债券、股票或其他形式的参股；（三）金钱请求权或其他具有经济价值的行为请求权；（四）知识产权，特别是著作权、专利和工业设计、商标、商名、工艺流程、商业秘密、专有技术和商誉；（五）法律或法律允许依合同授予的商业特许权，包括勘探、耕作、提炼或开发自然资源的特许权；作为投资的财产发生任何形式上的变化，不影响其作为投资的性质。[①] 这一规定明显扩大了海外投资保险中投资概念的外延，将海外投资保险的范围扩大到私人海外直接投资之外，使海外投资保险制度不仅限于对私人海外直接投资的保险。不仅如此，《中华人民共和国政府和希腊共和国政府关于鼓励和相互保护投资协定》第1条第6款将缔约一方领土内的承租人依照其法律和法规根据租赁合同支配的物资也规定为合格投资的一种形式。[②] 除此之外，中国与多个国家签署的双边投资保护协定还将用于再投入的收益列为投资形式。

2. 关于合格的投资者的规定

关于投资者，中国与其他国家签订的双边投资协定基本都规定了自然人投资

---

① 《中华人民共和国和德意志联邦共和国关于促进和相互保护投资的协定》，载 http：//tfs. mofcom. gov. cn/aarticle/h/au/200405/20040500218063. html，最后访问日期：2014年3月7日。

② 《中华人民共和国政府和希腊共和国政府关于鼓励和相互保护投资协定 》，载 http：//tfs. mofcom. gov. cn/aarticle/h/au/200212/20021200058384. html，最后访问日期：2014年3月7日。

者和法人投资者。由于中国法律不承认双重国籍，因此，在双边投资协定中通常对自然人投资者不得具有东道国国籍作出明确规定。对于自然人投资者，大部分双边投资协定都规定具有中国国籍的自然人，但是也有些协定则规定自然人投资者不仅包括具有中国国籍的自然人，也包括永久居民的自然人，如《中国政府与澳大利亚政府相互鼓励和保护投资协定》第 1 条第 4 款的规定。有些双边投资协定严格规定法人投资者为公司，但是大多数协定规定的投资者更为宽泛，如规定了在华境内依据中国法律成立的公司、协会、合伙及其他组织，不论其是否营利也不论其为有限责任或无限责任都可以成为海外投资的投资者，如《中华人民共和国和德意志联邦共和国关于促进和相互保护投资协定》的规定。有些双边投资协定将投资者扩大到外国公司，即根据第三国法律设立、但为另一缔约国自然人或法人有效控制的法律实体，如《中国政府和瑞士联邦委员会关于促进和相互保护投资协定及其议定书》的规定。

3. 政治风险的险种

中国与其他国家签订的双边投资协定通常将海外投资的政治风险规定为征收、国有化或者类似措施风险；由于战争或其他武装冲突、革命、全国紧急状态、或叛乱而遭受损失风险；投资和收益转移风险以及自由汇兑风险规定为政治风险的基本险种。虽然政治风险险种大体相当，但是在每个险种的具体内容设置上还是有较大的区别。如征收险，双边投资协定都作了原则性的规定，即缔约任何一方对缔约另一方的投资者在其领土内的投资不得采取征收、国有化或其他类似措施（以下简称“征收”），但是对例外条件却作了不同规定。较为全面的是《中国政府和俄罗斯联邦政府关于促进和相互保护投资协定》的规定：第一，为了公共利益；第二，给予补偿；第三，非歧视性的；第四，依照国内法律程序。但是，有些双边投资保护协定就没有完全规定这四个条件，如《中华人民共和国政府和瑞士联邦政府关于相互促进和保护投资协定》未规定征收的前提需要依照国内法律程序；《中华人民共和国政府和大不列颠及北爱尔兰联合王国政府关于促进和相互保护投资协定》未规定征收的前提需要非歧视性的和依照国内法律程序；《中华人民共和国政府和新加坡共和国政府关于促进和保护投资协定》未规定征收的前提需要为了公共利益。对于征收是否包括间接征收，《中华人民共和国和德意志联邦共和国关于促进和相互保护投资的协定》以及《中华人民共和国政府和瑞士联邦政府关于相互促进和保护投资协定》都明确将征收规定为包括

直接征收和间接征收。值得注意的是，中国与其他国家签订的双边投资协定均未规定政府违约险。

4. 关于代位权的规定

中国与其他国家签订的双边投资协定明确规定了代位权：如果缔约一方或其指定的机构对其投资者在缔约另一方境内的某项投资作了担保，并据此向投资者作了支付，缔约另一方应承认该投资者的权利和请求权依照法律或合法交易转让给了缔约前者一方或其指定机构，并承认缔约前者一方或其指定机构对上述权利和请求权的代位。对于代位的权利或请求权，则规定为不得超过原投资者的原有权利或请求权，如中国政府和德国、俄罗斯、希腊、巴基斯坦、加纳、埃及、南非、阿根廷、秘鲁、叙利亚等国政府签订的双边投资协定。中国政府与日本政府签订的关于鼓励和相互保护投资协定还明确了代位包括诉讼权的代位。

（六）中国参加的多边国际投资担保条约对海外投资保险的相关规定

1988 年 4 月 12 日正式生效的《多边投资担保机构公约》是目前国际上调整海外投资保险的主要国际条约，中国于 1988 年 4 月 30 日向世界银行递交了对该公约的核准书，成为多边投资担保机构的创始会员国之一。依据公约成立的多边投资担保机构为国际间的投资行为提供非商业性风险保险，在一定程度上弥补了区域性、国别性保险存在的不足，特别是对于那些没有国内投资担保机构的国家来说，MIGA 很好地填补了这一空白。

关于《多边投资担保机构公约》所规定的合格的投资者、合格投资、保险的政治风险险种、代位权以及相关救济方式，本书第三章进行了详细论证，在此不作赘述。

二、中国海外投资保险现状

（一）中国海外投资保险的起源和发展

中国的海外投资相对于西方发达国家来讲起步较晚，从 20 世纪 80 年代改革开放后才逐渐发展起来。虽然起步较晚，但是进入 21 世纪以来发展非常迅猛，2003 年为 28 亿美元，到 2009 年达到了 565 亿美元。根据商务部所做《中国对外投资合作发展报告（2011—2012）》公布的数字，截至 2011 年年底，中国对外直接投资存量近 4 300亿美元，境外企业 1. 8 万家，分布在全球 177 个国家和地区，年末境外企业资产总额近 2 万亿美元；对外承包工程业务累计签订合同额 8 416 亿美元，完成营业额 5 390亿美元。2011 年中国对外直接投资分别占全球当年流量和存量的 4.4% 和 2.2%，分别名列全球国家（地区）排名的第 6 位和第 13 位。

根据 2013 年 6 月联合国贸发会议发布的《2013 年世界投资报告》，中国 2012 年对外直接投资 840 亿美元，仅次于美国和日本。根据 2013 年 9 月中华人民共和国商务部暨国际统计局和国家外汇管理局联合发布的《2012 年度中国对外直接投资统计公报》的数据，我国 2012 年全年对外直接投资净额 878 亿美元，对外直接投资企业共设立 2.2 万家，分布在 179 个国家和地区。与中国海外投资规模迅猛发展相比，中国海外投资保险的起步和发展都严重滞后。直到今天，中国海外投资保险制度还没有真正依法建立起来。

中国海外投资保险的起源和发展与两个机构有着密切的关系：一个是于 1988 年成立的中国人民保险公司出口信用保险部，另一个是于 1994 年成立的中国进出口银行保险部。这两个机构是中国出口信用保险公司的前身，曾承保多个中国投资者海外投资的项目。中国的海外投资保险是中国政府为鼓励中国投资者开展海外投资而推出的一种政策性金融工具，也是中国政府为遵循 WTO 关于禁止以直接补贴形式支持海外投资而采取的一种政策性扶持措施。海外投资保险作为一种政策性保险，其主要任务是配合国家经济、社会、外交政策，支持中国投资者进行海外投资。

根据 2001 年 5 月 29 日《国务院关于组建中国出口信用保险公司的通知》，作为国有独资保险公司并以承办海外投资保险业务为主业的政策性保险公司——中国出口信用保险公司于 2001 年年底在北京成立。为了促进海外投资保险的发展，中国出口信用保险公司先在中长期承保部设立了海外投资保险处，而后于 2004 年 2 月专门设立了投资保险部负责此项业务工作，从而成为中国唯一一家从事政策性出口信用保险业务的保险公司。

中国出口信用保险公司的成立，为中国海外直接投资的发展起到了一定的推动作用，海外投资承保金额也出现大幅度的上升，为中国海外投资保险制度的建立和发展奠定了基础。2003 年，中国的海外投资保险承保金额仅为 1.1 亿美元，

2012 年则大幅度提升到 234.1 亿美元，比 2011 年增长了 61.44%。[①] 但是，除了国务院的这一纸通知以外，中国并未出台任何关于海外投资保险的法律，中国出口信用保险公司的运作，完全依照国务院批准的公司章程进行。但是，公司章程不等于法律本身，不具有普遍的法律约束力。可以说，直到今天，中国海外投资保险并未建立起法律基础上的制度。

（二）中国海外投资保险的基本内容

目前，中国没有一部规范海外投资保险的法律，相关的法律法规也不健全。法律意义上的海外投资保险制度尚未真正建立。研究中国海外投资保险的基本内容，只能根据中国出口信用保险公司章程和中国现有的海外投资保险实践，参照相关的行政规章和政策性规定，以及中国出口信用保险公司的内部规定。中国海外投资保险的基本内容如下：

1. 承保机构

2001 年年底成立的中国出口信用保险公司（以下简称中国信保），注册资本为 40 亿元人民币，资金来自国家财政预算的安排，业务主管部门是中华人民共和国财政部，并接受保监会的监管，是国务院批准组建国有独资的专业出口信用机构，受到国家官方的支持，其性质类似于美国的海外私人投资公司。中国出口信用保险公司成立后，中国人民保险公司和中国进出口银行将原受国家委托办理的出口信用保险业务全部移交给中国出口信用保险公司。

中国出口信用保险公司实行总经理负责制，总经理为公司的法人，副总经理和总经理助理负责协助总经理开展相关工作。公司的经营范围主要包括提供出口信用保险的信息咨询、提供担保业务和再保险业务、外币及人民币业务等国务院批准的业务。在海外投资政治风险的保险上，中国出口信用保险公司针对我国投资者进行海外投资提供政治风险保险业务，保障投资者的海外投资减少东道国政治风险所造成的损失，对投资者的投资及已赚取的收益因政治风险而遭受的损失作出一定的赔偿。

2. 承保条件

（1）合格的投资者。目前，中国出口信用保险公司规定的合格的投资者为：在境内（不含港、澳、台地区）注册成立的非金融机构法人；在境外（含港、

① 史晓丽：“构建中国海外投资保险制度的法律思考”，载《国际贸易》2013 年第 11 期。

澳、台地区）注册成立的非金融机构法人，其实际控制权由中资法人掌握；境内外金融机构；其他经批准的法人和自然人。① 其他经批准的法人和自然人，目前没有相关解释。

（2）合格的投资。与美国 OPIC 类似，中国出口信用保险公司也将合格的投资划分为三类：一是以货币、实物、知识产权或技术出资的股权投资；二是以企业融资为形式的债权投资；三是其他投资，包括中国投资者与东道国的企业合作经营、提供技术服务、进行项目管理等其他经过批准的投资。投保项目则既应符合投资国的法律法规和相关政策的规定，也应符合东道国对投资准入的规定。根据中国出口信用保险公司对外发布的投资指南的规定，下列形式的境外投资，不论是否已经完成，可投保海外投资保险：第一，直接投资，包括股权投资、股东贷款、股东担保等；第二，金融机构贷款；第三，其他经批准的投资形式。海外投资保险承保投资者的投资及已赚取的收益因承保风险发生而遭受的损失。

（3）合格的东道国。中国出口信用保险公司并未对东道国作出特殊的要求，一般情况下，东道国应为政治经济基本稳定的国家。在中国海外投资保险的实践中，中国出口信用保险公司并未要求东道国是与中国签订双边投资协定的国家，而是要求投保人提供东道国政治经济基本稳定和相关投资规定，如允许投资的范围、投资的形式、相关政策等。

3. 承保险别

中国出口信用保险公司对中国投资者承保的政治风险为：征收风险、汇兑限制风险、战争风险和政府违约风险，以及附加政治风险，如经营中断，即股权投资保险项下，因战争及政治暴乱导致投资项目建设、经营的临时性完全中断。

中国出口信用保险公司所承保的征收风险是广义上的征收，包括国有化、没收、征用或东道国其他未经适当法律程序的行为，以最大限度地保护中国投资者的合法权益。对于汇兑限制风险，中国出口信用保险公司的承保内容较为全面，既承保货币自由兑换风险，也承保货币自由转移风险。

中国出口信用保险公司所承保的战争风险也是广义上的，包括战争、内战、恐怖行为以及其他类似战争的行为。当然，战争风险并不一定需要对中国投资者

---

① 见中华人民共和国商务部对外贸易司网站，载 http：//wms. mofcom. gov. cn/aarticle/subject/fxff/subjectkt/200907/20090706422315. html，最后访问日期：2014 年 2 月 16 日。

的财产造成有形的损失，因战争导致的投资项目企业不能正常经营也可界定为遭遇了战争风险，有权获得相应的战争风险赔偿。

中国出口信用保险公司承保的违约风险除了要求东道国政府违反或不履行与投资者就投资项目签署的有关协议之外，还要求东道国拒绝按照仲裁结果中裁定的赔偿金额对投资者进行赔偿，只有同时满足上述两个条件，才构成中国出口信用保险公司承保的政府违约风险，中国投资者才有权根据保险合同的规定请求赔偿。

4. 保险期限

中国的海外投资保险制度与其他国家的海外投资保险制度在保险期限上有很大的区别。一般国家只是规定一个保险的期限，并设置一个特殊情况的最高保险期限，中国的海外投资保险制度则规定了两个保险期限，即承诺保险期和初始保险期。承诺保险期和其他国家的一般保险期限较为类似。中国出口信用保险公司规定的承诺保险期为 3 ~ 20 年，由投资者选择并经中国出口信用保险公司同意即可，但这个期限始终不能超过 20 年。初始保险期则是中国海外投资保险制度的特色。投资者在选择中国出口信用保险公司进行政治风险保险时，可能出于对投资年限、东道国政治经济情况的考虑，希望选择一个较短的保险时限。中国出口信用保险公司将这个时限规定为 3 年，这个期限也和承诺保险期的最短时限相一致。3 年之后，投资者可进行续保，也可放弃进行政治风险的保险，享有充分的选择权。

5. 保险金额

中国出口信用保险公司设定了两个保险金额，即最高保险金额和当期保险金额。最高保险金额是指中国出口信用保险公司在保险合同约定的保险期内所承担的责任总限额，该限额在初始保险期开始时由投资者进行选择并经中国出口信用保险公司同意。在续保时，投资者可以要求减少最高保险金额。当然，最高保险金额将在政治风险补偿款项支付后自动相应减少。当期保险金额是指当前保险合同约定的时限内，中国出口信用保险公司所承担的责任限额，在当前保险期开始时由投资者进行选择并经中国出口信用保险公司同意。当期保险金额不能超过最高保险金额，在当期赔款发生后自动相应减少。

6. 索赔程序

根据中国出口信用保险公司官网投保流程的介绍，在可能遭受政治风险损失时，投资者需报送可能损失通知书。保单规定的等待期满后，如果损失依然存在，中国出口信用保险公司将指导投资者及时、正确地提交索赔申请。中国出口信用保险公司将根据损因调查结果，审核被保险人在保单项下的义务履行情况，综合判定投资者的损失是否属中国出口信用保险公司的赔偿范围。对于投资者在保险合同责任范围内的损失，中国出口信用保险公司将确定赔付方案和赔付金额，并按相关规定审批后进行赔款支付。对于赔付比例，非金融机构法人作为被保险人时为90%，金融机构法人作为被保险人时为95%。

7. 再保险

根据2001年5月29日《国务院关于组建中国出口信用保险公司的通知》，中国出口信用保险公司的章程规定了公司经营范围包括与出口信用保险相关的信用担保业务和再保险业务。但是，在海外投资保险的实践中，还没有相关案例。

根据中国参加的《多边投资担保机构公约》第19～21条的规定，MIGA可以和会员国的全国性以及区域性实体建立业务合作关系，尤其是以分保和再保的方式进行合作。MIGA可以作出决定，对这些实体所承保的一种或一种以上政治风险的具体投资，提供再保。与此同时，MIGA还有权决定同会员国中的私人担保人和再保人的合作，以鼓励私人担保人对发展中国家会员国的政治风险按相似条件提供担保。对合适的再保实体所作的担保，MIGA可提供部分或全部的再保。

目前，MIGA尚未与中国出口信用保险公司签订再保险协议。

（三）中国海外投资保险与美、德、日海外投资保险制度的比较

中国海外投资的起步较晚，私人海外直接投资更是受到一系列规章制度和政策的制约，可以说法律意义上的海外投资保险制度尚未形成。目前已经形成的事实上由中国出口信用保险公司作为保险人的海外投资保险，并没有相应的法律依据（见表4-1）。

表4-1 2011～2012年按区域列出的直接外资流量

（单位：10亿美元）

内容＼国别	美国	日本	德国	中国
法律依据	1969年《对外援助法》	1987年《贸易保险法》	1959年《联邦预算法》	无
承保机构	海外私人投资公司	出口和投资保险组织	信托股份公司、黑姆斯信贷担保股份公司	中国出口信用保险公司

（续表）

内容＼国别		美国	日本	德国	中国
承保险别		征收风险、战争与内乱风险、禁兑风险			
		营业中断风险	政府违约风险	迟延支付风险、汇率变化风险	政府违约风险
承保条件		要求投保的投资者和承保机构所在国有相当密切的关系			
	合格的投资者	本国公民、其财产至少51%为美国人所有的美国公司或其资产至少95%为美国人所有的外国公司	必须是日本公民或日本公司	在德国有住所的德国本国公民、根据德国法律设立并在德国设有住所（总部）的公司或其他组织	在境内（不含港、澳、台地区）注册成立的非金融机构法人；在境外（含港、澳、台地区）注册成立的非金融机构法人，其实际控制权由中资法人掌握；境内外金融机构；其他经批准的法人和自然人
	合格的投资	1. 投资时间：新的投资；2. 投资形式：股权投资、贷款、租赁、技术援助协议、许可证协议及其他契约性安排	1. 投资时间：新的投资；2. 投资形式：股权投资、与股权投资密切相关的贷款、向海外分公司提供的资金以及某些再投资	1. 投资时间：新的投资；2. 投资形式：股权投资、与股权投资密切相关的贷款、向海外分公司提供的资金以及某些再投资	1. 投资时间：无具体要求；2. 投资形式：股权投资、债权投资、其他投资
	合格的东道国	要求东道国为与美国签订双边投资协定的国家	无具体要求	不以东道国与德国签有双边投资协定作为承保的法定前提	无具体要求
保险期限		视投资种类、性质及承保险别的不同而定，但最长不超过20年	5～10年，但在投资项目建设期间较长的情况下，可超过15年	第一次最长可以为15年，在合理情况下，也可定为20年。无论时间长短，届满之时，可再延长5年	承诺保险期为3～20年。初始保险期一般为3年
保险费率		一般费率：外汇风险按0.3%的年率收费，征用风险按0.6%的年率收费；战乱风险按0.6%的年率收费。特别费率：可高于或低于上述比率	一揽子保险的年保险费率在0.55%～1%之间	根据期限不同使用不同费率，共分四个档次。保险期限为5年（年保险费率0.75%）、10年（1%）、15年（1.25%）、20年以上（1.5%）	根据项目情况确定。保险费率的影响因素包括：投资所在国的国别风险水平、投保的风险种类、投保的最长保险期限、投资者的实力、相关经验、信誉状况以及项目的追偿潜力等

第五章 国际投资政治风险的东道国当地救济

第一节　东道国当地救济概述

一、当地救济的概念

救济，《中华法学大辞典》将其解释为“是对宪法规定的年老疾病和丧失劳动能力的公民给予物质帮助，以保障他们的基本生活，帮助他们克服困难”。这种意义上的救济强调物质帮助，与法律意义上的救济是两个范畴。法律救济是法律上对救济作出的界定，根据《牛津法律大辞典》的解释，法律上的救济是指对已发生或已造成伤害、危害、损失或损害的不当行为的纠正、矫正或改正。《布莱克法律词典》也认为，救济是用以实现权利或防止、纠正及补偿权利之侵害的方法。

救济以权利受到侵害为基础，是一种权利人请求有权机关解决或有权机关主动解决争议的方式。联合国大会 1996 年《公民权利和政治权利国际公约》第 2 条第 3 款规定了公民在权利受到侵害时有获得缔约国救济的权利：①保证任何一个被侵犯了本公约所承认的权利或自由的人，能得到有效的补救，尽管此种侵犯是以官方资格行事的人所为；②保证任何要求此种补救的人能由合格的司法、行政或立法当局或由国家法律制度规定的任何其他合格当局断定其在这方面的权利，并发展司法补救的可能性；③保证合格当局在准予此等补救时，确能付诸实施。

对于当地救济的具体手段，有些学者主张当地救济只包括行政救济和司法救济两个方面，认为东道国当地救济是指在涉外投资争议发生时，由东道国依照东道国法律规定的司法或者行政机构，依据东道国的程序法和实体法

进行解决。[①] 有些学者则主张当地救济的手段除了行政和司法手段外，还应包括东道国的国内仲裁。[②] 2007 年联合国大会通过的《外交保护条款草案》第 14 条第 2 款综合了以上两种观点，认为当地救济是指受害人可以在所指应对损害负责的国家，通过普通的或特别的司法或行政法院或机构获得的法律救济。《外交保护条款草案》规定了其他机构的救济作为行政救济和司法救济的补充，将当地救济分为行政救济、司法救济和其他机构的救济三种，进一步拓宽了当地救济的范围。

本书认为，国际投资政治风险的当地救济是指当外国投资者遭受政治风险后，在东道国管辖的范围内，依据东道国的实体法和程序法，通过行政手段、仲裁手段或司法手段，以寻求救济。

二、当地救济的法律依据

东道国对其境内发生的与外国投资者的政治风险争议享有管辖权，在国际法上主要有以下两项法律依据。

（一）传统国际法理论依据

1. 国家属地管辖原则的要求

属地管辖权是指一国对其领域范围内的人、物和发生的事件具有排他性的管辖权，包括行政管辖、仲裁管辖和司法管辖。外国投资者在东道国投资，相应的投资活动都在东道国境内开展，依据属地管辖权原则，外国投资者必须遵守东道国的相关法律，服从东道国的管辖。

托马斯和哈罗德教授著的《国际公法》一书第七章中称："本章探讨的国际习惯法确立的和美国法院适用的管辖原则有：（1）一个国家的权威通过它的法院或其他机构去判定当事人的权利；（2）一个国家的权威建立对它境内外的人或事实施的规范；（3）国家当局行使它的权力强制执行它制定的法律。"[③] 本书结合托马斯和哈罗德教授《国际公法》一书第七章的观点，认为国家属地管辖权原则在当地救济中主要有以下两个方面的原因。

① 邹立刚主编：《国际投资法学》，中国法制出版社 2000 年版，第 269 页。
② 慕亚平：《国际投资法学》，广东人民出版社 1999 年版，第 306 页。
③ See Thomas Buergenthal and Harortdg Marier. Pubilc International Law. West Publishing. 1990. p. 159.

（1）东道国享有本国的领土主权。主权是国家的根本属性，也是国家独立的重要标志，领土主权则是国家主权的具体体现。根据1945年《联合国宪章》第2条所确立的国家主权平等原则的规定，各国不得侵害任何会员国或国家之领土完整或政治独立，且联合国也无权干涉在本质上属于任何国家国内管辖之事件。东道国对内享有控制本国政治制度和维持政治、社会秩序的最高主权，对领土内的人、物、事享有最高的和排他的权力。

（2）东道国享有对其境内发生的政治风险争议的管辖权。外国投资者虽然不具有东道国国籍，但其在东道国境内投资，投资资本流入东道国，同时，一些技术、劳动力等无形资产也可能随之进入东道国，这些外国资产都属于物的范畴，在东道国境内进行相应的资本运作，应服从东道国的属地管辖，包括东道国立法、行政、司法等机关管辖的约束。外国投资者在东道国境内开展投资活动过程中，遭遇东道国的政治风险，属于外国投资者与东道国政府的行政争议，由东道国的行政、仲裁或者司法机关进行管辖也是理所当然的。

2. 国际习惯法的理论依据

国际习惯法是指在长期国际实践中所形成的、不成文的、有法律约束力的行为规则。[①] 根据《国际法院规约》第38条的规定，一项国际习惯的形成必须具备两个要素：①物质要素，即通过有关国家间就特定事项经长期的、一致的实践而形成一种通例，物质要素也即实践要素；②心理要素，即这些通例被有关国家认可为具有法律约束力，有学者也称之为“法律确信”或“法律的必要确信”。

E. 理查德在1915年《对公民的外交保护》一书中对当地救济的理论依据作了较好的说明，主要是：①在国外的公民被认为是已了解并且应该了解当地法律所规定的救济方法；②主权和独立是所在国有权要求其法院不受干涉并确认其有司法能力的根据；③侵害国政府必须获得机会按照自己通常的方法对侵害人予以公正救济，从而避免任何产生国际争执的可能性；④若侵害是个人或下级官员造成的，必须用当地救济以确定不法行为或拒绝司法是国家的有意行为；⑤若是属于国家的故意行为，外国人也必须寻求当地法律救济，只有在未获补救而产生了司法拒绝时，外交干预才是正当的。[②]

① 华东政法大学国际法学院主编：《当代国际法论丛》，知识产权出版社2012年版。

② 李广辉、李红等：《当代国际法热点问题研究》，中国法制出版社2005年版，第456页。

（二）现代国际法理论依据

1. 各国对自然资源享有永久主权原则的要求

1962年联合国大会通过的《关于自然资源之永久主权的宣言》第1条第2款规定，各国享有对资源进行勘探、开发和处置的权利，当外国资本进入自然资源领域时，外国投资者应当遵守东道国在准许、限制或禁止自然资源投资方面的各种规则和各种条件。1974年联合国大会通过的《建立新的国际经济秩序行动纲领》第8条第1款进一步强调了自然资源主权的完整性和永久性，一切国家都有权对本国的自然资源自由地和切实有效地行使完整的和永久的主权。同年，联合国大会又通过了《各国经济权利和义务宪章》，其第2条对自然资源永久主权作了较为全面的规定：第1款指出各国对本国的全部财富、自然资源以及全部经济活动，都享有并且可以自由行使完整的、永久的主权，其中包括占有、使用及处置的权利。第2款则进一步强调了各国对外国投资的三项权利，即对外国投资管理的权利，对跨国公司的经营活动进行管理和监督的权利，将外国资产收归国有、征用或转移其所有权的权利。因而，外国投资者在东道国投资自然资源领域时，必须遵守东道国在自然资源投资方面的各种规则和条件，服从东道国对外资的管理和监督，根据东道国国内法的规定严格规范自身的投资活动。

2. 卡尔沃主义

（1）卡尔沃主义的兴起背景。19世纪初，拉丁美洲国家逐渐摆脱殖民统治，开始努力吸引外资以促进本国的发展。然而，到了1833年，拉丁美洲国家普遍发生债务危机，许多外国投资者遭受政治风险。投资者为了获得全部甚至超额的赔偿，往往放弃拉丁美洲国家的当地救济手段，甚至在遭受政治风险的证据并不充分的情况下，直接向本国政府寻求外交保护。于是，投资国行使外交保护权往往缺乏足够的法律依据。面对国内众多投资者要求对拉丁美洲国家进行武装讨债的压力，投资国在行使外交保护时就存在使用武力迫使拉丁美洲国家赔偿本国投资者损失的情形。[①] 因此，滥用外交保护的情形非常严重。

针对投资国滥用外交保护的情形，拉丁美洲国家学者相继提出各种学说反对外交保护。首先出现的是德拉果主义。德拉果主义是阿根廷外交部长德拉果于

---

① See Christopher K. Dalrymple. Politics and Foreign Direct Investment. The Multilateral Investment Guarantee Agency and the Clavo Clause. Cornell International Law Journal. Vol 29. 1996. p. 165.

1902 年提出的一种主张，其认为美洲国家的债务不能成为欧洲列强进行武装干涉的理由，也不能成为欧洲列强对别国领土进行实际占领的理由。[①] 1907 年《海牙第二公约》（又称《德拉果—波特条约》）规定，除非债务国拒绝仲裁或不遵行仲裁裁决，禁止债权人本国用武力向外国索取包括公债在内的一切契约债务，从而在一定程度上确认了德拉果主义。但是，德拉果主义的适用范围有限，仅针对投资国的武装干涉和领土占领提出，不能在较广的范围内抗衡投资国的外交保护。卡尔沃主义的提出有效地弥补了这一空白。

卡尔沃主义是由阿根廷学者卡洛斯·卡尔沃（Carlos Calvo）提出的，其《国际法的理论与实践》一书被认为是卡尔沃主义的来源。卡尔沃认为外国投资者与东道国的国民应受到同等待遇的保护，不得因投资国的实力而受到更大的保护。卡尔沃的这一主张得到了拉丁美洲国家学者的大力支持，他们著书立说，丰富和发展了卡尔沃的这一主张，并使之成为一整套完整的理论体系，即卡尔沃主义。卡尔沃主义被拉丁美洲国家广泛引用到相关的法律文件中，成为对抗西方列强的重要武器。

（2）卡尔沃主义的定义。1955 年唐纳德·谢伊（Donald R. Shea）在《卡尔沃条款——美洲国家和国际法律与政策的问题》一书中对卡尔沃主义的内涵进行了归类总结，包括：①各主权国家是自由和独立的，在平等的基础上不受其他国家通过武力进行的任何形式的干涉；②外国人对于投资争端，只能在当地法院寻求救济；③外国投资者无权享有比本国国民更高的待遇。[②]

随后，卡尔沃主义在实践中得到了较为广泛的应用，拉丁美洲国家纷纷将东道国的司法救济是外国投资者解决征收争议的唯一救济方式这一条款订立到本国国内法中。如秘鲁《宪法》第 33 条规定："外国人在财产关系上，同秘鲁国民处于同等地位；在任何情况下，既不能居于例外地位，也不能诉诸外交要求。"安第斯集团由哥伦比亚、秘鲁、智利、玻利维亚和厄瓜多尔等南美洲 5 国于 1969 年成立，其于 1970 年制定的《外国投资法典》完全贯彻了卡尔沃主义，该法典第 34 条规定："各成员国应适用它们当地立法所确立的规定，解决外国直接投资

① See Donald R. Shea. The Calvo Clause：A Problem of Inter – American and International Law and Diplomacy. University of Minnestor Press. 1955 . pp. 14 ~ 15.

② Donald R. Shea. The Calvo Clause：A Problem of Inter – American and International Law and Diplomacy. University of Minnersota Press. 1955. p. 19.

或外国技术转让所产生的争议或纠纷。”卡尔沃主义排除一切国际法救济方式，包括拒绝进行外交保护，拒绝接受国际仲裁，拒绝与投资国签订双边投资协定等。1965 年在通过《关于解决国家和他国国民之间投资争端公约》时，拉美国家便表示了强烈反对，绝大部分拉美国家拒绝加入。

（3）卡尔沃主义条款。卡尔沃主义一出台就得到了发达国家的强力抵制。发达国家认为卡尔沃主义要求外国投资者放弃本国的外交保护，完全依赖东道国国内司法救济，其结果并不比发达国家滥用外交保护对投资关系的伤害要小。① 鉴于广大发达国家对卡尔沃主义的抵制，拉丁美洲国家开始在本国与外国投资者签订的投资合同中纳入卡尔沃主义的核心内容，即卡尔沃条款。卡尔沃主义条款就是在东道国与外国投资者的合同中订立含有卡尔沃主义精神的条款，约定当外国投资者与东道国政府出现投资争议时，外国投资者只能将争议提交东道国的国内法院予以解决，放弃投资国本国政府的保护，从而使卡尔沃主义在实践中得以运用。

卡尔沃条款出台后，发达国家又进一步提出了针锋相对的意见，认为东道国对他国国民的伤害就是对该国的伤害，国家受到伤害后就拥有独立于国民的求偿权，国民不能放弃专属于国家的进行外交保护的权利，因而主张卡尔沃条款无效。尽管发达国家对卡尔沃条款的效力产生质疑，但是国际仲裁庭的实践对卡尔沃条款的效力进行了承认。在 1926 年 North American Dredging Company of Texas v. the United Mexican States 案中，美国政府代表美国投资者控告墨西哥政府，主张墨西哥政府的行为侵害了美国投资者的合法权益，要求墨西哥政府进行赔偿。专门处理墨西哥革命期间美国投资者损失赔偿问题的美国—墨西哥委员会对该案的管辖权先作了裁决，针对美国投资者与墨西哥政府订立的合同中有卡尔沃条款这一事实，委员会承认了卡尔沃条款的效力，认为卡尔沃条款可以约束外国投资者与东道国政府的行为，因而外国投资者不得将与合同有关的争议寻求本国外交保护。基于这一考虑，委员会驳回了美国政府的控告，裁定委员会对本案不具有管辖权。

（4）卡尔沃主义的评价。卡尔沃主义是拉丁美洲为代表的发展中国家对抗发达国家外交保护的理论与实践。坚持卡尔沃主义，有利于充分发挥东道国当地

---

① See Donald R. Shea. The Calvo Clause: A Problem of Inter – American and International Law and Diplomacy. University of Minnersota Press. 1955. p. 20.

司法救济的效力，保证东道国司法权力的权威性，维护东道国的国家主权。但是，由于卡尔沃主义过于强调东道国的属地管辖，无视投资国的外交保护权利，不利于东道国与投资国构建良好的国际经济合作，也不利于东道国进一步吸引外资。

在当今社会，随着国际投资的不断发展，解决外国投资者与东道国政府政治风险争议的方式已逐渐多样化。随着多边投资担保机构的建立，解决投资争端国际中心的成立，以及国际间双边投资协定、区域性多边投资条约的签署等，当地救济中的司法救济已不再是解决政治风险争议的唯一方式。而一些拉丁美洲国家仍然无条件坚持卡尔沃主义，势必将一些外国投资者的投资拒之于东道国门外，不利于东道国吸收外资和国际经济合作的发展。

三、东道国当地救济的形式

（一）东道国行政救济的形式

行政救济是指外国投资者遭受东道国政府的政治风险，并由此产生争议后，依据东道国法律的规定，有权向相应的行政主体提出请求，包括申诉、控告、请求赔偿等，行政主体在法律许可的范围内受理并及时作出相关决定的法律救济。

政治风险的争议发生在东道国与外国投资者之间，从国内法的角度来说，因政治风险而引起的争议属于东道国境内的行政争议。东道国为行政主体，而外国投资者为行政相对人。根据 2004 年《联合国国家及其财产管辖豁免公约》第 2 条第 1 款的规定，东道国可以是：①国家及其政府的各种机关；②有权行使主权权力并以该身份行事的联邦国家的组成单位或国家政治区分单位；③国家机构、部门或其他实体，但须它们有权行使并且实际在行使国家的主权权力；④以国家代表身份行事的国家代表。

东道国的行政救济存在以下特点：①东道国的行政侵权是行政救济的前提。行政救济的起因是由于外国投资者的合法权益或权利受到东道国行政机关违法或不正当的行政行为的侵害，且这种侵权的事实与行政行为的违法存在着因果关系。②行政救济依外国投资者的请求，而不是依东道国的行政机关或司法机关的监督发生的。外国投资者是主动申请救济的一方，其申请是行政救济得以发生的前提条件。③行政救济的整个过程都是围绕着外国投资者的补救权利的请求进行

的，在行政系统内部审查东道国行为的合法性，从而具有审查时间短、裁决效率高的特点。

（二）东道国仲裁救济的形式

仲裁救济是指外国投资者遭受东道国政府的政治风险，并由此产生争议后，依据东道国国内相关法律的规定，外国投资者与东道国政府达成合意，将政治风险争议提交到东道国国内仲裁机构，由仲裁庭作出裁决，外国投资者与东道国政府自觉履行裁决的救济。

仲裁救济具有终局性的效力。一旦外国投资者与东道国政府约定采用国内仲裁手段解决政治风险争议，就视为排除东道国法院的司法救济。如果外国投资者仍然向法院起诉，那么法院将对该政治风险争议不予受理。由此可见，仲裁协议是仲裁救济的基础，仲裁庭也只能对双方在仲裁协议中约定的事项进行裁决。

（三）东道国司法救济的形式

司法救济是指外国投资者遭受东道国政府的政治风险，并由此产生争议后，依据东道国国内相关法律的规定，外国投资者向东道国当地的法院提出诉讼请求，由法院进行审理并作出有强制执行力判决的救济。

东道国的司法救济存在以下特点：①东道国法院受理案件的依据是东道国国内法的规定，而不是外国投资者与东道国政府协议的规定。②政治风险争议案件的原告只能是外国投资者，东道国政府不得成为原告。行政诉讼是审查东道国行为合法性的一种司法监督活动，它是以东道国政府的行为为审查监督对象的，这种性质决定了东道国政府应成为被诉方接受司法审查，而不能反诉外国投资者而使自己转为原告的地位。③在司法救济中，法院的终审判决具有强制执行力。司法救济实质上是东道国的司法机关对行政机关行政活动的一种司法监督，以国家司法机关的司法权来保障司法机关的裁判得以执行，无论是外国投资者还是东道国政府都应在法律规定的期限内予以执行。

四、当地救济与国际投资协定

（一）国际投资协定中的当地救济

国际投资协定中一般都将当地救济作为外国投资者与东道国政府政治风险争议的救济方式之一，如 2003 年《意大利双边投资协定范本》第 10 条第 3 款规定："如果外国投资者与东道国政府的投资争端不能通过协商解决，且该争端在一方书面通知另一方之日起 6 个月内未获解决，外国投资者有权选择通过东道国政府的属地管辖权进行解决。"当然，少数国际投资协定未将当地救济手段明确规定在救济方式中，如 2008 年《德国双边投资协定范本》第 10 条对于外国投资者与东道国政府的投资争端则未列出东道国的当地救济。

为避免浪费司法资源，缓和外国投资者与东道国政府的政治风险争议，国际投资协定多鼓励通过协商方式解决外国投资者与东道国政府的投资纠纷。在一定时间内不能通过协商方式解决时，外国投资者才可向东道国寻求政治风险的当地救济。不同的国际投资协定对协商期限有着不同的规定，如 2003 年《印度双边投资协定范本》第 9 条第 2 款规定了 6 个月的协商期限，2007 年《挪威双边投资协定范本》第 15 条第 3 款则将协商期限延长到了 36 个月。

在国际投资协定中，当地救济手段的种类也存在着差别。有的投资协定规定了行政、仲裁、司法三种救济手段，如 2003 年《印度双边投资协定范本》规定双方可按东道国的法律将争议提交至东道国国内的司法、仲裁或行政机构；有的投资协定只规定了行政和司法救济，如 2009 年《中华人民共和国政府和马耳他政府关于促进和保护投资的协定》第 9 条规定在中华人民共和国方面，外国投资者的当地救济包括行政复议和司法诉讼；有的投资协定只规定了当地救济中的司法救济手段，如 2001 年《中华人民共和国政府和荷兰王国政府关于鼓励和相互保护投资协定》第 10 条第 2 款规定投资者可以决定将争议提交有管辖权的国内法院。

当地救济中的行政救济与司法救济还存在顺序上的差别。有的投资协定未对二者的顺序作出要求，如 2003 年《印度双边投资协定范本》；有的投资协定则规定行政救济必须先于司法救济，如 2007 年《挪威双边投资协定范本》和《哥伦比亚双边投资协定范本》，两个范本都规定只有当外国投资者已经用尽东道国的行政救济，才可再将争议提交当地救济中的当地法院解决。

（二）岔路口条款的运用

一般情况下，国际投资协定对于外国投资者与东道国政府的政治风险争议往往既规定了当地救济的方式，也规定了国际仲裁的方式。然而，若外国投资者已将政治风险争议提交东道国国内法院，那么其是否还能将案件提交国际仲裁庭

呢？为了避免国际仲裁庭推翻国内法院作出的判决，从而有损东道国的司法独立性，国际投资协定一般会纳入岔路口条款，即选择了东道国的司法诉讼就不得提交国际仲裁，选择了国际仲裁就不得再将争议进行司法诉讼。

在岔路口条款下，存在两种规定。一种规定是只要外国投资者在东道国境内求助于司法机构，就不得将争议再提交至国际仲裁。如 1988 年《中华人民共和国和日本国关于鼓励和相互保护投资协定》第 11 条指出，只要缔约一方在缔约另一方境内求助于行政或司法解决时，那么争端就不得提交仲裁。另一种规定是只要外国投资者将争议提交至东道国国内法院解决，就不可以将争议再提交到国际仲裁庭，以 1997 年《中华人民共和国政府和南非共和国政府关于相互鼓励和保护投资协定》第 9 条第 2 款为例。①

然而，也有一些国际投资协定对岔路口条款进行了变通，规定已将争议提交投资所在地缔约一方有管辖权的国内法院的投资者仍可诉诸仲裁庭仲裁，条件是该投资者在提交争议后判决作出前，已经从国内法院撤回案件，以 2004 年《中华人民共和国政府和芬兰共和国政府关于鼓励和相互保护投资协定》第 9 条第 3 款为例。②

在 2008 年《中华人民共和国政府与东南亚国家联盟成员国政府全面经济合作框架协议投资协议》中，为调和各缔约国之间的利益关系，对岔路口条款既作了保留又进行了变通，将岔路口条款的运用发挥到了最大化。其第 14 条第 5 款规定："在一争端已被提交给适格的国内法院的情况下，所涉投资者如果在最终裁决下达前从国内法院撤回申请，可将其提交给国际争端解决机构。对于印尼、菲律宾、泰国和越南，一旦投资者将争端提交给其适格的法院和行政法庭，则选定的程序是终局性的。"其中，对于印尼、菲律宾、泰国和越南来说，《中华人民共和国政府与东南亚国家联盟成员国政府全面经济合作框架协议投资协议》对

---

① 1997 年《中华人民共和国政府和南非共和国政府关于相互鼓励和保护投资协定》第 9 条第 2 款规定："在六个月内不能协商解决争议时，争议任何一方均可将争议提交国际仲裁庭仲裁，条件是涉及争议的缔约方可以要求投资者按照其法律、法规提起行政复议程序，并且投资者未将该争议提交该缔约方国内法院解决。"

② 2004 年《中华人民共和国政府和芬兰共和国政府关于鼓励和相互保护投资协定》第 9 条第 3 款规定："已将争议提交本条第二款（一）所述国内法院的投资者仍可诉诸本条第二款（二）和第二款（三）提及的任一仲裁庭仲裁，条件是该投资者在提交的争议判决作出前已经从国内法院撤回案件。在这种情况下，作为争议一方的缔约方应同意将其与缔约另一方投资者之间的争议根据本条款提交国际仲裁。"

岔路口条款进行了保留，只要外国投资者将其与东道国政府的政治风险争议提交到东道国境内适格的法院和行政法庭，该选择就具有终局性，外国投资者不得再运用其他救济方式进行政治风险的救济。对于东南亚联盟的其他成员国，《中华人民共和国政府与东南亚国家联盟成员国政府全面经济合作框架协议投资协议》则对岔路口条款进行了变通，外国投资者可借助东道国当地救济中的行政救济或仲裁救济手段先行解决，如果对裁决结果不满意，还可继续运用国际争端解决机构进行救济。即使外国投资者已经将其与东道国政府的政治风险争议提交到东道国的国内法院，只要外国投资者在法院裁决下达前从国内法院撤回申请，也可运用其他救济方式进行解决。

第二节　东道国当地救济的法律规定

一、东道国行政救济的法律规定

（一）行政救济制度

各国的行政救济制度在本质上都是为解决投资者与东道国政治风险争议的国内法救济手段，但制度各有不同。中国国内立法将这种救济制度称为行政复议，而英国将行政救济手段统一为行政救济，并且将行政救济分为原级救济、层级救济和裁判所救济，之所以如此规定是由于没有救济就没有权利的观念在英国根深蒂固。原级救济指当局自己提供的救济，层级救济指当局所在行政系统提供的上下级救济，裁判所救济指当局所在行政系统以外的行政裁判所提供的救济。[①] 德国的行政救济手段为异议审查，指当事人向原处分机关提出声明异议或向上级行政机关提出诉愿，根据其《行政法院法》的规定，异议审查是当事人向法院提起诉讼的必经手段。韩国称为行政诉愿，其 1951 年的《行政诉愿法》规定诉愿应通过作出原行政行为的机关提出，若需由上级机关审理，则由该机关转交给其直接的上级机关。

各国行政救济制度的内容主要包括原级提供的救济、上级提供的救济以及其他机构提供的救济三种，本节以中国和英国的行政救济制度作为代表进行分析研究。

（二）行政救济制度的内容

1. 中国的行政救济

中国的行政救济指行政复议，根据《中华人民共和国行政复议法》第 2 条的

① 应松年主编：《四国行政法》，中国政法大学出版社 2005 年版，第 60 页。

规定，行政复议是指公民、法人或者其他组织认为行政主体的具体行政行为侵犯其合法权益，向行政机关提出行政复议申请，行政机关受理行政复议申请、作出行政复议决定的行为。1994 年《中华人民共和国仲裁法》第 3 条第 2 款规定，依法应当由行政机关处理的行政争议不能仲裁。所以，当外国投资者只能通过国内法手段进行政治风险的救济时，可先采用行政复议的手段，而不能在我国境内提起仲裁。

在我国，根据 1999 年《中华人民共和国行政复议法》的规定，外国投资者认为中国政府的行为侵犯其合法权益的，可以自知道政府行为之日起 60 日内提出行政复议申请。针对行政行为作出机关的级别，外国投资者应选择适格的行政复议机关，复议机关的选择主要有以下 4 种情况：①外国投资者对于县级以上地方各级人民政府工作部门的行为不服的，既可以向该部门的本级人民政府申请行政复议，也可以向上一级主管部门申请行政复议；②外国投资者对地方各级人民政府的行为不服的，应向上一级地方人民政府申请行政复议；③外国投资者对省、自治区人民政府设立的派出机关所属的县级地方人民政府的具体行政行为不服的，向该派出机关申请行政复议；④外国投资者对海关、金融、国税、外汇管理等实行垂直领导的行政机关和国家安全机关的行为不服的，向上一级主管部门申请行政复议；⑤外国投资者对国务院部门或者省、自治区、直辖市人民政府的行为不服的，向作出该行为的国务院部门或者省、自治区、直辖市人民政府申请行政复议。行政复议机关收到外国投资者的行政复议申请后，应当在 5 日内进行审查是否属于受理范围 ，对于属于受理范围内的案件，复议机关原则上采取书面审查的办法，自受理申请之日起 60 日内作出行政复议决定。

在一些情况下，外国投资者对于其与行政机关的政治风险争议，必须先申请当地救济中的行政救济，对行政复议的决定不服的，才可以向法院诉讼。这些情形包括：①外国投资者认为行政机关的行为侵犯其已经依法取得的土地、矿藏、水流、森林、山岭、草原、荒地、滩涂、海域等自然资源的所有权或者使用权的；②外国投资者同税务机关在纳税问题上产生争议的；③外国投资者对投资企业的审计决定不服的。

2. 英国的行政救济

在英国，外国投资者与英国政府出现政治风险争议时，不仅可以通过行政当局以及当局上级提供手段进行救济，还可以向当局系统以外的裁判所寻求救济。

（1）原级救济。原级救济是指行政当局自己提供的救济，强调的是行政当局的自我反省，这是英国最原始的救济手段。正如英国学者 William Wade 和 Christopher Forsyth 认为，一个仁慈的政府体制应当采取相应的措施减轻其国民的不满，这不仅仅是为了公正，也是为了在一个民国的国家中避免不满的积聚从而影响行政效能的实现。[①] 当外国投资者与英国政府产生政治风险争议时，可先采取行政系统内部的原级救济，实现行政当局的自我反省。

（2）层级救济。层级救济是指行政当局的上级提供的救济，强调的是行政系统内部的自我纠错。当外国投资者对英国的原级救济决定不服时，可向当局的上级提出层级救济。针对外国投资者与英国当局产生的政治风险争议，外国投资者可采取层级救济中的向部长上诉的方式。层级救济中的向部长以外的中间机构上诉主要是针对一些特殊的部门，如警察申诉管理局、牛奶市场委员会等，目前英国并无专门的负责审理外国投资纠纷的委员会，因而外国投资者无从利用这一方式寻求救济。

由于英国是一个处于单一制与联邦制过渡过程中的复合制国家，因而，英格兰与其他地区的层级救济存在一定的差别。在英格兰地区，行政当局的行为直接对中央政府的部长负责，外国投资者可直接向中央政府的部长上诉。在苏格兰、威尔士及北爱尔兰地区，行政当局的行为并不直接对中央政府的部长负责，因而外国投资者并不存在向中央政府部长上诉的可能，但可向一些中央政府在地方设立的实务大臣，如苏格兰实务大臣、威尔士实务大臣及北爱尔兰实务大臣上诉。[②]

（3）行政裁判所救济。英国的行政裁判所救济是行政系统以外机构提供的救济。行政裁判所是依据法律而设定的专门裁判组织，用以解决英国境内的行政争端。英国的行政裁判所种类繁多，对于外国投资者与英国当局的政治风险争议，外国投资者可视争议具体情况，向财产权方面的裁判所，如税收裁判所、土地裁判所等寻求救济。

英国并没有一部统一的适用于全部行政裁判所的法典，每个裁判所都根据部长的命令制定自己的裁判规则。因此，裁判所的审理裁判程序比普通法院的司法程序要简便灵活，如不受普通法院遵守先例原则的限制，在适用法律上有很大的

① William Wade, Christopher Forsyth. Administrative Law. OUP Oxford. 2004（08）. Edition: 9.

② 张越编著：《英国行政法》，中国政法大学出版社 2004 年版，第 601 页。

灵活性，同时裁决案件的时间迅速且费用低廉。[①] 裁判所保证裁决的公平与公正，在裁判程序中将听取外国投资者与英国当局的意见，并对有疑问的地方进行公开讯问。裁决不必遵循先例，可考量具体情况作出，但根据 1971 年英国《行政裁判所和调查法》规定，行政裁判所应对裁决说明理由。外国投资者如果对行政裁判所的裁决不服，还可以向上诉裁判所以及部长上诉，当然也可以寻求司法救济向法院上诉等。

（三）行政救济评析

行政救济主要是在行政系统下对外国投资者进行的救济，当外国投资者向原行政机关提请行政救济时，易出现救济难以实现的情形。行政机关在作出决定时，往往会按照自己的理解和经验搜集证据、适用法律，而由于原行政机关既是行政行为的作出机关，也是行政争议的裁决机关，在作出裁定时，很容易将这种思维带入行政救济，作出维持原行政行为的决定。不仅如此，由行政机关处理行政争议，还有可能出现拖延争议处理时间的情形。

以艾尔西案为例。艾尔西是一家由美国两家公司全部控股的意大利公司，1964～1966 年，公司出现资不抵债情形，公司在其后采取了一系列的补救措施，但成效不大，因此，艾尔西公司在 1968 年决定停止经营。与此同时，意大利政府希望艾尔西公司不要停止经营和解雇工人，与公司进行了多次会谈施加压力。然而，1968 年 3 月 29 日，艾尔西公司向职工发出了解雇函。1968 年 4 月 1 日，为阻止艾尔西公司关闭和解雇工人，公司所在地市长发布了征收命令。征收命令发布后，工人们就占据了工厂。1968 年 4 月 19 日，艾尔西公司提起行政申诉。1968 年 5 月 16 日，巴勒莫法庭颁发破产令，同年 8 月 22 日，巴勒莫地方长官对艾尔西公司的行政申诉作出裁定，取消了征收令。虽然征收令最终被取消了，但由于行政机关处理征收申诉的时间过长，使得艾尔西公司最终失去了对工厂和工人的控制，于 1968 年 4 月 26 日就申请了破产，在破产申请中，艾尔西公司指出征收是公司对工厂失去控制的原因。美国在为艾尔西公司提请的外交保护中就主张拖延对征收令是否合法的裁决违反了《意美友好通商航海条约》中给予国民待遇的规定。对于违反东道国的法律进行行政救济的恶意拖延，则有可能导致东道国的当地救济不能，外国投资者无法通过东道国的国内法寻求征收救济，投资

① 韩德培：《人权的理论与实践》，武汉大学出版社 1995 年版，第 720 页。

权益将受到进一步侵害。

二、东道国仲裁救济的法律规定

（一）仲裁救济法律规定的演变

1965 年之前，大多数发展中国家主张把外国投资者与东道国的政治风险争议归入由本国仲裁机构解决的国内法调整范围，而随着《关于解决国家和他国国民投资争端公约》的颁布，大多数国家多将政治风险争议通过国际仲裁机制得到解决，但是，仍有一些国家保留了国内仲裁。如《瑞士国际私法》第 177 条第 1 款规定："涉及财产的争议都可成为仲裁事项。"《德国民事诉讼法典》第 1030 条第 1 款规定："任何一项涉及经济利益的请求，都可成为仲裁协议的标的。"2003 年《柬埔寨王国统一投资法》第 8 条指出，除与土地有关的争议外，任何与合格投资项目相关的争议在首次书面请求商谈后两个月内，争议方未能友好解决，任何一方可将争议"经双方当事人同意，在柬埔寨国内外申请仲裁"，可见国内仲裁是柬埔寨境内政治风险争议的解决方式之一。利用国内仲裁机构解决外国投资者与东道国的纠纷这一手段已不具有普及性，国际仲裁机构汲取了国内仲裁的优势，在政治风险争议的解决中发挥着越来越重要的作用。

但是，有些国家认为凡该国认为争议事项关系该国社会公共利益的，不允许以仲裁方式解决，而社会公共利益是各国在实行征收、货币汇兑等政治风险的必备条件之一，这在很大程度上反映了不得将政治风险争议提交国内仲裁这一措施的依据，如英格兰法规定触及公共秩序的，索赔不能作为仲裁解决的内容。而沙特阿拉伯 1963 年第 58 号部长会议决议规定，政府机构同私人之间的争议必须服从沙特的投诉委员会管辖，不得提交仲裁或任何国外司法机构处理。甚至在 1983 年的新仲裁条例中规定，除非得到部长会议主席的批准，任何政府机构不得签订仲裁协定。

（二）仲裁救济评析

根据外国投资者与东道国政府达成的仲裁协议，在东道国境内以仲裁方式解决国际投资的政治风险争议，容易得到东道国的认同，有利于政治风险争议的解决和裁决在东道国的执行。

利用仲裁机构对政治风险争议进行救济则存在较多的限制。一方面，很多国家并未将国内仲裁作为政治风险争议的救济手段之一，如 1994 年《中华人民共和国仲裁法》第 3 条第 2 款就明确指出，依法应当由行政机关处理的争议不能仲裁。东道国及外国投资者更倾向于将政治风险争议提交国际仲裁机构，认为国际仲裁庭能在公平、公正的基础上作出令双方信服的裁决。另一方面，国内仲裁机构出于对本国利益的考虑，可能会作出对外国投资者不利的仲裁裁决，而东道国仲裁终局性的这一特征在一定程度上阻碍了对外国投资者合法权益的保护。

三、东道国司法救济的法律规定

（一）司法救济的一般规定

司法救济是当地救济中最普遍适用的救济方式，在国际社会上应用较为广泛。哈萨克斯坦共和国 2003 年《投资法》第 9 条对司法救济进行了一般性的规定："当争议按照协商程序不能解决时，可以按照国际公约和哈萨克斯坦共和国的法律由哈萨克斯坦共和国的法院来裁决。"由此可见，外国投资者进行司法救济的法律依据不仅仅是东道国的国内法，还包括东道国所签订的国际公约。2006 年生效的《越南投资法》第 12 条第 4 款则列举了一个司法救济的排除条款，即"在越南，外国投资者与越南行政机关涉及投资活动的争议应通过越南法院，或仲裁机构解决，除非外国投资者与越南有关部门签订的协议，或越南社会主义共和国作为成员国参加越南有关部门签订的协议另有规定。"因此，外国投资者在越南投资时，一方面应在其与越南有关部门签订协议时综合考量是否排除越南当地救济中的司法救济，另一方面还应密切关注越南政府对外签订的协议中是否有排除当地司法救济的条款。塔吉克斯坦共和国 1992 年《外国投资法》第 8 条则对外国投资者与东道国政府的征收争议进行了特殊说明："有关征收赔偿数额、期限和支付方式发生争执时，可以在塔吉克斯坦共和国法院依照该国法令来解决。"

（二）司法救济的程序性规定

司法救济手段包括普通法院救济手段和行政法院救济手段。英美法系国家崇尚司法权威，强调对行政权的控制，因此将所有的行政争议都归入本国普通法院管辖。而大陆法系国家则设立专门的行政法院处理行政争议，以法国、德国为典型。以征收争议为例，法国的行政法院是行政机关的组成部分，由行政法院参与

解决的征收争议实质上是通过行政程序予以解决。征收争议的所有权转移问题由行政法院管辖，若当事人对行政法院的裁判不服，只能在收到裁判书15日内向最高法院提起复核审诉讼。补偿金额的确定由普通法院管辖。当事人不服判决，可在收到判决书15日内提出上诉，当事人不服上诉法官的判决，可向最高法院提起复核审诉讼。[①] 德国的法院体系由五个处于并列关系的专业法院构成，即普通管辖法院、行政法院、劳动法院、社会法院和财税法院。行政法院与普通法院属并列关系，有着自己独自的司法系统，包括地方行政法院、高等行政法院和最高行政法院。对于征收合法性的争议由行政法院管辖，但对于征收补偿金额的争议，根据2001年《德国联邦基本法》第14条规定，须向普通法院提起诉讼。若征收补偿金额的争议在行政法院起诉，则须移送普通法院，其原因就在于当时的立宪者认为民事法院能更好地保护公众的合法权益。

司法救济手段包括普通程序和上诉程序，各国一般实行三级法院管辖。德国分为初级—高等—联邦行政法院三级；法国分为普通—上诉—最高三级；美国分为联邦法院系统和州法院系统，分别为地区法院—上诉法院—最高法院；我国分为基层—中级—高级—最高四级。只要法律未有特殊规定，级别最低的法院一般就具有一审管辖权。对于政治风险争议具体由哪个级别的法院进行一审，各国有不同的规定。英国1947年《王权诉讼法》第15条规定，在郡法院可以按照郡法院规则对政府提起民事诉讼。我国2000年最高人民法院《关于执行〈中华人民共和国行政诉讼法〉若干问题的解释》第8条规定，被告为县级以上人民政府的案件，由中级人民法院进行一审。

外国投资者及其投资、与投资有关的活动通常都位于东道国境内，根据属地管辖权原则，外国投资者及其投资活动首先应服从东道国的属地管辖。19世纪末提出的卡尔沃主义将东道国的管辖权发挥到了极致。“外国人对于投资或其他商事争议，只能在当地法院寻求救济”是卡尔沃主义的基本原则之一。该原则主张外国人受所在国法律的管辖，如受到损害或发生争端，必须由当地法院处理，不允许任何外国干涉，从而将投资争议的解决限于司法救济。

（三）司法救济存在的问题

司法救济手段运用较为广泛，在一些三权分立的国家，立法机关、行政机关

① 王名扬：《法国行政法》，中国政法大学出版社1989年版，第374页。

与司法机关既相互独立又相互制约。在司法救济中，由立法机关对行政机关的行政行为进行监督有利于保证裁判结果的公平性。

当然，在实践中司法救济也存在如下一些问题：

1. 司法救济费用相对较高，效率偏低

在司法救济过程中，当事人需缴纳案件受理费、证人出庭费、鉴定费、执行费等相关费用，且政治风险争议涉及的案件标的通常较大，相应的诉讼费用较高。司法机关作出相应具有执行力的裁决后，还需依据相应的执行程序进行执行，外国投资者很可能在执行期间被迫申请破产。

2. 外国投资进行举证存在困难

各国对于司法救济的举证责任，大多规定由双方当事人分担。外国投资者对政治风险争议起诉后，需承担一定的举证责任。如在日本，外国投资者就需对政治风险中征收条件的滥用负举证责任，这无疑加重了外国投资者获得司法救济的难度。

3. 法院存在分工衔接的现象

各国管辖法院分工也存在差异，大陆法系国家多设立专门的行政法院处理行政争议，而英美法系国家则将所有的行政争议归入本国的普通法院管辖，行政法院的法官具有专业化倾向，审理政治风险争议的效率也比较高。有些国家，行政救济手段和司法救济手段还存在分工的衔接问题，如法国的行政法院是行政机关的组成部分，政治风险中征收争议的所有权转移问题统一由行政法院管辖，而对于征收补偿金额的确定，则属于法院管辖的范畴。若衔接出现问题，征收争议的管辖权易出现滥用的现象，外国投资者的合法权益将不能得到应有的保护。

第三节　用尽当地救济

一、用尽当地救济的概念

（一）国际法上的用尽当地救济原则

用尽当地救济是传统国际法上的一项重要原则。

根据 1905 年联合国大会通过的《跨国公司行动守则草案》第 19 条和第 65 条的规定，跨国公司应遵守用尽当地救济的原则。用尽当地救济成为一项国际法原则，该原则针对跨国公司在东道国遭遇政治风险争议所才采取的救济手段进行了限制，跨国公司在寻求其他救济手段前必须遵守用尽东道国当地救济的原则。然而，该草案缺少对当地救济的概念性规定，只是笼统地规定了用尽当地救济这一原则。

1953 年生效的《欧洲人权公约》第 26 条也强调了用尽当地救济，并规定了一个 6 个月的求偿期限，即从东道国作出当地救济的最后决定之日起 6 个月内才可申请欧洲人权委员会处理。但是，《欧洲人权公约》更加侧重人权的保护，而不是财产权的保护。

1961 年应联合国秘书长要求，由哈佛大学法学院起草制定的《关于侵害外国人经济利益的国家责任公约草案》第 22 条不仅确立了用尽当地救济原则，并且将其规定为东道国承担国际责任的前提条件，“只有外国人用尽有效的当地救济之后，还没有获得公平合理的待遇时，才能认为东道国违反了其所承担的国际义务，才会产生相应的国际责任。”

和上述国际法文件相比较，2007 年联合国大会通过的《外交保护条款草案》不仅明确规定了用尽当地救济原则，如第 14 条指出用尽当地救济是指一国对于其国民、无国籍人以及难民所受的损害，在该受害人用尽一切当地救济之前，不得提出国际求偿。除此之外，《草案》还对适用当地救济的例外作了比较全面的规定，对外国投资者在东道国的合法权益给予了更加充分的国际法保护。

（二）用尽当地救济的概念

《奥本海国际法》认为，当一个国家对其领土内外国人的待遇不符合它的国际义务，但是仍然可以通过以后的行动为该外国人提供所要求的待遇（或者同等待遇）时，国际法庭将不会受理代表该外国人提出的求偿，除非该外国人已经用尽有关国家内可以利用的一切法律救济方法，这是一项公认的规则。① 美国教授Amerasinghe也认为，一国对外国人的待遇违反了国际法，在外国人通过自己的国家请求保护前，当地救济必须被外国人用尽，这一国际法规则有着久远的历史。② 这两种观点主要强调的是待遇问题，对于外国投资者与东道国政府的政治风险争议，均未作出说明。英国学者克伦福尔则将用尽当地救济的范围扩大到本国国民权利受到侵害。他认为，用尽国内救济原则或用尽当地救济原则是根据国际法原则，一个国家不能代表本国国民在外国，向外国提出权利请求，除非本国国民已经依据外国国内法的规定，用尽可以利用的当地救济手段。这一原则的主要理由是尊重国家双方公共利益和友好关系，避免有关事项的国际冲突。③ 目前，我国学者较多采用的是以下解释：用尽当地救济原则是指当外国人与东道国政府、企业、个人发生争议时，应将争议提交东道国的行政或司法机关按照东道国的程序法和实体法予以解决。在未用尽东道国法律规定的所有救济手段之前，不得寻求国际程序解决，该外国人所在的本国政府也不能行使外交保护权，追究东道国的法律责任。④ 该观点充分指明了用尽当地救济的主体与前提，较为全面，所以本文采纳该观点作为用尽当地救济的概念。

---

① ［英］詹宁斯、瓦茨修订：《奥本海国际法》（第九版）第一卷第一分册，王铁崖、陈公绰、汤宗舜、周仁译，中国大百科全书出版社 1995 年版，第 414 页。

② See Chittharanjan Felix Amerasinghe. Local Remedies in International Law（2004）22 ff and authorities there cited. The rule of exhaustion of local remedies has been considered and discussed in detail in the above work.

③ ［英］克伦福尔："卡尔沃条款在国际法上的地位"，载《英国国际法年刊》1945 年，第 130 页。

④ 石静霞："用尽当地救济原则与国际投资争议的解决"，载陈安主编：《国际经济法论丛》第 2 卷，法律出版社 1999 年版。

二、用尽当地救济的例外

根据2007年联合国大会通过的《外交保护条款草案》第15条的规定，在下列情况下，无须用尽当地救济：

（一）《草案》第15条第1款的例外

《草案》第15条第1款的例外是指：不存在合理的可得到的能提供有效补救的当地救济，或当地救济不具有提供此种补救的合理可能性。简单地说，就是当地救济是徒劳的或者是无效的。国际法委员会在2004年第56届会议工作报告草稿中对此种情况的具体情形进行了举例说明，如：①当地法院对争议问题没有管辖权；②当地法院不会审查外侨申诉的行为所依据的国家法律；③当地法院极不独立；④存在一贯对外侨不利的明确判例；⑤当地法院无权给予外侨适当、充分的救济；⑥被告国没有适当的司法保护制度。在这些情形下，外国投资者所获取的当地救济都是徒劳的或无效的，如智利军政权期间，美洲人权委员会就认为，因军事司法下法律诉讼的固定不正常情况，所以外国投资者不必用尽当地救济，就是第⑥种情形的实践。值得注意的是，当地救济是否是徒劳的或者无效的，这是一个由负责审查用尽当地救济任务的主管国际法庭决定的问题，主管法庭必须参照利用当地救济时东道国的法律和情况来决定。

在2010年联合国大会第六十五届会议上，大会对从各国政府收到的《外交保护条款草案》的评论和资料进行了探讨，对于用尽当地救济的例外，沙特阿拉伯对该款提出了自己的建议，认为“合理地可得到的当地救济”不准确，许多国家采用的陪审员制度和辩诉交易招供不构成合理的当地救济。

当东道国发生武装冲突时，当地救济存在客观不能的情形。这是由于东道国发生武装冲突后，往往控制不了整个国家，国家的法律形同虚设，行政、仲裁、司法等救济部门无法行使其应尽的职能，因此，东道国的当地救济不能实现。利比亚于2011年发生了武装冲突，外国投资者财产被征收的案件不胜枚举。虽然利比亚于1997年颁布了《鼓励外国资本投资法》，规定了对外国投资的保障和保护，但是在其发生武装冲突的情况下，外国投资者根本不可能通过利比亚当地法律获得当地救济。

（二）《草案》第15条第2款的例外

《草案》第15条第2款的例外是指：救济过程受到不当拖延，且这种不当拖延是由被指称应负责的国家造成的。使用“救济过程”而不使用“当地救济”，是为了说明援引和执行当地救济以及引导当地救济的整个过程。当然，国际法委员会并没有对不当拖延的含义或内容作出规定，也没有试图规定一个执行当地救济的时限。委员会认为，对于此种情况下的每一个案件，都须依自身事实作出判断。

（三）《草案》第15条第3款的例外

《草案》第15条第3款的例外是指：受害人与被指称应负责国家之间在发生损害之日没有相关联系。美国学者Amerasinghe主张在要求用尽当地救济的所有案例中，受害人与东道国之间应存在着某种联系，比如自愿停留、居住、拥有财产或与被告国有契约关系。[①] 而在今天，外国投资者可能受到一外国在其领土以外的行为如战争的伤害，而外国投资者与该国领土并不存在联系。这一情形下，只有外国投资者自愿地接受东道国的管辖，才可要求他用尽当地救济。

（四）《草案》第15条第4款的例外

《草案》第15条第4款的例外是指：受害人明显地被排除了寻求当地救济的可能性。在这种情形下，应对案件按其实质进行审查，而不应由法律进行列举式的规定。不过，委员会建议在以下情况下可行使例外权：在国家可能设法阻止受害外侨实际上接触该国法庭，或拒绝其进入该国领土，或制造危险，使之感到试图进入该国领土是不安全的；东道国的刑事密谋阻碍求偿人在当地法院提出诉讼；用尽当地救济的费用过高。

在2010年联合国大会第六十五届会议上，大会对从各国政府收到的《外交保护条款草案》的评论和资料进行了探讨，对于用尽当地救济的例外，马来西亚认为，该款采用“明显”一词过于宽泛和含糊不清，应进行全面的研究，以便就该条规则为国家提供明确的指导。

（五）《草案》第15条第5款的例外

《草案》第15条第5款的例外是指：被指称应负责的国家放弃了用尽当地救济的要求。由于此款旨在保护东道国的国家的利益，东道国自然可以自行放弃这项保护。美洲人权法院申明：“对于这类案件，根据公认的国际法原则和国际实

① ［美］C. F. Amerasinghe：《国际法中的当地救济》，1990年，第138页。

践，规定事先用尽国内救济的规则是为了有关国家的利益而设计的，因为根据该条规则，国家对归咎该国的行为，在没有机会通过国内办法加以补救以前，无须在一个国际机构对指控作出答辩。这项规定因此被视为一项辩护手段，因而是可以放弃的，甚至可以默示放弃。”

明示放弃是一种常见的当代国家实践方式，得到了国际上大多数国家的认同。明示放弃可以见诸于解决现有争端而缔结的特别仲裁协定，或规定将来出现的争端应通过仲裁或其他的国际争端解决方式予以解决的一般性条约，也可以见诸于国家与外国投资者所订立的契约。典型的明示放弃是《关于解决国家和他国国民之间投资争端公约》第26条的规定，“除非另有规定，当事方同意根据本公约交付仲裁，应视为同意排除任何其他救济而交付上述仲裁。缔约国可以要求用尽当地各种行政或司法救济，作为其同意根据本公约交付仲裁的一个条件。”

但是，对于默示放弃则存在较大的争议。国际法院分庭在ELSI案中说，分庭“不能接受的是，习惯国际法的一项重要原则，在没有任何明确表示愿意放弃的言词的情况下，被认定为默示放弃”。[①] 因此，当地救济不得随便默示放弃。对于在发生有关争端后才缔结的国际仲裁协定，应当认为是一种用尽当地救济的默示放弃。在这种情况下，如果东道国与投资国在外国投资者受到损害后才缔结涉及有关争端的仲裁协定，而且协定没有就保留当地救济规则作出规定，则可以被认为是默示放弃用尽当地救济。

三、用尽当地救济的制度价值

（一）有利于外国投资者充分利用东道国的当地救济

用尽当地救济的核心内容就是要求外国投资者将其与东道国政府的争议提交东道国的行政、仲裁以及司法机构予以解决，同时，这三种当地救济手段需在不相互冲突的前提下被用尽。只有用尽了东道国的当地救济，外国投资者才可将该争议运用其他手段寻求救济。这就促使外国投资者与东道国政府产生政治风险争议后，可先选择东道国的当地救济手段进行救济，充分发挥东道国的属地管辖权。

当然，外国投资者在利用当地救济时，需要注意行政救济、仲裁救济以及司

① 《1989年国际法院报告书》，第42页。

法救济三者之间的关系。行政救济中行政行为的作出机关和政治风险争议的裁决机关存在共同的利益链，运用这一手段对政治风险进行救济容易使外国投资者处于不利的地位。仲裁救济不具有普及性，且仲裁的终局性在一定程度上阻碍了外国投资者运用其他手段进行救济。司法救济中东道国司法机关与行政机关相独立，外国投资者可在相对公平的基础上获取裁决，因而该种救济手段具有较为突出的优势。外国投资者可结合东道国国内法的相关规定，注意行政、仲裁与司法三种手段之间的关系，合理选择东道国的当地救济。

（二）用尽当地救济是寻求其他救济方式的前提条件

1. 用尽当地救济是外交保护的条件之一

根据2007年联合国大会通过的《外交保护条款草案》第14条第1款和第3款的规定，一国对于其国民、无国籍人或难民所受的损害，在该受害人用尽一切当地救济之前，不得提出国际求偿，也不得请求作出与该求偿有关的宣告性判决。因此，除非东道国主动放弃或法律另有规定，外国投资者不得将其与东道国的政治风险争议直接提交到国际法层面解决，如提请外交保护、寻求国际仲裁等救济方式。1928年《和平解决国际争端总协定》第31条也有类似的规定，指出外国投资者在东道国国内机关于合理时间内给出终局裁决前不得要求以其他方法解决。

2. 用尽当地救济是外国投资者向MIGA索赔的前提

根据1988年《多边投资担保机构公约》第17条和《多边投资担保机构业务规则》第2.14条第5款的规定，在有可能导致一项政治风险迫近时，外国投资者应寻求东道国法律中对其可以适用的行政、司法或其他救济，以避免或最大限度地减少损失。而当政治风险发生后，外国投资者依据担保合同向MIGA索赔前，则需先寻求在当时条件下合适的、按东道国法律可随时利用的行政补救办法。

3. ICSID机制下，东道国可以要求用尽当地各种行政或司法补救办法，作为其同意交付ICSID仲裁的条件

对于当地救济，1965年《关于解决国家和他国国民之间投资争端公约》作了特殊规定，即东道国可以要求以用尽本国行政或司法救济作为其同意交付ICSID仲裁的条件。东道国的该项要求可以以通知的形式在批准、接受或核准公约

时就作出，也可以结合具体政治风险案件，在外国投资者向 ICSID 提起仲裁时提出。根据《关于解决国家和他国国民之间投资争端公约》第 25 条第 4 款的规定，ICSID 成员国可在批准、接受或核准公约时，或在之后任何时间，将其不同意提交管辖的事项通知 ICSID，那么该通知就不构成该成员国的同意。1983 年以色列曾通知 ICSID 将用尽当地救济作为本国同意 ICSID 管辖的前提条件，随后在 1991 年撤回了该通知。然而，2003 年，危地马拉也作出了类似的通知，要求外国投资者向 ICSID 仲裁时需用尽危地马拉的当地救济。

然而，一旦外国投资者与东道国政府选择通过 ICSID 解决政治风险争议，选择就具有终局性。根据《关于解决国家和他国国民之间投资争端公约》第 26 条规定，除非另有规定，双方同意根据本公约交付仲裁，应视为同意排除任何其他救济方法而交付上述仲裁。这就表明，一旦外国投资者和东道国政府同意将政治风险争议提交 ICSID 仲裁，就不得再将该争议提交任何其他机构解决，其中就包括东道国的当地救济。在国际海运提名公司诉几内亚案（Maritime International Nominees Establishment v. Guinea）中，国际海运提名公司不顾与几内亚政府已达成的同意 ICSID 管辖的协议，擅自向美国哥伦比亚地区法院起诉。ICSID 仲裁庭对此采取了临时措施，并敦促国际海运提名公司立即撤回在国内法院进行的诉讼。[1]

---

① 陈安主编：《国际投资争端案例精选》，复旦大学出版社 2001 年版，第 800 ~ 801 页。

第六章 国际投资中的外交保护

第一节　外交保护概述

一、外交保护的概念

外交保护是一项传统的国际法制度。18 世纪瑞士法学家瓦特尔最早提出“伤害拟制”理论。该理论的核心内容是本国国民人身或财产受到他国不法行为伤害时，就拟制为国家受到伤害。主张以国家的名义追究他国责任，并对受损害的一国国民进行保护。这一观点得到学术界甚至政府的支持。随后，外交保护作为一项习惯法规则在 1924 年的“马弗罗马蒂斯 v. 巴勒斯坦特许权案”一案得以确立。该案判决针对外交保护明确指出：“一国在它的国民遭受另一国国际不法行为的损害，而那些国民通过正常途径不能得到满足时，有权向其受害的国民提供保护。这是国际法的一条基本原则。”① 自此以后，外交保护制度得到了越来越多的关注。

（一）外交保护的学理定义

前苏联国际法学者克利缅科认为，外交保护的行使主体是一国的外交和领事代表机关，并特别强调了当本国国民在外国被侵犯权利或可能侵犯权利时都有可能获得本国提供的外交保护。② 克利缅科观点的独特之处就在于他认为外交保护可以在一国国民的权益可能被侵犯时行使，为本国国民提供最大限度的保护，避免本国国民受到他国的不法侵害。

周鲠生先生认为，外交保护是指一国以外交途径方式保护其国民在他国的合法权益。国家享有外交保护权一直是国际法公认的准则。外交保护制度中的侵权

① 《中国国际法年刊》（1998），法律出版社 2002 年版，第 284 页。

② ［苏］克利缅科等编：《国际法词典》，刘莎等译，商务印书馆 2005 年版，第 35 页。

行为是指一国对他国国民的权利实施侵害的行为。同时，依据各国国内法，国家也有义务保护本国的在外国民。如果国民的权利受到侵害，国家及其驻外机构可以随时向国民所在国提出求偿，而不以国民的申请为前提。① 周鲠生教授阐述的外交保护主要包括以下几个方面：（1）外交保护的性质是国家的权利，也是国际习惯法准则之一；（2）其行使主体是国家及其驻外机构；（3）适用外交保护的前提是本国国民的合法权益确有受到侵害；（4）国家可以主动提起外交保护，一经发生即可上升为国家之间的冲突，不以被害人的申请为前提；（5）通过外交途径行使。由此可见，该定义对外交保护的特征进行了比较全面的表述，但仍有不足。例如：在定义中未提及“用尽当地救济”；把外交保护的行使局限于外交途径，而忽略了仲裁与司法等程序。

王铁崖教授认为，外交保护是一国对于其国民所实行的保护，如果一国国民受另一国违反国际法行为的侵害而无法通过正常的途径得到解决，该国民所属的国家有权利对其实行外交保护，该国实际上主张自己的权利——保证国际法规则受到尊重的权利。② 该概念强调外交保护的前提是国民受到“实际损害”和“用尽当地救济”，并且表明外交保护是国家的权利。但是，这种定义也局限于将外交保护视为一种外交途径，而排除了仲裁与诉讼等方式。

日本学者寺泽一、山本草二认为，本国国民在外国遭到损害，依该国国内法程序得不到救济时，本国可以通过外交手段向该外国要求适当救济，这就是所谓的“外交保护”。③ 此概念和王铁崖教授所阐述的外交保护相似，外交保护的实施条件是本国国民在外国确有损害和“用尽当地救济”，但在行使途径中未涉及仲裁或司法程序。

韩国国际法学者柳炳华则强调外交保护的结果应使个人遭受的损害得以补偿，即一国向另一国追究得来的赔偿应及时转交给受损害国民，在外交保护的结果上突出外交保护的最终目的。④

德国学者 Geck 则对外交保护这个术语存在质疑，他认为使用外交保护这个

---

① 周鲠生：《国际法》（上册），商务印书馆 1976 年版，第 283 页。

② 王铁崖：《国际法》，法律出版社 1995 年版。

③ ［日］寺泽一、山本草二主编：《国际法基础》，朱奇武等译，中国人民大学出版社 2010 年版，第 308 页。

④ ［韩］柳炳华：《国际法》（下卷），朴国哲、林永姬译，中国政法大学出版 2009 年版，第 219 页。

术语非常不准确。首先，“外交”一词并不能准确定位外交保护的行使主体，除了一国的外交代表、外交使团以及政府机构，一些领事代表以及少数的武装力量也可以行使外交保护。其次，“保护”一词并不能很好地区分外交保护与其他一些为了个人利益的外交活动之间的界限。若一国以友好的方式与另一国进行外交活动，该行为是否属于外交保护的范畴就值得商榷。[①]虽然 Geck 的观点过于片面地否定“外交保护”一词，但其强调应对外交保护的主体和行为进行严格界定，仍具有一定的参考价值。

国际法委员会特别报告员 Bennouna 在其提交到国际法委员会的初步报告中认为，外交保护是一种“要求侨居国履行国际责任的机制或程序”。[②] 但是，外交保护这种机制或程序该针对哪些对象行使以及应该如何行使等问题，Bennouna 并没有进行说明。

从以上学者对外交保护的定义来看，国内外学者对外交保护的基本概念虽然在表述上各有侧重，但总的来说，对保护所下的定义是从以下几个方面入手：①外交保护的主体；②外交保护的对象；③外交保护的性质；④外交保护的行使方式；⑤外交保护的条件；⑥外交保护的结果。

（二）外交保护的国际法定义

2006 年联合国大会通过的《外交保护条款草案》第 1 条将外交保护定义为一国对于另一国国际不法行为给属于本国国民的自然人或法人造成损害，通过外交行动或其他和平解决手段援引另一国的责任，以期使该国责任得到履行。该定义对外交保护规定得比较全面，包括：外交保护的实施主体是国家；外交保护的对象是自然人和法人；外交保护的前提是被请求国存在侵害行为并且造成损害；外交保护的行使方式是协商、调解等和平解决手段。

同年通过的《外交保护条款草案评注》对外交保护这一定义进行了说明，认为《外交保护条款草案》第 1 条并没有试图为外交保护下完整、全面的定义，而是从条款所用词语的含义描述外交保护的特征。这一评注内容和《外交保护条款草案》第 1 条标题所用的“定义”一词存在矛盾，那么，国际法委员会为何

---

① See Wilhelm Karl Geck. “Diplomatic Protection” . in Bernhardt Rudolfed. Encyclopedia of Public International Law. Vol. 1. 1992. p. 1046.

② U. N. Doc. A/CN. 4/484, para. 10, p. 4.

要在同年的两份外交保护文件中这样起草并公布呢?《外交保护条款草案》现在虽为草案，但是一旦各国接受并对该草案予以通过，草案就将变成具有国际约束力的条约，对条约的所有成员国适用。当初草案规定的外交保护定义也将变成对各国均有约束力的定义，而不仅仅反映外交保护的特征。

结合以上学者观点和国际法文件，本书认为，在国际投资领域，外交保护是指外国投资者在东道国投资，遭遇了东道国违反国际法行为的侵害，且在用尽东道国的当地救济之后仍然无法解决，由投资国采取的要求东道国承担国家责任的外交行动或其他和平解决手段。

二、外交保护的性质

外交保护的性质是指外交保护的权利归属。对此，国内外学界一直以来颇有争论。有学者主张外交保护是国家享有的权利，也有学者认为外交保护是个人的权利。此外，还有学者将外交保护权视做国家行使本国国民的委托代理权，与民法上的委托代理或海外投资保险制度中的代位求偿权相似。[①]

在国际法形成的早期，个人在国际法中没有地位，因而另一国对他国国民的损害只能被认为是对被侵害者国家的损害，只有这样，一国才有权以国家的名义行使外交保护。这就促成了 18 世纪瓦特尔“伤害拟制”理论的提出。伤害拟制理论认为，国民是一国的组成部分，应享有一定的尊严、安全与自由，如果本国国民人身或财产受到另一国不法行为的伤害，就拟制为是对本国的伤害，必须以国家的名义要求另一国承担责任。[②] 因此，在这一历史时期，外交保护被认为是国家的一项权利，个人完全不享有外交保护权。伤害拟制理论的提出在保护本国国民的权益上具有重大突破，但是该理论在国籍持续原则上具有自身难以克服的矛盾。外交保护行使的前提条件之一是本国受损害国民国籍持续，受损害的个人在求偿权产生之日直至争议解决之日持续不断地拥有外交保护国的国籍，否则，一国可以拒绝行使外交保护。但是，根据伤害拟制理论，国籍持续原则变得毫无意义。伤害拟制理论认为一国国民遭受的侵害本身就是对该国的侵害，则该国于

① Jurgens Thomas. Diplomaticcher Schutz and Staatenlose. Berlin. Duncher&Humbolt.

② 约翰·杜加尔德:《关于外交保护的第一次报告》, U. N. Doc. A/CN. 4/506 (2000), 第 12 页。

此时得到干预的权利不可能因个人随后国籍的改变而丧失。[①] 国家干预的权利包括国家求偿权，自受损害的个人遭受损害之日起即已产生，且为国家的既得权利，至于个人改变国籍，都不能导致国家求偿权的消灭。

20 世纪初，外交保护仍然被认为国家保护本国国民在国外合法利益的一种权利，但是，对于权利的内容，司法实践对此进行了丰富。1924 年，在马弗罗马蒂斯案中，国际法院在判决中阐明外交保护是一项国家权利。外交保护一经实施就将一国国民与他国之间的争议上升为国家间的争议，应当依据国际法上的规则加以解决。当一国国民受到他国不法行为侵害，在该国通过有效救济而未能获得赔偿时，国籍国有权通过行使外交保护来保护本国国民的权利。国籍国一旦行使外交保护，便会产生下列效果：第一，国家享有停止行使外交保护的权利。第二，国家可以自由裁量赔偿请求的时间和方式。因为，外交保护是国家主权衍生的权利，国家可以处分该项权利。第三，国家可以针对个案作出适当的让步，并且有权更改赔偿请求。第四，国家得到赔偿后可以自由处分。外交保护是国家基于属人管辖优越权产生的一种权利，以上观点无疑表明外交保护的行使是国家自身的权利。

然而，随着国际人权法的发展，国外学者开始对传统观点进行质疑，认为外交保护并不只是国家自身的权利，而是可以由国家赋予本国受损害的国民。R. J. Blaise MacLean 认为，传统观点认为外交保护行使的是国家自己的权利，受害人无权以自己的名义行使外交保护，受害人的权利能否得到保护完全取决于外交保护国的自由裁量权。因此，国际法并未承认个人的外交保护权，但不排除国家有权将此种权利授予其国民。[②] 联合国特别报告员 Dugard 则进一步强化了该观点，认为外交保护既是国家的一种权利，也是国家的一种义务。Dugard 建议将《外交保护条款草案》第 2 条由“一国享有按照本条款草案行使外交保护的权利”修改成“1. 国家享有按照本条款草案的规定行使外交保护的权利；2. 国家有义务接受按照本条款草案提出的外交保护要求”。[③]

《外交保护条款草案》将外交保护界定为国家的一项权利，对于外交保护的

① Charles De Visscher. Theory and Reality in International Law. 1953. p. 331.

② R. J. Blaise MacLean, Fresh hay from old fields: the continuing usefulness of diplomatic protection, p. 5.

③ U. N. Doc. A/CN. 4/567, para. 24, p. 12.

行使和方式国家享有自由裁量权。但是，这一观点受到主张外交保护因接受司法审查的新观点的挑战。在持有这一观点的国家，这些国家的宪法明确指出国家有义务保护在外国民，即外交保护是一个国家的义务，而不再是国家可以自由斟酌行使的特权。因此，对一国行使外交保护是否符合国际法及国内法的规定可以行使司法审查。在过去的30年间，很多国家的公民指控本国政府没有行使外交保护，与早期以外交保护行为属于政府行为非受司法审查而驳回原告请求不同，现在的法院已经同意去审查原告的请求，虽然也存在因为非司法审查性而驳回原告请求的可能性，但法院毫无例外地进入了各种请求实质问题的审查，认真考虑各自政府所采取的行动是否违反了国际法。瑞士法院在关于 JAAC 61. 75 decision of 30 October 1996 的判决中指出，政府在是否行使外交保护问题上也并非享有完全的自由裁量权，如果其对于有关事实的评估出现错误，或者基于毫无依据的事实而作出决定，或者其决定与法治和正义观念不符，那么该决定就是任意专断的。

尽管在学理上有众多争议，但在实践中外交保护由国家的一项权利变为一项义务的可能性不大，大多数国家不愿意让外交保护条款成为本国的束缚，而单纯由主权国家行使外交保护会出现较多漏洞。大多数国家规定外交保护由外国投资者申请后由投资国批准发起，在遇到大规模群体政治风险事件时则由投资国主动发起。

三、外交保护的理论依据

（一）国家主权原则

国家主权原则是国际法的基石，具体表现为属人管辖权和属地管辖权。一方面，一国有权对在外的本国国民行使属人管辖。《奥本海国际法》指出，进入一国领土的外国人“仍然受他们本国的保护，根据这一普遍承认的国际法习惯规则，每一个国家对于在国外的本国公民享有保护的权利”①。也就是说，一国国民虽在本国领土外，但仍受其国籍国的保护，对在本国领土外本国国民的保护是一国行使属人管辖权的一个方面。每一个国家对于在国外的本国国民都享有保护的权利。当一国国民身处他国时，一国行使属人管辖权将个人与侵害国之间的法律关系上升为国籍国与侵害国之间的法律关系。另一方面，一国有权对在其领土

① ［英］詹宁斯、瓦茨修订：《奥本海国际法》第一卷第一分册，王铁崖、陈公绰、汤宗舜、周仁泽，中国大百科全书出版社1995年版，第173页。

内的人行使属地管辖，当然也包括外国人。他国国民在一国受到不法侵害时，应当依据该国国内法申请行政和司法救济。只有在侵害国国内救济已用尽、国民仍得不到合理救济时，其国籍国才可以行使外交保护。由此，在属人管辖原则与属地管辖原则冲突时，属地管辖优于属人管辖。

外交保护是国家主权的固有权利，是国家主权原则在国际法上的体现。国际常设法院也支持该理论，巴塞罗那电车公司案判决中，法院指出：在国际关系上，外交保护是一个非常敏感的领域。由于外国保护其国民利益与属地主权者的权利发生冲突，为了避免滥用和发生摩擦……在国际法规定的范围内，一国可采用其认为妥当的任何手段、在其认为妥当的任何程度上行使外交保护，因为国家维护的是本身的权利。① 由此，当一国国民在他国遭受侵害时，该国有权行使外交保护，但前提是被请求国的国内救济已用尽而仍没有得到合理救济。当一国行使外交保护时，既要尊重国籍国对其国民的属人管辖，同时也考虑到被请求国的属人管辖。那么，用尽当地救济原则可以视为国籍国的属人管辖权与被请求国的属地管辖权之间的冲突协调机制，也是国家属地优越权的表现。

（二）外国投资者待遇理论

外国投资者的待遇是指外国投资者在东道国依据相关国际法或东道国国内法享有的权利。阿·菲德罗斯在其所著的《国际法》中称："各国相互间负有义务在外国人的人身上尊重人的尊严。所以，它们有义务给予外国人以人的尊严生活所不可缺少的那些权利。按照文明民族的见解，从这个理念发生的一些权利可以综括在下列五类中：（1）凡是外国人都应当被承认为法律主体；（2）外国人所取得的私权利，应当原则上予以尊重；（3）对于外国人，应给予一些基本的自由权利；（4）对于外国人，诉讼方法应予开放；（5）应当保护外国人在生命、自由、财产和荣誉上免受犯罪的攻击。"② 具体说来，在国际投资实践中，东道国对外国投资者的待遇共分为国民待遇、最惠国待遇和互惠待遇三种。国民待遇是指东道国政府给予外国投资者和本国投资者相同的待遇。根据联合国国际法委员会《关于最惠国条款的条文草案》第5条的规定："最惠国待遇是授予受惠国或与之有确定关系的人或事的待遇不低于授予国给予第三国或与之有同于上述关系的人或事的待遇。"

① 韦经建、王彦志编著：《国际经济法案例教程》，科学出版社2011年版，第178~179页。

② ［奥］阿·菲德罗斯等：《国际法》（下册），李浩培译，商务印书馆1981年版，第434~435页。

互惠待遇是指东道国给予外国投资者投资国所给东道国投资者的同等优惠待遇。无论东道国承诺给予外国投资者哪一种待遇标准，都应对外国投资者在东道国投资的合法权益进行保护，对外国投资者在东道国境内遭遇的政治风险应给予相应的补偿。本书认为，外国投资者在东道国投资在遵守东道国相关法律政策的前提下享有以下权利：①外国投资者为东道国法律所承认的法律主体；②外国投资者的人身基本权利受到东道国的保护；③外国投资者取得的各项合法权益应受到东道国政府的保护；④外国投资者在东道国享有一定的司法权利。

（三）国家责任原则

国家责任原则是国际法的一项基本原则，它源于国家主权原则和国家平等原则，反映了国际法律制度的基本性质。根据这一原则，只要一国对另一国实施了国际不法行为，在它们之间就会产生国际责任，违反国际义务导致赔偿要求。[①]《国家对国际不法行为的责任的条款草案》第 2 条和第 3 条将国际不法行为定义为一国的违反国际法的行为，并认为一国的国际不法行为在下列情况下发生：①由作为或不作为组成的行为依国际法归于该国；②该行为构成对该国国际义务的违背。只要一国的行为不符合国际义务的要求，即为违背国际义务，而不论该义务的起源或特性为何，就需承担相应的国家责任。

在国际投资中，外国投资者遭遇了东道国的政治风险，该政治风险依行为性质归属于东道国的不法行为，且该政治风险对外国投资者造成了一定的损失，东道国政府应对外国投资者受到的损失承担相应的国家责任。由于很难判断东道国政府在发生征收、外汇、战乱等政治风险时是否存在主观过错，对此外国投资者也较难加以证明，因而国家责任原则不以东道国的主观过错为要件，只要东道国客观上实施的政治风险对外国投资者造成了一定的损害，且该行为构成了对国际义务的违背，就应当承担相应的国家责任。国家责任原则将外国投资者与东道国之间的法律关系上升为投资国与东道国之间，投资国在国际法层面对东道国的侵害行为援引东道国的国家责任，从而保护本国投资者的合法权益。

（四）国际人权理论

在国际法形成的早期，国际法律秩序中强调的是国家的主权地位，个人并不

---

① Maloolm N. Shaw. International Law 4th. Edition . 1977. p. 514. 转引自马呈元：《国际犯罪与责任》，中国政法大学出版社 2001 年版，第 323 页。

享有国际法的主体资格。随着国际法的发展，早期国际法的这一理论逐渐被推翻，国际法与保护人权的相关理论相融合，并最终确定了国际法的目标——保护人权。外交保护的提起和结果直接反映了投资国对本国投资者合法权益的保护。联合国大会通过的《公民权利和政治权利国际公约》和《经济、社会及文化权利国际公约》更是以国际法律文件的形式对各国投资者的权利进行了法律意义上的确认。现行国际人权理论既要求投资国在本国投资者在遭遇东道国的侵害时及时提供保护，也要求东道国对投资者应给予与本国投资者平等的待遇。

第二节 外交保护条款草案

一、外交保护条款草案概述

（一）外交保护条款草案的产生背景

国际社会一直以来并没有制定关于外交保护的国际条约。有鉴于此，联合国大会在1995年授权联合国国际法委员会就外交保护问题进行长期研究，并编纂条款草案。国际法委员会先后任命了 Mohamed Bennouna（任期从1997年至1998年）和 John R. Dugard（任期从1999年至2006年）为特别报告员。两位特别报告员先后向国际法委员会提交了共8份报告（其中 Dugard 提交了7份）。经过不懈的努力，国际法委员会最终在2006年通过了《外交保护条款草案》（简称《草案》）及《外交保护条款草案评注》（简称《草案评注》）。

（二）外交保护条款草案的结构框架

《外交保护条款草案》共有19条，分为一般规定、国籍、当地救济、杂项规定四个部分。

第一部分：一般规定。

一般规定共分为两条，一是定义与范围，二是行使外交保护的权利。在定义中，《草案》认为外交保护是国籍国为保护受损害的人并使该人在受到国际不法行为造成的损害后得到赔偿所使用的程序。对于行使外交保护的权利，《草案》认为该权利归属于国家，国家是拥有提出外交保护权利的实体。《草案评注》对此还特别强调外交保护并不影响国家在这个进程中为谁维护权利的问题，即是出于国家自身的权利，还是出于国家所代表的受损害国民的权利。

第二部分：国籍。

国籍分为三章，包括一般原则、自然人和法人。一般原则包括行使外交保护的主体和对象。自然人一节包括自然人的国籍国、自然人的持续国籍、多重国籍和针对第三国的求偿、多重国籍和针对国籍国的求偿、无国籍人和难民。法人一节包括包括公司的国籍国、公司的持续国籍、股东的保护、对股东的直接损害、其他法人。

第三部分：当地救济。

当地救济包括两条，分别介绍了用尽当地救济和当地救济规则的例外。

第四部分：杂项规定。

杂项规定包括外交保护以外的其他行动或程序、国际法的特别规则、船员的保护、建议的做法。

《草案》虽然只有19个条文，但是却基本囊括了外交保护的所有问题，是联合国国际法委员会对外交保护制度进行的有益探索和尝试。当然，草案对于外交保护的前提之一——国民受到他国的损害，并且这种损害与他国的行为具有因果关系，《草案》并没有进行解释与说明，对于外交保护的另外两个条件——国际持续和用尽当地救济，《草案》则进行了详细的解释。

二、国籍持续原则

国籍持续是投资国行使外交保护时外国投资者需满足的首要条件，反映了投资国的属人管辖权。国籍的重要功能是，在与一国有充分联系的国民受到他国的伤害或损害时确定该国的法律利益。[①] 投资者在遭遇东道国的政治风险后，需符合国籍持续的要件，才有可能获得投资国的外交保护。外国投资者请求外交保护，必须持续不断地具有投资国的国籍，从发生损害之日到正式提出求偿之日持续拥有投资国的国籍，则推断其国籍是持续的。

（一）自然人的国籍

1. 自然人国籍的确定

（1）自然人国籍确定的基本原则。《草案》第4条对自然人国籍的确定规定了两项基本原则，一是由国籍国根据本国法律决定谁有资格取得其国籍，二是国际法对国籍的授予规定了限制，国籍的取得不得违背国际法的规定。

① 张西峰、崔伟：“论公司与股东的外交保护”，载《中国青年政治学院学报》2007年第6期。

自然人的国籍依本国法确定是国际社会普遍承认的一项基本原则。这一原则得到1930年《关于国籍法冲突的若干问题海牙公约》第1条的证实，“应由每个国家按照本国法律自行决定谁是其国民”。[①]《草案》规定的国籍连接点包括出生、血缘、归化、国家继承或以任何其他方式，《草案评注》对此认为这些国籍的连接点都是说明性的，是一些国家为确定国籍而最常使用的因素，而不是详尽无遗的。

虽然一国有权决定谁是国民，但是这一权利并不是绝对的。1930年《关于国籍法冲突的若干问题海牙公约》第1条认为：“这项法律应得到其他国家的承认，但须符合有关国籍的国际公约、国际习惯和普遍公认的法律原则。”《草案》对此也予以了支持。如果自然人的国籍是以违反国际法的方式获得的，应不具有国籍法上的法律效力。对于非法国籍的举证责任应由对受损害人的国籍提出质疑的国家承担，以平衡国籍持有者与国籍质疑者之间的权利义务关系。

（2）多国籍人国籍的确定。一个人可能获得一个以上的国籍，这是出生地主义及血统主义原则平行运作或通过其他方式取得国籍而没有放弃先前国籍的结果。虽然有些国家的法律不允许其国民同时也是其他国家的国民，但国际法并不禁止双重或多重国籍。《草案》第6条不要求国民与行使外交保护的国家之间有真正或有效的联系，双重或多重国籍国民的任一国籍国可针对该人不属于其国民的国家，为该国民行使外交保护。甚至两个或多个国籍国可为具有双重或多重国籍的国民共同行使外交保护。但是，一国籍国不得为同属另一国国民的人针对另一国籍国行使外交保护，除非在发生损害之日和正式提出求偿之日，该国的国籍均为该人的主要国籍。对此，求偿国应负举证责任，证明其国籍为主要国籍。

（3）无国籍人和难民国籍的确定。《草案》第8条偏离了只有国民才可享受外交保护的传统规则，而容许一国为属于无国籍人或难民的非国民行使外交保护。对于无国籍人和难民，须在受到损害之日和正式提出求偿之日在一国具有合法的和惯常的居所。

2. 自然人持续国籍

（1）自然人从发生损害之日到正式提出求偿之日国籍未发生变化。如果自然人从发生损害之日到正式提出求偿之日国籍未发生变化，那么根据《草案》

---

① 《国际联盟条约汇编》第179卷，第89页。

第5条第1款的规定，自然人的国籍就是持续的，该自然人可获得其国籍国的外交保护。《草案》所确定的国籍持续依据的是两个时间点，即自然人发生损害之日和正式提出求偿之日，若自然人在这两个时间点国籍未发生变化，则推定其国籍是持续的。《草案》并不要求在这两个时间点之间自然人国籍持续，这是因为在国际法实践中几乎没有这样的情况，即投资者在这两个时间点拥有一个国籍，在两个时间点期间又拥有另一国国籍。

（2）自然人在求偿之日丧失一国国籍。一国对在正式提出求偿之日为其国民、但在受到损害之时不是其国民的人，可行使外交保护，但必须符合以下三个条件：①寻求外交保护的人曾具有被继承国的国籍，或者已丧失原国籍；②该人基于与提出诉求无关的原因已获得另一国的国籍；③新国籍是以不违反国际法的方式取得的。当然，投资者为了获得一个比较愿意而且能够为他行使外交保护的国籍国，可能存在买卖国籍的情形，故意改变自己在求偿时的国籍。针对这一情形，《草案》第5条第2款对此作出了限制，即作为行使外交保护对象的人，取得其新国籍的原因必须与提出求偿无关，比如取得新国籍属于婚姻、收养或国家继承等因素必然引起的结果。

（3）自然人提出求偿时的国籍国不得对受到损害时的国籍国行使外交保护。《草案》第5条第3款为防止国籍国外交保护的滥用，附加了一项保障措施，即一人受损害时为其原国籍国而不是现国籍国的国民，则现国籍国不得针对原国籍国就该人所受到的损害行使外交保护。

（4）自然人提出求偿后获得被求偿国国籍。《草案》第5条第4款对于在提出求偿之日后成为被求偿国国民人的外交保护作了特别限制，即求偿国不再有权继续此项求偿，因为在这种情况下被求偿国实际上就会等于被要求向自己的国民支付赔偿。

（二）法人的国籍

1. 法人国籍的确定

对于法人国籍的界定标准，各国根据本国的利益和具体情势在司法实践中主要采用以下三种标准：一是依据法人设立地标准，即法人依成立地国的法律登记并取得其国籍；二是依据法人股东的国籍国标准；三是依据法人的主要经营中心或管理中心标准来确定法人的国籍。其中，法人的设立地标准在实践中运用较

多，如在巴塞罗那电车公司案中，国际法院判决中指出“国际法承认，一国根据其管辖范围来创设公司这样的实体，本质上是其国内管辖事项”。[①]《草案》也采用了该标准，第9条指出：国籍国是指公司依照其法律成立的国家。

由于经济全球化和公司投资扩张的需要，一国注册成立的公司通常会在他国设立分支机构，管理经营总部和财务控制中心往往会转移到他国。针对该问题，《草案》第9条在法人设立地标准之外又增加了“有效联系”原则，即在适用法人注册设立地标准时的例外情形。这些例外情形包括：①该法人必须受他国国民掌控；②法人与注册设立地国无本质联系，即无实质性经营；③法人将管理经营总部和财务控制中心都转移到他国。如果同时符合这三个条件，法人的实际控制中心所在国就享有外交保护权。国际法委员会虽然采用“有效联系”原则，但在具体要件上更为严格，没有单一地采用“管理总部”或“资本控制地”等标准。国际法委员会之所以这样规定，是考虑到“将外交保护权赋予与同一个公司具有联系的多个国家，将可能带来混乱和无保障”。[②]这使“有效联系”原则具有可操作性和确定性。因此，公司的国籍国原则上由其设立注册地行使外交保护，例外情形下可以由管理总部和财务控制权所在地行使。在国际法院审理的诺特博姆案的判决中，“有效联系”原则也得到了充分的发挥，国际法院阐述道，“为了外交保护的目的，对于公司获得国籍一事，国际法院在这里规定了条件：在该国成立，并且在该国设有注册的办事处。”[③]

2. 法人国籍持续

值得注意的是，依据《草案》第9条关于公司国籍国例外情形的规定，法人可以通过改变管理总部和财务控制权所在地来变更其国籍国。这对于跨国公司而言是十分简单的，因为跨国公司通常在不同的国家和地区设立控股公司。为解决该问题，联合国国际法委员会在《草案》中规定法人的外交保护也应当遵循自然人的持续国籍原则，能够防止法人通过变更国籍来寻求他国外交保护而导致的滥用。

国籍持续原则一般是指请求外交保护的个人或法人（对于国际投资关系而言

---

① See ICJ Reports 1970, para 38.

② 国际法委员会关于草案第9条的评注，para 6，联合国文件：A/61/10，p. 55。

③ 国际法院报告，巴塞罗那电车案，第70段。

是投资者）必须连续不断地具有国籍国国籍。《草案》第 10 条规定，在受害和正式求偿这两个时间点之间，公司持续具有一国国籍。如这个期间是连续不断的，那么公司具有该国国籍并且可以请求该国的外交保护。也就说，国际常设法院认定一国有权行使外交保护的三个要件是：①受害时具有保护国国籍；②提请求偿时仍具有保护国国籍；③从受侵害之日到作出裁决或至少正式提出外交请求前必须连续不断地具有保护国国籍。但是，对于国籍连续保持的起止点，解决投资争端国际中心（ICSID）与国际法委员会存在分歧。在鲁文集团公司诉美国案中，仲裁庭认为：国籍连续保持“必须从引发争议的事件发生之日，到争议解决之日”。相比较而言，《草案》所采用的计算标准更为宽松，如果保护国提出正式求偿后，法人的国籍变更，该求偿依然有效。这是因为，解决国际争端通常会耗费数年时间之久，期间内法人可能因各种原因而改变国籍，如果采用鲁文集团公司诉美国案中仲裁庭的意见，很可能会导致法人无国籍，显然对法人是不公平的。

依据国籍持续原则，如果公司的国籍没有持续保持，那么国籍国会丧失外交保护权。但是，《草案》第 10 条规定了两种例外情况：第一，因发生国家继承而导致国籍的改变，也视为符合国籍持续性要求。外交保护是国家的权利，可以随着国际人格者的变化而继承。第二，如果公司依据设立地国内法已终止存在，并且导致该结果的原因是该国对法人的不法行为。在这种情况下，公司依据成立地国法律已经终止存在，其国籍发生断裂；但是，在该情况下排除公司的原国籍国外交保护权，会导致该公司所受的损害行为在国际法上得不到救济，这是有失公允的。

3. 法人股东国籍的确定

（1）股东外交保护的法律依据。自外交保护理论诞生至今，各国司法实践在股东国籍国是否享有外交保护权的问题上分歧很大。在国际投资制度中，投资国希望尽最大可能保护其国民在海外的合法权益，而东道国在引进外资的同时又强调对本国利益的维护，由此产生了国家利益的冲突，投资国对其投资者行使外交保护的行为引起了东道国的争议。依据国际习惯法，基于属人管辖权原则，遭受东道国损害的公司股东是作为其国籍国的国民而享有外交保护的权利。股东的国籍国依据国籍原则对股东进行外交保护，因为国籍是国家与个人间密切联系的纽带。国家享有的外交保护权就是这个纽带的结果。在巴塞罗那电车公司案中，

国际法院认为："国家允许外国或外国国民在其领土上投资，就必须给他们提供法律保护和有义务给他们提供某种待遇。……当其权利受到侵害时，有权行使保护的国家第一是受侵害者是其国民的国家；第二是违反国际义务行为所针对的国家。"东道国有义务保护在其领土内的海外投资者。当海外投资者的合法权益遭遇侵害时，首先是海外投资者的国籍国负有保护责任。其次，实施国际不法行为的国家（东道国）也负有责任。也就是说，当股东的直接合法权益遭遇东道国的侵权行为时，股东的国籍国可以依据属人管辖权原则行使外交保护。从巴塞罗那电车案至今，这项规则已在国际法上确立，并且在国际司法实践中被普遍采纳。

依据海外投资的公司股东与母国的"重大利益原则"，股东国籍国有权行使外交保护。一国的投资者在另一国投资设立公司，而且公司在法律上具有独立的法人人格。但是，公司是股东投资的结果，如果东道国侵害公司权益，那么股东的权益也会受到损害。所谓的"重大利益"，是指母国投资者对于其在东道国的公司拥有绝对的控制权，例如母国投资者持有公司的绝大多数股权。当股东与公司存在"重大利益"时，股东国籍国可以行使外交保护。通常发展中国家的做法是，只有在其领土内设立并以外资形式筹集资金，外国投资者才可以从事生产经营活动。由此，当东道国政府国有化和征用时，公司的国籍国又是东道国，在寻求外交保护上会遭遇困难。如果依据"重大利益原则"，公司股东的国籍国也有权行使外交保护，就可以解决上述的困境，从而保护公司及其股东的权益。

对于认定股东的外交保护，应注意受到侵害的是否为股东的直接权利。多数情形下，一国实施的不法行为会对公司和股东产生不利影响。但是，这种"不利影响"不是针对股东的直接权利，而是指会损害公司的权利。股东所遭受的间接损害不是其直接权利的受损，只是股东的"利益"受到损害。依据侵害权利产生责任的原理，仅有利益上的受损不能导致他国负责。因此，在国际投资制度中，投资者母国只有在股东的直接权利受到侵害时才享有外交保护权。股东的直接权利，包括分红、出席股东会议、行使表决权、股份自由转让等。而公司和股东的权利，可以依据东道国的国内法进行界定。

（2）法人及其股东外交保护的冲突。对于法人及其股东外交保护的冲突，投资国和东道国站在不同的政治经济利益角度持有不同的立场。加之，外交保护是一国主权的衍生，能否行使关系着一国的尊严，对于国籍国来说具有重要的政治意义。当法人的国籍与法人股东的国籍一致时，不存在冲突问题，而当法人的国籍与法人股东的国籍不一致时，将产生相应的冲突。法人的国籍国与法人股东的国籍国存在积极冲突时，传统的外交保护是由法人国籍国行使外交保护。但是，如果片面强调法人国籍国的外交保护就有可能导致股东权益受到损害，尤其是股东国籍和法人国籍不一致的情形。如果片面强调股东国籍国的外交保护，则有可能导致股东国籍国的强行介入。由于一个公司通常具有多个股东，不同国籍股东的国籍国介入外交保护，则有可能会导致多国干涉的情形。法人的国籍国与法人股东的国籍国存在消极冲突时，任一国籍国都不愿意行使外交保护，外国投资者将面临无救济可循的情形。在实践中，跨国公司为了获得税收优惠而将公司注册设立于没有实质性经营活动的国家，将其管理总部和财务控制中心设在他国，并在多国经营。许多国家的实践表明，如果国家与公司所在地（行政总部或中心）并无联系，或者国家对公司并无控股或拥有受益所有权，则国家不会为该公司行使外交保护。[①]

1970 年国际法院审理的比利时 v. 西班牙关于巴塞罗那电车、电灯和电力有限公司案（以下简称“巴塞罗那公司案”）对于法人的外交保护具有里程碑意义。比利时是巴塞罗那公司股份所有人的国籍国，西班牙是不法行为的实施国，加拿大是公司的组建国和登记国。在巴塞罗那公司案中，比利时诉称巴塞罗那公司的大部分股份资本 25 年来一直为比利时国民所掌握，但是公司遭受破产的方式和破产后西班牙当局对其资产的处理是违反国际法的，因此要求西班牙给予赔偿。[②] 法院必须处理的第一个问题就是比利时是否有权对一个在加拿大组成的公司的股票持有人行使外交保护。法院开创先例，将国内公司法相关理论引入国际法，依据公司具有独立的法律人格，确立了公司国籍国行使外交保护的原则。同时，运用“揭开公司面纱”（lifting the veil of the corporation），规定在例外情形下，股东国籍国也有权进行外交保护。在巴塞罗那公司案中，国际法院的裁定也打破了传统国际法规则，这是出于多种因素的考量。首先，外国投资者在对外投资时就应承担一定的风险，受到东道国不法行为的侵害也包括在内。其次，可能

---

① See Stanley D. Metzger, Nationality of Corporate Investment under Investment Guarantee Schemes – The Relevance of Barcelona Tracion. (1971) 65 A. J. I. L. 532. pp. 541 ~ 543.

② 黄惠康、黄进编著：《国际公法国际私法成案选》，武汉大学出版社 1987 年版，第 67 ~ 69 页。

会导致多国提出求偿权，使争端中国家关系更为混乱。因为在东道国设立的公司通常由多国股东控制，多国的介入不利于争端的解决。国际法院在司法实践中不支持股东国籍国行使外交保护，在此后的艾尔西公司案和迪亚洛案均印证了国际法院的观点。

各国实践的普遍做法是，外国投资者在东道国设立，并以外资形式注入公司。然而，当东道国不法侵害的是外资设立的公司时，投资国能否享有外交保护权？显然，国际法院不支持股东国籍国通过外交保护任意介入投资者和东道国之间的纠纷，但是并没有完全禁止股东国籍国行使外交保护，只是对其享有外交保护的例外作了严格限定。国际法院认为在以下情况下，投资国有权代表股东行使外交保护：一是，根据东道国国内法律，公司已不复存在；二是，东道国的不法行为对公司造成了损害。

《草案》中第 11 条（a）款和（b）款也认可这两种例外情形。第一种例外情形就是公司已不复存在，但是委员会严格限定该情形，公司的消亡与损害无关，并且是按照注册设立国的法律认定公司确已不存在。关于界定公司法人人格是否注销，前期与后期的国际司法实践采用的标准不一致。巴塞罗那公司案之前，在公司事实上停止营业的情形下，国际法院是同意股东国籍国介入的。但是，国际法院在巴塞罗那公司案中确立了更高的标准。如果公司仅仅是财务状况的紧急或生产经营活动停滞，这不构成“事实停业”。然而，巴塞罗那公司案中，法院也没有采纳“事实停业”的标准。其原因是该标准的可操作性不强，并且法律意义上不明确。如果公司法人人格已不存在，那么股东无法通过公司国籍国获得救济。当股东没有此种补救的可能，公司国籍国的外交保护权转移到投资者的国籍国。由此，国际法院认为判断公司是否消亡重要的是“法律意义上的公司的地位”。

第二种例外情形是指在受到损害之日，公司具有被指称对造成损害应负责的国家的国籍，并且在该国成立公司是该国要求在其境内经营的前提条件。通常情况下，当公司受到侵害时，虽然也会间接影响股东利益，但外交保护权应归公司国籍国享有。在巴塞罗那公司案中，被告国西班牙不是受损害公司的国籍国。于是，国际法院没有进一步探讨该例外，但也实际上顺带提到：“的确一直有人坚持认为，为公平起见，在某些情况下国家应能够保护其国民，这些国民是受害公司的股东。因此，形成一种理论，即如果被追究负责的国家是公司的国籍国，那么股东国籍国有权行使外交保护。”①

接着，《草案》第12条规定了对股东本人的权利造成损害时，股东国籍国有权行使外交保护。虽然该条区分了损害直接针对的是股东还是公司，但是并没有详细地列举公司和股东各自权利的具体内容。巴塞罗那公司案中国际法院指出股东最直接的权利是，取得分红、有权出席股东会议以及投票的权利等。国际法院仍然没有明确界定股东的直接权利，只是简单列举了几项权利内容。也就是说，法院对股东的直接权利有自由裁量权，可以根据个案的情况认定具体事项是否属于股东的直接权利。

三、用尽当地救济原则

用尽当地救济，一直都是一国行使外交保护的必要条件之一，它最早起源于18世纪的外交实践，发展到20世纪已成为各国普遍接受的国际习惯法规则。“用尽当地救济”的含义是“当一个国家对它的领土内的外国人的待遇不符合它的国际义务，但可通过以后的行动为该外国人获取它的义务所要求的待遇（或同等待遇）时，国际法庭将不会受理代表该外国人提出的求偿，除非该外国人已经用尽有关国家内可以利用的一切法律救济方法”。②

根据《草案》第14条的规定，外国投资者与东道国因政治风险引起争议时，需用尽东道国法律对其可以适用的所有法律救济手段，包括行政手段、仲裁手段、司法手段。其法理主要在于外国投资者被认为已经了解并应当了解东道国当地的法律，在东道国能够公正裁决的情况下，他国不应对东道国的行为进行干涉，反映了东道国的属地管辖权。除非有第15条草案规定的情形，一国对于其国民或第8条草案所指的其他人所受的损害，在该受害人用尽一切当地救济之前，不得提出国际求偿。而且，受害人要将当地救济“用尽”，否则受害人不能求助本国外交保护。从条文文义来看，“当地救济”是指当地所有可适用的司法的和行政的救济程序，这也包括上诉程序。也就是说，直至最高法院或最高主管机关作出最终决定时，法律上的当地救济才视为“用尽”。各国的实践表明这种

① ICSID Reports VOL. 2, 1994, p. 346. http://www.worldbank.org/icsid/cases/conclude.htm.

② ［英］詹宁斯、瓦茨修订：《奥本海国际法》（第一卷第一分册），王铁崖等译，中国大百科全书出版社1995年版，第309页。

做法协调了大多数国家间的利益冲突，如果当地提供救济手段没有法律依据，甚至可以任意自由裁量，这样的救济手段应当排除适用该原则。在安巴蒂洛斯案中，仲裁委员会认为：地方救济不仅仅包括法院和法庭，还包括国内法中规定的诉讼程序便利。在该案件中仲裁委员会扩大适用该规则，有其一定的合理性。受害人为了尽快得到保护国的外交保护，从而尽可能减少当地救济的时间，消极应对国内诉讼程序，以求速败。

《草案》第15条规定了关于用尽当地救济的例外。第1～4款涉及对受害人必须用尽当地救济的不公平或不合理的情形，第5款规定了被告国主动放弃用尽当地救济规则。对于判断是否属于用尽当地救济的例外，这就涉及界定当地救济"用尽"的标准。安巴蒂洛斯案中仲裁委员会还提出：投资国在国际法上正式提出求偿前，必须用尽被请求国国内法的整个法律救济体系。

四、杂项规定

杂项规定中值得特别注意的是第19条，《草案》对有权行使外交保护的国家提出了三项建议的做法。国家外交保护方面的有些做法尚未获得习惯法规则地位，也不大可能在法律的逐渐发展过程中转化为法律规则。但是，它们是值得采取的做法，是外交保护的必要特点，作为保护人权和外国投资者手段而为外交保护增添力量。这三项做法分别为：

（一）充分考虑行使外交保护的可能性，特别是当发生了重大损害时

以国际法为手段对人身权利、财产权利以及政治权利加以保护，这是当今国际法律秩序的主要目标之一。这种保护可以通过许多不同的途径得到实现，包括领事保护、求助于国际人权条约机制、刑事诉讼，或由安全理事会和其他国际机构采取行动，以及外交保护。哪一种程序或补救办法最有可能实现有效保护的目标，取决于每个案件的具体情况。如果涉及的是保护外国公民，则外交保护显然就是有关国家应认真考虑的补救办法之一。

（二）对于诉诸外交保护和寻求赔偿之事，尽可能考虑受害人的意见

在实践中，行使外交保护的国家在评估求偿所指损害时确实要顾及外国人所

受损害的道义后果和物质后果。[①] 为此，显然需要征求受害人的意见。对于是否要求通过赔偿而得到恢复原状、补偿或抵偿的决定也是如此。

（三）把从责任国获得的任何损害赔偿在扣除合理费用之后转交受害人

这项建议意在鼓励下述一种普遍的看法，即认为国家在这些事项中具有绝对的酌处权，没有义务将在外交保护基础上索赔而得的金钱转交受损害的国民。这种见解植根于马夫罗马蒂斯案规则以及一系列司法裁决。按照马夫罗马蒂斯在巴勒斯坦的特许权案中的意见，国家在行使外交保护方面要维护自己的权利，成为“唯一的要求人”。[②] 在实践中，不同国家采用不同的做法。一方面，有些国家同意在多重个人索赔中采取统一解决的办法，这在实践中导致个人索赔所得远远少于索赔额。另一方面，有些国家颁布立法，确保裁定赔偿金公平分配给个人索赔人。此外，有明显证据表明，在实践中，有的国家将外交索赔中所得的资金支付给受损害的国民。

① Morelli 法官在巴塞罗那电车公司案中的单独意见，《1970 年国际法院案例汇编》，第 223 页。

② 《1924 年常设国际法院案例汇编》，A 辑，第 2 号，第 2 页。

第三节 国际投资中外交保护制度评析

一、国际投资中外交保护的制度价值

(一)外交保护是一项传统的国际投资争端解决方式

尽管双边投资协定、区域性多边投资条约在当前的国际投资保护中发挥了日渐重要的作用，但这并不能得出外交保护在国际投资保护中不再发挥作用的结论。外交保护是解决外国投资者同东道国之间投资争议的传统方法之一。外国投资者在东道国投资，应该享受相应的待遇和受到国内法的保护，并且首先要遵守东道国的法律，接受其法院的管辖。虽然投资者可以根据特许权协议或国际条约，采取多种解决争议的手段，但这些救济手段并不妨碍外国投资者国籍国行使外交保护的权利。当然，外交保护的行使以用尽东道国当地救济为前提。

(二)外交保护是保护本国投资者强有力的法律手段

在投资协定不被遵守、仲裁裁决不被执行、投资协定未涉及有关投资争端的解决及投资保护协定有关投资争端解决的规定并不绝对排除外交保护行使的时候，国籍国积极行使外交保护可以有效地对本国海外投资进行保护，有些情况下外交保护甚至可能成为投资者寻求自身权利得到合法保护的唯一途径。

二、国际投资中外交保护制度存在的问题

外交保护手段是投资国行使的保护投资者政治风险权益的一项权利，但投资者在利用外交保护手段及投资国在行使外交保护权时存在以下问题。

(一)国籍持续原则在一定程度上限制了外国投资者申请外交保护

国籍持续原则是外国投资者申请投资国外交保护的必备条件之一，其主要目

的是防止外国投资者购买他国国籍，即外国投资者考虑不同国家外交保护的强度和实力而出钱购买自己需要获得其外交保护的某一国的国籍。《外交保护条款草案》第 5 条和第 10 条将国籍持续定义为投资者从发生损害之日到正式提出求偿之日持续拥有投资国国籍。而非持续性国籍投资者不能得到投资国的外交保护，也得不到其他国家的外交保护，其有两种情况：第一，投资者受到损害之日具有投资国国籍，正式提出求偿之日丧失投资国国籍的，这种情况自然人投资者得不到投资国的外交保护，而法人投资者若由于损害的原因按照东道国法律终止法人存在的，投资国有权对其行使外交保护。第二，对于自然人投资者在正式提出求偿之日具有投资国国籍但在受到损害之日丧失的，必须满足曾具有被继承国国籍或已丧失原国籍的条件，并且提出与政治风险求偿无关的原因，投资国才可进行外交保护。

（二）投资国存在不提供外交保护的情形

投资国行使外交保护的前提条件是东道国的国际不法行为给外国投资者在东道国的投资造成了损失。在这种情况下，投资国有权利行使外交保护迫使东道国承担相应的法律责任，但是，投资者虽然因政治风险的发生遭受损失，但是该损失不是由东道国的不法行为导致的，投资国也不能行使外交保护。

当外交保护是外国投资者的唯一救济手段时，投资国存在不提供外交保护的情形。当投资者财产因东道国的政治风险而受到损失，在符合国籍持续和用尽当地救济的条件下，主动请求投资国提供外交保护时，投资国将权衡本国利益，考虑到本国与东道国的政治经济关系，作出是否给予投资者外交保护的决定。当东道国较为强势或投资国与东道国的国际关系较为缓和时，投资国可能会放弃提起外交保护的权利，这对投资者无疑是巨大的打击，造不利于投资者权益的保护。

（三）投资国可能存在干涉东道国内政的目的

投资国提起外交保护，可能是出于干涉东道国内政的目的，使外交保护具有了政治色彩。外交保护将原本属于外国投资者与东道国之间的争端上升为投资国与东道国之间的争端，这实质上是两个主权国家国家权力和利益的对抗。强势的投资国会以侵犯投资者即侵犯本国为借口，取得武力干涉东道国内政的依据。考虑到外交保护可能成为强国武力干涉弱国内政的借口，联合国第一任特别报告员

M. Bennouna 在初步报告中特别指出，在实行外交保护时，尤其不能诉诸于武力威胁和使用武力。[①] 但在很多情况下，外交保护是强国侵犯弱国的一块“遮羞布”，受到众多发展中国家的抨击。

① See Mohamed Bennouna, Special Rapporteur, Preliminary Report on Diplomatic Protection, International Law Commission, Para. 11, Fiftieth session, A/CN/4/484 (1998).

第四节　国际投资中外交保护的理论与实践

一、外交保护的行使方式

外交保护通常涉及司法程序，代表国民对一个外国采取的任何国家间的干预行动，包括交涉、抗议、谈判等，只要符合行使外交保护的一般条件，即发生了可追究被告国责任的违反国际法的事件；当地救济办法已经用尽以及所涉个人拥有采取行动国的国籍，就应归类于外交保护。因此，外交保护的提起当然也应以和平方式进行。《外交保护条款草案》对“外交行动”作了广义理解，其范围包括：一国为了另一国知道自己的看法和相关事项而使用的所有合法程序，包括抗议、为了解决争端而要求进行调查或谈判。“其他和平解决手段”的范围包括合法解决争端的一切形式，从谈判、调停与和解到仲裁、司法解决争端。此条规定为外交保护程序的提起奠定了一个广泛的理论基础。

印度学者、国际法学家 B. 森详细讲到了外交代表履行保护职责时可以采取的具体办法：“在处理这些问题时，最初可以采取非正式交涉的方式打听消息和寻求救济。如果这些非正式交涉无效，则可以提出正式的抗议。最后，在某些情况下，如果受害的国民在用尽当地法律规定的补救措施之后仍然得不到救济，那么，外交代表就可以代表他提出国际求偿。当然，外交使节在提出抗议或代表受害国民提出求偿要求之前，肯定要得到其本国政府的指示。”国际求偿一般通过谈判或协商、仲裁、诉讼的方式进行。① 在艾尔西公司案中，美国作为艾尔西公司的投资国，向国际法院对东道国意大利提起诉讼，认为拖延对征收令是否合法

① ［印度］B. 森：《外交人员国际法与实践指南》，中国对外翻译出版公司 1987 年版，第 297 ~ 299 页。

的裁决违反了《意美友好通商航海条约》中给予国民待遇的规定，这就是投资国利用外交保护维护投资者权益的反映。

二、干净的手原则

在当今国际法中，“干净的手原则”尚未有一个明确的定义，主要在各种法谚和格言中体现。理查德·弗朗西斯（Richard Francis）说：“做了不公平的事情的人不应当得到公平。”在英美法中也衍生了一些原则，一般认为按照干净的手理论，故意的不法行为不产生诉讼权利。很早就有学者提出：“许多国际求偿被根据下述衡平法格言驳回：原告来到法庭时他的手必须是干净的，如果原告是一个实施了不法行为的人，他就不能得到救济。”

虽然“干净的手原则”历史悠久，但是国际法委员会对于原则的适用范围一直存在争议，特别是关于其是否适用于外交保护方面。国际法委员会特别报告员阿兰·佩雷特（Alain Pellet）认为：“‘干净的手’这个模糊的概念与国家间关系情况中的一般善意原则没有很大区别，不产生自动的后果，而且对国际责任的一般规则几乎没有实际影响。然而，在涉及国家与个人关系的外交保护情况中，此概念有了新的含义：它变得有作用了，在此若没有‘干净的手’就会瘫痪，无法行使外交保护。”以阿兰·佩雷特为代表的学者认为，“干净的手原则”不适用于涉及国家为保护其国民而发生的国际关系，它只适用于外交保护关系中。

与此相反，部分国际法委员会委员认为“干净的手原则”不适用于外交保护，但可以适用于国家之间的国际争端。特别报告员约翰·杜加尔德认为：“……支持干净的手理论不适用于涉及直接国家间关系的争端的观点是很困难的。各国经常在直接发生在国家间的求偿中提出的干净的手理论，而国际法院不曾在任何案件中说过该原则与国家间的求偿不相干。”国际司法实践中“干净的手原则”在颇多的国际争端中适用，例如逮捕证案（Arrest Warrant Case）中，比利时专案法官范·登·温加尔特（Van Den Wyngaert）认为，“刚果没有带着干净的手来到法院。刚果谴责比利时对本应由刚果自己负责的国际罪行的指控进行调查和起诉，是出于恶意的。”

尽管在司法实践中并没有明确表明“干净的手原则”适用于外交保护，但是其在外交保护中仍有作用。如果作为案件的实质问题来审理，“干净的手原则”可能会涉及国家间的损失分担和赔偿金额。关于外交保护，“干净的手原则”可以从以下三个方面来理解：第一，如果国家对外国人采取同样的措施，那么“干净的手原则”排除该国实施外交保护的权利；第二，当保护国在有关其国民的特定案件中自己行为非法，从而导致自己的双手不干净，那么“干净的手原则”将排除该国实施外交保护的权利；第三，如果损害是由受伤害的个人自己的非法行为导致，那么“干净的手原则”可以被视为排除国家为其实施外交保护的权利。

三、国际投资中国籍持续原则的实践

外国投资者需在符合国籍持续原则和用尽当地救济两个前提下充分利用投资国的外交保护，将其与东道国政府的政治风险争议上升到两个主权国家之间，促使政治风险争议迅速得到解决。但是，投资者的国籍和投资国有着密切的关系，其国籍直接影响到外交保护国家的确定。

国籍持续原则作为行使外交保护的条件之一已得到世界上大多数国家的认可，但仍有一些国家在行使外交保护权时并未要求投资者国籍持续。如英国《国际求偿适用规则》第 2 条规定：“如果求偿人在损害发生之日之后成为或不再是联合王国国民，英国政府可在适当情况下，与求偿人先前或嗣后的国籍国协同提出求偿。”投资者拥有这些国家的国籍时，可结合国籍国对外交保护的具体规定，请求外交保护。

在大多数坚持国籍持续原则是外交保护前提条件的国家，外国投资者需根据自己的国籍及国籍的变迁来选择外交保护的国家。世界上绝大多数国家将国籍持续归为本国行使外交保护的必要前提，但对于国籍持续的定义，国际法上并未有公认的标准。2006 年联合国大会通过的《外交保护条款草案》是国际法上制定外交保护公约的基础，但草案目前并不具有国际法上的约束力，也无强制执行力。《外交保护条款草案》要求投资者从发生损害之日到正式提出求偿之日持续拥有一国的国籍，这使得投资者在运用国籍持续原则时有以下四种情况：

第一，投资者只具有一个国籍，且国籍在政治风险损害发生之日和正式提出政治风险求偿之日无变化。当投资者的投资国和投资东道国都为欧盟成员国，投资者的外交保护可由任何一个欧盟成员国行使。根据 1992 年《欧洲联盟条约》第 8 条 c 款的规定：“每一个联盟公民在他是国民的成员国没有驻在代表的第三国领土上，应受到任何成员国外交或领事机构的保护，就像保护该国的国民一样。1993 年 12

月 31 日前，成员国应在他们之间建立必要的规则并开始为得到这种保护权所需的国际谈判。”欧盟理事会 1997 年的《阿姆斯特丹条约》对《欧洲联盟条约》进行了修补和完善，其第 10 条指出，根据《欧洲联盟条约》第 8 条 c 款的规定，各成员国的外交和领事使团应加强合作，通过交换信息，开展联合评估和促进。而除此种情况以外，投资者的外交保护只能由一个国家行使，外国投资者可向其拥有唯一国籍的投资国请求外交保护或由投资国主动提起外交保护。

第二，投资者具有一个国籍，但政治风险损害发生之日和正式提出政治风险求偿之日国籍有变化。投资者受到损害之日具有一国国籍但在正式提出求偿之日丧失该国籍的，《外交保护条款草案》未予以明确肯定该种类型投资者的外交保护，而是规定了两种不能行使外交保护的情形：（1）当投资者受损害之日具有东道国的国籍，而正式提出求偿之日具有另一国国籍的，那么现国籍国不得对东道国行使外交保护；（2）若投资者在正式提出求偿之日后获得东道国的国籍，那么，投资国不可再为投资者行使外交保护。而投资者正式提出求偿之日具有一国国籍但在受到损害之日不具有该国国籍的，也分为两种情况：（1）若投资者在提出政治风险损害之日具有一国国籍，但在提出求偿之日具有了另一国国籍，提出与求偿无关的原因更换国籍且以不违反国际法的方式获得，那么，现有的国籍国可对除原有国籍国以外的国家行使外交保护；（2）若投资者在提出政治风险损害之日具有一国国籍，但该国籍国在投资者提出求偿之前合并或分离，使得投资者具有了另一国国籍，则后来的国籍国有权对投资者行使外交保护。

第三，投资者具有多重国籍。当投资者具有除东道国以外的多重国籍时，其任一国籍国都可单独或与投资者拥有的其他国籍国共同为投资者行使外交保护。若投资者既具有东道国的国籍又具有投资国的国籍，则投资国原则上不可对东道国行使外交保护，除非在发生政治风险损害之日和正式提出求偿之日，投资国的国籍均为投资者的主要国籍。

第四，投资者无国籍。当投资者在受到政治风险损害之日和正式提出政治风险求偿之日在一国具有合法和惯常的居所时，该国可为该无国籍的投资者行使外交保护。而无国籍人的流动性较大，当投资者在受到政治风险损害之日和正式提出政治风险求偿之日在一国不具有合法和惯常的居所时，未有相应法律对其进行保障，其无法获得任一国提供的外交保护。

当投资者符合国籍持续的条件并用尽当地救济后，对东道国实施的政治风险造成的损失可请求投资国予以外交保护或由投资国主动对其进行外交保护。当投资者向投资国申请外交保护时，应将相关文件提交投资国的相关机构，由相关机构审查并决定是否对其实施外交保护。投资者申请的外交保护被批准后，即可由投资国政府与东道国以外交方式对投资者进行救济。

当然，外国投资者在运用东道国的当地救济、国际仲裁、投资国的外交保护等法律救济手段的时都会遇到相应的问题，如某一种救济手段不能适用或相应机构拒绝对该政治风险争议进行管辖。这就需要外国投资者综合运用国内法救济手段和国际法救济手段，当一种救济手段遇到困难时，及时求助其他救济手段。

第七章 国际投资政治风险与ICSID机制

第一节 ICSID 概述

一、ICSID 的产生

20 世纪 50 年代中后期，众多发展中国家获得了政治和经济上的独立。为了迅速摆脱外国资本对本国经济的控制，增强本国的经济实力，推动本国国民经济的发展，广大发展中国家开始对一些本国境内的外国资本进行限制，甚至对一些涉及重要自然资源和国计民生产业的外国投资企业的财产实行征收，导致其与外国投资者的投资矛盾逐渐升级。这类投资争议具有特殊性，其一方主体是外国投资者，另一方主体则是与外国投资者地位不对等的东道国政府，双方实力相差较大。在处理这类争议的过程中，外国投资者相对弱势，其在东道国境内往往不能得到相应的救济，投资国的海外投资保险制度又尚未发展起来，致使众多发达国家外国投资者的权益受到极大的损害。发达国家为了保护本国投资者的利益，以本国强大的经济实力为后盾向发展中国家行使外交保护，并在行使外交保护的过程中或多或少地干预发展中国家的内政，进一步激化了发展中国家与发达国家的矛盾。为了妥善解决外国投资者与东道国政府的投资争议，缓解国际社会的投资局势，鼓励与促进国际私人投资的开展，国际社会认识到有必要建立一种发展中国家和发达国家均能接受的投资争议解决体制。

1962 年，世界银行理事会通过决议，认为“有必要考虑创设某种特别机构来处理投资争议，以利于改善投资环境”。1965 年，在世界银行的积极倡导和主持下，发达国家与发展中国家共同制定和缔结了《解决国家与他国国民之间投资争议公约》（Convention on the Settlement of Investment Disputes between States and Nationals of Other States），由于该公约是在世界银行总部美国首都华盛顿正式通过的，所以被称做《华盛顿公约》。根据《华盛顿公约》第 68 条的规定，公约

需在交存第20份批准、接受或核准书之日后30天开始生效，因而，在1966年10月14日，荷兰作为第20个国家批准加入《华盛顿公约》后，《华盛顿公约》正式生效。《华盛顿公约》是由发达国家与发展中国家共同参与制定和缔结的，是国际社会第一个专门规定解决国际投资争议程序的公约，也是国际投资保护领域内第一个被广泛接受并付诸实践的公约，它的产生在国际法学界被认为是国际法发展进程中的一项重要成就。

为了实施《华盛顿公约》的各项规定，世界银行根据《华盛顿公约》建立了“解决投资争议国际中心”（International Center for the Settlement of lnvestment Disputes，简称ICSID）。ICSID的总部设在国际复兴开发银行总行办事处，在世界银行的赞助下进行各项运转。ICSID成立以来，对于促进外国投资者与东道国政府间的投资争议的解决，创造良好的国际投资环境，缓和国际社会的经济关系等方面具有不可替代的作用。

表7-1　ICSID成员国一览表（截止到2013年12月31日）①

序号	国家名称	签署日期	交存日期	生效日期
1	阿富汗	1966.09.30	1968.06.25	1968.07.25
2	阿尔巴尼亚	1991.10.15	1991.10.15	1991.11.14
3	阿尔及利亚	1995.04.17	1996.02.21	1996.03.22
4	阿根廷	1991.05.21	1994.10.19	1994.11.18
5	亚美尼亚	1992.09.16	1992.09.16	1992.10.16
6	澳大利亚	1975.03.24	1991.05.02	1991.06.01
7	奥地利	1966.05.17	1971.05.25	1971.06.24
8	阿塞拜疆	1992.09.18	1992.09.18	1992.10.18
9	巴哈马	1995.10.19	1995.10.19	1995.11.18
10	巴林	1995.09.22	1996.02.14	1996.03.15
11	孟加拉	1979.11.20	1980.03.27	1980.04.26
12	巴巴多斯	1981.05.13	1983.11.01	1983.12.01
13	白俄罗斯	1992.07.10	1992.07.10	1992.08.09
14	比利时	1965.12.15	1970.08.27	1970.09.26
15	伯利兹	1986.12.19		

① 本章所有数据来源于ICSID官网。

（续表）

序号	国家名称	签署日期	交存日期	生效日期
16	贝宁	1965. 09. 10	1966. 09. 06	1966. 10. 14
17	波斯尼亚和黑塞哥维那	1997. 04. 25	1997. 05. 14	1997. 06. 13
18	博茨瓦纳	1970. 01. 15	1970. 01. 15	1970. 02. 14
19	文莱	2002. 09. 16	2002. 09. 16	2002. 10. 16
20	保加利亚	2000. 03. 21	2001. 04. 13	2001. 05. 13
21	布基纳法索	1965. 09. 16	1966. 08. 29	1966. 10. 14
22	布隆迪	1967. 02. 17	1969. 11. 05	1969. 12. 05
23	柬埔寨	1993. 11. 05	2004. 12. 20	2005. 01. 19
24	喀麦隆	1965. 09. 23	1967. 01. 03	1967. 02. 02
25	加拿大	2006. 12. 15		
26	佛得角	2010. 12. 20	2010. 12. 27	2011. 01. 26
27	中非	1965. 08. 26	1966. 02. 23	1966. 10. 14
28	乍得	1966. 05. 12	1966. 02. 23	1966. 10. 14
29	智利	1991. 01. 25	1991. 09. 24	1991. 10. 24
30	中国	1990. 02. 09	1993. 01. 07	1993. 02. 06
31	哥伦比亚	1993. 05. 18	1997. 07. 15	1997. 08. 14
32	科摩罗	1978. 09. 26	1978. 11. 07	1978. 12. 07
33	刚果（金）	1968. 10. 29	1970. 04. 29	1970. 05. 29
34	刚果	1965. 12. 27	1966. 06. 23	1966. 10. 14
35	哥斯达黎加	1981. 09. 29	1993. 04. 27	1993. 05. 27
36	科特迪瓦	1965. 06. 30	1966. 02. 16	1966. 10. 14
37	克罗地亚	1997. 06. 16	1998. 09. 22	1998. 10. 22
38	塞浦路斯	1966. 03. 09	1966. 11. 25	1966. 12. 25
39	捷克	1993. 03. 23	1993. 03. 23	1993. 04. 22
40	丹麦	1965. 10. 11	1968. 04. 24	1968. 05. 24
41	多米尼加	2000. 03. 20		
42	埃及	1972. 02. 11	1972. 03. 03	1972. 06. 02
43	萨尔瓦多	1982. 06. 09	1984. 03. 06	1984. 04. 05
44	爱沙尼亚	1992. 06. 23	1992. 06. 23	1992. 07. 23
45	埃塞俄比亚	1965. 09. 21		
46	斐济	1977. 07. 01	1977. 08. 11	1977. 09. 10
47	芬兰	1967. 07. 14	1969. 01. 09	1969. 02. 08

（续表）

序号	国家名称	签署日期	交存日期	生效日期
48	法国	1965. 12. 22	1967. 08. 21	1967. 09. 20
49	加蓬	1965. 09. 21	1966. 04. 04	1966. 10. 14
50	冈比亚	1974. 10. 01	1974. 12. 27	1975. 01. 26
51	格鲁吉亚	1992. 08. 07	1992. 08. 07	1992. 09. 06
52	德国	1966. 01. 27	1969. 08. 18	1969. 05. 18
53	加纳	1965. 11. 26	1966. 07. 13	1966. 10. 14
54	希腊	1966. 03. 16	1969. 04. 21	1969. 05. 21
55	格林纳达	1991. 03. 24	1991. 05. 24	1991. 06. 23
56	危地马拉	1995. 11. 09	2003. 01. 21	2003. 02. 20
57	几内亚	1968. 08. 27	1968. 11. 04	1968. 12. 04
58	几内亚比绍	1991. 09. 04		
59	圭亚那	1969. 07. 03	1969. 07. 11	1969. 08. 10
60	海地	1985. 01. 30	2009. 10. 27	2009. 11. 26
61	洪都拉斯	1986. 05. 28	1989. 02. 14	1989. 03. 16
62	匈牙利	1986. 10. 01	1987. 02. 04	1987. 03. 06
63	冰岛	1966. 07. 25	1966. 07. 25	1966. 10. 14
64	印度尼西亚	1968. 02. 16	1968. 09. 28	1968. 10. 28
65	爱尔兰	1966. 08. 30	1981. 04. 07	1981. 05. 07
66	以色列	1980. 06. 16	1983. 06. 22	1983. 07. 22
67	意大利	1965. 11. 18	1971. 03. 29	1971. 04. 28
68	牙买加	1965. 06. 23	1966. 09. 09	1966. 10. 14
69	日本	1965. 09. 23	1967. 08. 17	1967. 09. 16
70	约旦	1972. 07. 14	1972. 10. 30	1972. 11. 29
71	哈萨克斯坦	1992. 07. 23	2000. 09. 21	2000. 10. 21
72	肯尼亚	1966. 05. 24	1967. 01. 03	1967. 02. 02
73	韩国	1966. 04. 18	1967. 02. 21	1967. 03. 23
74	朝鲜	2009. 06. 29	2009. 06. 29	2009. 07. 29
75	科威特	1978. 02. 09	1979. 02. 02	1979. 03. 04
76	吉尔吉斯斯坦	1995. 06. 09		
77	拉脱维亚	1997. 08. 08	1997. 08. 08	1997. 09. 07
78	黎巴嫩	2003. 03. 26	2003. 03. 26	2003. 04. 25
79	莱索托	1968. 09. 19	1969. 07. 08	1969. 08. 07

（续表）

序号	国家名称	签署日期	交存日期	生效日期
80	利比里亚	1965. 09. 03	1970. 06. 16	1970. 06. 16
81	立陶宛	1992. 07. 06	1992. 07. 06	1992. 08. 05
82	卢森堡	1965. 09. 28	1970. 07. 30	1970. 08. 29
83	马其顿	1998. 09. 16	1998. 10. 27	1998. 11. 26
84	马达加斯加	1966. 06. 01	1966. 09. 06	1966. 10. 14
85	马拉维	1966. 06. 09	1966. 08. 23	1966. 10. 14
86	马来西亚	1965. 10. 22	1966. 08. 08	1966. 10. 14
87	马里	1976. 04. 09	1978. 01. 03	1978. 02. 02
88	马耳他	2002. 04. 24	2003. 11. 03	2003. 12. 03
89	毛里塔尼亚	1965. 07. 30	1966. 01. 11	1966. 10. 14
90	毛里求斯	1969. 06. 02	1969. 06. 02	1969. 07. 02
91	密克罗尼西亚	1993. 06. 24	1993. 06. 24	1993. 07. 24
92	摩尔多瓦	1992. 08. 12	2011. 05. 05	2011. 06. 04
93	蒙古	1991. 06. 14	1991. 06. 14	1991. 07. 14
94	黑山	2012. 07. 19	2013. 04. 10	2013. 05. 10
95	摩洛哥	1965. 10. 11	1967. 05. 11	1967. 06. 10
96	莫桑比克	1995. 04. 04	1995. 06. 07	1995. 07. 07
97	纳米比亚	1998. 10. 26		
98	尼泊尔	1965. 09. 28	1969. 01. 07	1969. 02. 06
99	荷兰	1966. 05. 25	1966. 09. 14	1966. 10. 14
100	新西兰	1970. 09. 02	1980. 04. 02	1980. 05. 02
101	尼加拉瓜	1994. 02. 04	1995. 03. 20	1995. 04. 19
102	尼日尔	1965. 08. 23	1966. 11. 14	1966. 12. 14
103	尼日利亚	1965. 07. 13	1965. 08. 23	1966. 10. 14
104	挪威	1966. 06. 24	1967. 08. 16	1967. 09. 15
105	阿曼	1995. 05. 05	1995. 07. 24	1995. 08. 23
106	巴基斯坦	1965. 07. 06	1966. 09. 15	1966. 10. 15
107	巴拿马	1995. 11. 22	1996. 04. 08	1996. 05. 08
108	巴布亚新几内亚	1978. 10. 20	1978. 10. 20	1978. 11. 19
109	巴拉圭	1981. 07. 27	1983. 01. 07	1983. 02. 06
110	秘鲁	1991. 09. 04	1993. 08. 09	1993. 09. 08
111	菲律宾	1978. 09. 26	1978. 11. 17	1978. 12. 17

（续表）

序号	国家名称	签署日期	交存日期	生效日期
112	葡萄牙	1983. 08. 04	1984. 07. 02	1984. 08. 01
113	卡塔尔	2010. 09. 30	2010. 12. 21	2011. 01. 20
114	罗马尼亚	1974. 09. 06	1975. 09. 12	1975. 10. 12
115	俄罗斯联邦	1992. 06. 16		
116	卢旺达	1978. 04. 21	1979. 10. 15	1979. 11. 14
117	萨摩亚	1978. 02. 03	1978. 04. 25	1978. 05. 25
118	圣多美和普林西比	1999. 10. 01	2013. 05. 20	2013. 06. 19
119	沙特阿拉伯	1979. 09. 28	1980. 05. 08	1980. 06. 07
120	塞内加尔	1966. 09. 26	1967. 04. 21	1967. 05. 21
121	塞尔维亚	2007. 05. 06	2007. 05. 09	2007. 06. 08
122	塞舌尔	1978. 02. 16	1978. 03. 20	1978. 04. 19
123	塞拉利昂	1965. 09. 27	1966. 08. 02	1966. 10. 14
124	新加坡	1968. 02. 02	1968. 10. 14	1968. 11. 13
125	斯洛伐克	1993. 09. 27	1994. 05. 27	1994. 06. 26
126	斯洛文尼亚	1994. 03. 07	1994. 03. 07	1994. 04. 06
127	所罗门群岛	1979. 11. 12	1981. 09. 08	1981. 10. 08
128	索马里	1965. 09. 27	1968. 02. 29	1968. 03. 30
129	南苏丹	2012. 04. 18	2012. 04. 18	2012. 05. 18
130	西班牙	1994. 03. 21	1994. 08. 18	1994. 09. 17
131	斯里兰卡	1967. 08. 30	1967. 10. 12	1967. 11. 11
132	圣基茨和尼维斯	1994. 10. 14	1995. 08. 04	1995. 09. 03
133	圣卢西亚角	1984. 06. 04	1984. 06. 04	1984. 07. 04
134	圣文森特及格瑞纳丁群岛	2001. 08. 07	2002. 12. 16	2003. 01. 15
135	苏丹	1967. 03. 15	1973. 04. 09	1973. 05. 09
136	瑞士	1970. 11. 03	1971. 07. 14	1971. 07. 14
137	瑞典	1965. 09. 25	1966. 12. 29	1967. 01. 28
138	瑞士	1967. 09. 22	1968. 05. 15	1968. 07. 14
139	叙利亚	2005. 05. 25	2006. 01. 25	2006. 02. 24
140	坦桑尼亚	1992. 01. 10	1992. 05. 18	1992. 06. 17
141	泰国	1985. 12. 06		
142	东帝汶	2002. 07. 23	2002. 07. 23	2002. 08. 22

（续表）

序号	国家名称	签署日期	交存日期	生效日期
143	多哥	1966. 01. 24	1967. 08. 11	1967. 09. 10
144	汤加	1989. 05. 01	1990. 03. 21	1990. 04. 20
145	特立尼达和多巴哥	1966. 10. 05	1967. 01. 03	1967. 02. 02
146	突尼斯	1965. 05. 05	1966. 07. 22	1966. 10. 14
147	土耳其	1987. 06. 24	1989. 03. 03	1989. 04. 02
148	土库曼斯坦	1992. 09. 26	1992. 09. 26	1992. 10. 26
149	乌干达	1966. 06. 07	1966. 06. 07	1966. 10. 14
150	乌克兰	1998. 04. 03	2000. 06. 07	2000. 07. 07
151	阿拉伯联合酋长国	1981. 12. 23	1981. 12. 23	1982. 01. 22
152	大不列颠及 北爱尔兰联合王国	1965. 05. 26	1966. 12. 19	1967. 01. 18
153	美国	1965. 08. 27	1966. 06. 10	1966. 10. 14
154	乌拉圭	1992. 05. 28	2000. 08. 09	2000. 09. 08
155	乌兹别克斯坦	1994. 03. 17	1995. 06. 26	1995. 08. 25
156	也门	1997. 10. 28	2004. 10. 21	2004. 11. 20
157	赞比亚	1970. 06. 17	1970. 06. 17	1970. 07. 17
158	津巴布韦	1991. 03. 25	1994. 05. 20	1994. 06. 19

由表 7 - 1 可见，截止到 2013 年 12 月 31 日，联合国 193 个成员国中有 158 个国家签署了《华盛顿公约》，其中伯利兹、加拿大、多米尼加、埃塞俄比亚、几内亚比绍、吉尔吉斯斯坦、纳米比亚、俄罗斯联邦、泰国这 9 个国家未向 ICSID 正式交存批准书，因而《华盛顿公约》并未在这 9 个国家正式生效。其他的 149 个国家正式交存了批准书，在这 149 个国家，《华盛顿公约》正式生效，缔约国的国民和其他缔约国间的投资争端，都可通过 ICSID 机制进行仲裁或调解解决。

由图 1 可见，截止到 2013 年年底，ICSID 登记的案件中东道国的分布较为广泛，南美、南亚、东亚和太平洋地区、中东和北非、撒哈拉非洲、西欧、美洲中部和加勒比地区、东欧和中亚、北美地区都有所涉及。其中，南美、东欧和中亚、撒哈拉非洲这三个地区的投资环境相对不稳定，外国投资者与东道国的投资矛盾较为突出，因而多通过 ICSID 机制解决外国投资者与东道国的投资纠纷。在剩下地区投资的外国投资者，则较少通过 ICSID 机制解决其与东道国政府的投资

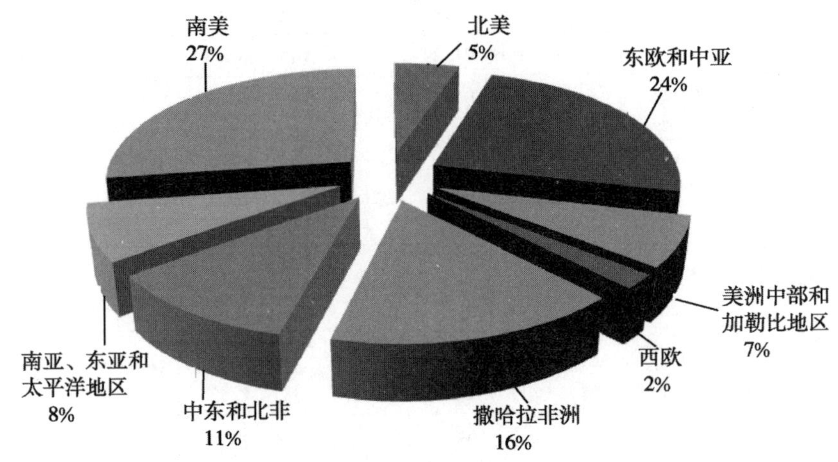

图 7－1　ICSID 登记案件中东道国的地区分布（1972～2013 年）

纠纷，究其原因，主要是由于这些地区的东道国投资环境较为稳定，国内投资法制较为完善，外国投资者与东道国政府之间较少出现投资矛盾。

表 7－2　ICSID 投资争议分类（1972～2013 年）

投资争议分类	所占比例
石油、天然气、矿产业	26%
电力和其他能源产业	13%
运输业	10%
金融业	7%
建筑业	7%
信息业	6%
水、水利设施、水利保护	6%
农业、渔业、林业	4%
服务和贸易业	4%
旅游业	4%
其他产业	13%

由表 7－2 可见，ICSID 解决的投资争议涉及的产业较为丰富，包括石油、天然气、矿产业、电力和其他能源产业、运输业、金融业、建筑业、信息业、水利

设施、水利保护、农业、渔业、林业、服务和贸易业、旅游业以及其他产业。其中，投资争议相对集中在投资金额较高、投资周期较长的石油、天然气、矿产业、电力和其他能源产业、运输业。而农业、渔业、林业、服务和贸易业、旅游业等产业的投资金额较为有限，投资周期较短，投资风险低，因而外国投资者与东道国政府的争议相对较少。

二、ICSID的组织机构

（一）ICSID的宗旨

根据《华盛顿公约》第1条第2款的规定，ICSID的宗旨是依照《华盛顿公约》的规定，为解决缔约国国民与其他缔约国之间的投资争议提供调解与仲裁的便利，以促进国际投资环境的改善，推动国际资本在国际间的跨国流动性。

（二）ICSID的性质

ICSID只是为相应国际投资争议的解决提供必要的条件及各项设施和方便，促进调解委员会或仲裁庭开展调解或仲裁工作，其本身并不直接参加缔约国国民与另一缔约国之间投资争议的调解或仲裁。因此，ICSID实际上是一个具有秘书处性质的机构，类似于一般的常设仲裁机构。

（三）ICSID的组织机构

ICSID的组织机构包括行政理事会、秘书处和两个小组（调解人小组和仲裁员小组）。

1. 行政理事会

行政理事会是ICSID的权力机构，每一个缔约国各派代表一人组成。在代表未能出席会议或不能执行职务时，可以由候补代表代替。如无相反的任命，一个缔约国所指派的世界银行的董事和候补董事应当然地成为各该国的代表和候补代表。世界银行行长应为行政理事会的当然主席，但无表决权。在世界银行行长缺席或不能执行任务以及银行行长职位空缺时，应由暂时代理行长的人担任行政理事会主席。

根据《华盛顿公约》第6条的规定，行政理事会的主要职能是：（1）通过中心的行政和财政条例；（2）通过着手制定调解和仲裁程序规则；（3）通过调解和仲裁的程序规则；（4）批准同世界银行达成的关于使用其行政设施和服务

的协议；（5）确定秘书长和副秘书长的服务条件；（6）通过中心的年度收支预算；（7）批准关于中心活动的年度报告。上述（1）、（2）、（3）和（6）项中的决定，应由行政理事会成员的2/3多数票通过。此外，行政理事会可以设立它认为必需的委员会。行政理事会还应执行它确定为履行《华盛顿公约》规定所必需的其他权力和职能。

行政理事会应举行年度会议及理事会决定或理事会成员请求的其他会议。行政理事会的每个成员享有一个投票权，除《华盛顿公约》另有规定外，理事会所有的事项应以多数票作出决定。行政理事会任何会议的法定人数应为其成员的多数。行政理事会可由其成员的2/3多数决定建立一种程序，根据该程序的主席可以不召开理事会议而进行理事会表决，该项表决只有理事会的多数成员在上述程序规定的期限内投票，才能认为有效。ICSID对行政理事会成员和主席的工作不支付任何报酬。

2. 秘书处

秘书处是中心处理日常行政事务的机构，由秘书长1人、副秘书长1人或数人以及工作人员组成。秘书长或副秘书长由行政理事会主席提名，经行政理事会根据其成员的2/3多数票选举产生，任期不超过6年，可以连选连任。行政理事会主席可再与行政理事会成员磋商后，提出秘书长、副秘书长以及工作人员的候选人。秘书长和副秘书长的职责不得与执行任何政治任务相联系。秘书长或任何副秘书长除经行政理事会批准外，不得担任其他任何职务，或从事其他任何职业。

秘书长是中心的法定代表人和主管官员，在秘书长缺席或不能履行职责时，或在秘书长职位空缺时，由副秘书长担任秘书长。秘书长依照《华盛顿公约》的规定和行政理事会通过的规则负责其行政麦务，包括任命工作人员。此外，秘书长还执行书记官的任务，并有权认证根据《华盛顿公约》作出的仲裁裁决并核证其副本。

3. 小组

ICSID设有一个调解员小组和一个仲裁员小组。根据《华盛顿公约》第13条的规定，每一缔约国可以向每个小组指派4人，他们可以是但不一定是该缔约国国民。行政理事会主席可以向每个小组指派10人，但向一个小组指派的人员应具有不同的国籍，并应适当注意保证世界上各主要法律体系和主要经济制度在各小组中有其代表。被指派在小组服务的人员应具有高尚的道德品质，在法律、商务、工业或金融方面有公认的能力，并可被信赖能够作出独立的判断。对仲裁员小组的人员而言，法律方面的资格尤为重要。

小组成员的服务期限为 6 年，可以连任。如果小组的成员死亡或辞职时，指派该成员的机构有权指派另一人在该成员剩余的任期内服务。小组成员应继续任职，直至其继任人被指派时为止。一个人可以在两个小组服务。如果一个人被一个以上的缔约国，或被一个或一个以上的缔约国和行政理事会主席指派在同一个小组服务，则应认为他是被首先指派他的机构所指派；或者如果其中一个指派机构是他的国籍所属国，则应认为他是被该国所指派。所有的指派应通知中心秘书长，并从秘书长接到通知之日起生效。

三、ICSID 的法律地位

1966 年，随着《华盛顿公约》的生效，ICSID 成立了。它是第一个用于解决国家与他国国民之间投资争端的机构，并且也是专注于这一领域的唯一国际机构，充分调和了投资争端各方的利益关系。根据 2013 年《ICSID 年度报告》的数据显示，截止到 2013 年 12 月 31 日，ICSID 累计已受理超过 430 起国家与他国国民之间的投资争议，涉案的外国投资者来自世界所有地区，涉案的国家和国家机构则超过 95 个。除此之外，ICSID 还登记了超过 40 个根据联合国国际贸易法委员会仲裁规则和其他仲裁等规则引发的投资仲裁案件。今天，ICSID 已成为世界公认的解决国际投资争议的机构，有助于促进外国投资者与东道国政府间投资

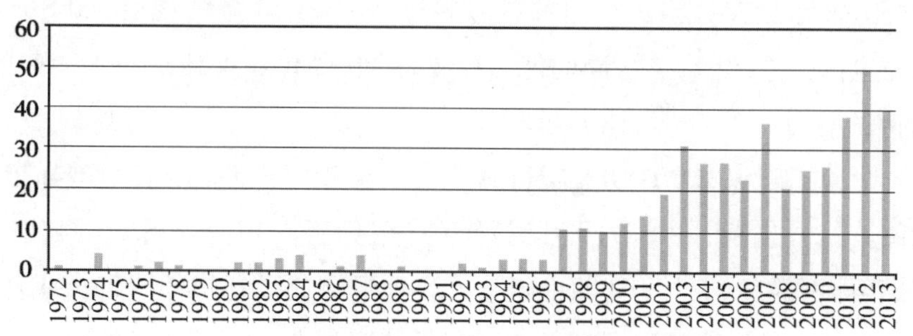

图 7－2　ICSID 每年登记的案件数量（1972～2013 年）

数据来源：THE ICSID CASELOAD － STATISTICS（ISSUE 2014－1）

争议的有效解决，从而推动整个国际社会的经济发展。由图 7－2 可见，ICSID 于

1972 年登记了第一个一国与他国国民之间投资争端的案件，截止到 2013 年 12 月 31 日，ICSID 共登记了 459 个案件。根据 ICSID 每年登记的案件数量，主要分为四个阶段。第一个阶段是从 1972 年到 1996 年，这个阶段 ICSID 登记的数量总体每年维持在 0～4 个，只有较少的一国与他国国民之间投资争端的案件通过 ICSID 进行解决。第二个阶段是从 1997～2002 年，这个阶段的案件数量相比第一阶段有了显著提高，案件每年数量控制在 10～20 个。第三个阶段是从 2003～2010 年，这个阶段 ICSID 登记的数量总体每年维持在 20～30 个。然而，在 2007 年，案件数量达到了这一阶段的峰值，超过了 30 起达到了 37 起，ICSID 的管理人员将 2007 年的高额案件数归结为国家间投资协定的增多。由于 ICSID 享有管辖权的前提是外国投资者与东道国政府的同意，而投资国与东道国签订的投资协定若约定一国投资者与另一国政府间的投资争端可采用 ICSID 机制解决，则视为东道国对适用 ICSID 的同意。因此，越来越多的投资者可直接将其与东道国政府的投资争议提交到 ICSID，而不需要另行争得东道国政府的书面同意。第四个阶段是从 2011～2013 年，这个阶段的案件数量在 40～50 个，众多投资者和东道国选用 ICSID 机制解决相互之间的投资争端，充分发挥 ICSID 机制的优势。

由图 7－3 可见，在 ICSID 登记的案件主要分为四种解决类型：仲裁、调解、附加便利仲裁、附加便利调解。其中，案件绝大部分通过仲裁进行解决，剩下一小部分通过附加便利仲裁解决。截止到 2013 年年底，只有 7 个案件是通过调解程序解决的，2 个案件通过附加便利调解解决。

虽然 ICSID 与世界银行关系密切，但 ICSID 是一个独立的国际性常设机构，具有完全的国际法律人格。根据《华盛顿公约》第 18 条的规定，ICSID 的法律行为能力包括：（1）缔结合同的能力；（2）取得和处理动产与不动产的能力；（3）起诉的能力。

同时，为了确保 ICSID 切实履行其职责，ICSID 还享有政府间国际组织的特权与豁免。其中包括：ICSID 及其财产享有豁免于一切法律诉讼的权利（除非 ICSID 放弃此种豁免）；ICSID 的主席、行政理事会成员、担任调解员或仲裁员的人员、任命的委员会成员以及秘书处的官员的雇员在履行任务时的行为，享有豁免法律诉讼的权利（除非 ICSID 放弃此种豁免）；ICSID 的上述官员及雇员如果不是所在国的国民，则应享有缔约国给予其他缔约国同等级外交代表、官员和雇员在豁免移民限制、外国人登记要求和国民兵役义务方面的同等权利，在外汇限

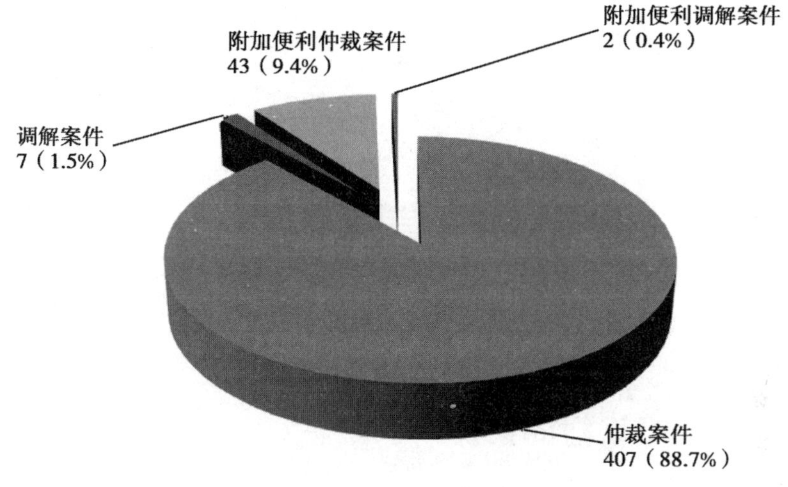

图7－3 ICSID登记案件的解决类型（1972～2013年）

数据来源：THE ICSID CASELOAD – STATISTICS（ISSUE 2014－1）

制和旅行方面享有同等便利和同等待遇。

ICSID的档案不论位于何处，应不受侵犯；关于官方通讯，各缔约国给予ICSID的待遇不得低于给予其他国际组织的待遇；ICSID及其财产和收入以及《华盛顿公约》许可的业务活动和交易应免除一切捐税和关税，ICSID还应免除征收或偿付任何捐税或关税的义务；除所在国的国民外，对ICSID付给行政理事会主席或成员的津贴，或付给秘书处职员或雇员的薪金、津贴或其他报酬，均不得征税；对担任调解人或仲裁员或依照《华盛顿公约》所任命的委员会成员的人在该公约规定的诉讼中所得到的报酬或津贴，亦不得征税，但仅限于此项征税的唯一法律依据是ICSID的地点或诉讼的所在地或付给报酬或津贴的地点。

第二节 ICSID 的管辖权

一、ICSID 管辖权的条件

根据《华盛顿公约》第 25 条的规定，ICSID 的管辖适用于缔约国（或缔约国向 ICSID 指定的该国的任何组成部分或机构）和另一缔约国国民之间直接因投资而产生并经双方书面同意提交给 ICSID 的任何法律争端。当双方表示同意后，任何一方不得单方面撤销其同意。由此，外国投资者与东道国政府的政治风险争议若由 ICSID 进行管辖，需符合以下三个条件。

（一）主体适格

1. 适格的投资者

适格的投资者即为《华盛顿公约》缔约国的国民，包括自然人投资者和法人投资者。

根据《华盛顿公约》第 25 条第 2 款的规定，自然人投资者为在自然人投资者与东道国政府双方同意将政治风险争议交付调解或仲裁之日以及根据公约规定将调解或仲裁请求由 ICSID 秘书长进行登记之日，具有除东道国国籍以外某一缔约国国籍的任何人。由此可见，自然人投资者只需满足相应的国籍条件，即符合适格的投资者的要求。自然人投资者国籍的判断主要考量两个时间点：一个时间点是自然人投资者与东道国政府同意将政治风险争议交付调解或仲裁之日，由于在实践中外国投资者获取东道国政府的书面同意具有一定的难度，ICSID 通常从东道国与投资国签订的双边投资协定规定的争议解决条款来判断东道国是否同意 ICSID 的管辖；另一个时间点是自然人投资者与东道国政府根据公约规定将调解或仲裁请求由 ICSID 秘书长进行登记之日。双方向秘书长请求对政治风险争议进行登记，除非秘书长认为该政治风险争议显然在ICSID的管辖范围之外，他应立即将登记或拒绝登记通知双方。当然，在这两个时间点，自然人投资者都不得具有东道国的国籍，对于在这两个时间点期间自然人投资者具有东道国国籍的情形，《华盛顿公约》对此没有进行规定，应该认为该种情形自然人投资者也是适格的。只要自然人投资者在这两个时间点都具有同一缔约国的国籍，而非东道国的国籍，那么就是适格的。

与自然人投资者相比，法人投资者的适格性要求较低。根据《华盛顿公约》第25条第2款的规定，法人投资者是指在法人投资者与东道国政府同意将政治风险争议交付调解或仲裁之日，具有除东道国以外的某一缔约国国籍的任何法人。如果法人投资者在双方同意将政治风险争议交付调解或仲裁之日具有东道国国籍，而该法人受到外国的控制，双方同意为了本公约的目的，将投资争议交由ICSID管辖，那么，该法人投资者应被视为合格的法人投资者。由此可见，法人投资者的适格性也主要是考量法人的国籍，例外情形下考虑法人的控制。在通常情形下，法人国籍的判断只依据一个时间点——双方同意将政治风险争议交付调解或仲裁之日，而不考虑双方根据公约规定将调解或仲裁请求由ICSID秘书长进行登记的日期，这主要是因为投资国对本国法人对外投资往往进行严格的审批程序，包括投资前和投资终结的登记、审批、备案，投资期间的汇报、纳税等一系列事项，法人投资者若想在双方同意将政治风险争议交付调解或仲裁之日后变更国籍，需在本国进行注销并在另一国重新完成上述手续，具有很大的难度，法人投资者几乎不可能完成。在法人投资者被外国控制的例外情况下，其也可具有东道国的国籍，只要法人投资者与东道国政府都同意将争议交由ICSID管辖，此种类型的法人投资者也是适格的。

2. 适格的东道国

适格的东道国是指东道国需为《华盛顿公约》的缔约国。对于某一缔约国的组成部分或机构能否作出接受ICSID管辖的同意，根据《华盛顿公约》第25条第3款的规定，适格性取决于东道国是否对其进行了批准。如果东道国批准可由其组成部分或机构作出同意ICSID的管辖，那么该同意就具有相应的法律效力。当然，一国也可向ICSID作出不需其同意的通知，对于本国的组成部分或机构的同意无须批准就认可其效力。如英国就在1968年向ICSID作出“英国海外英属辖地的同意具有同意管辖的效力，无须经过英国批准”的通知。

（二）客体适格

1. 客体性质适格

根据《华盛顿公约》第25条第1款的规定，外国投资者与东道国政府提交ICSID的政治风险争议必须是“直接因投资而产生的任何法律争端”。因此，客体的性质应满足两个要件：一是政治风险争议应为直接因投资而产生的争议；二是政治风险争议应为法律争议。

（1）直接因投资而产生的争议。《华盛顿公约》并未对“投资”进行明确的定义性的规定。在制定《华盛顿公约》时，制定者认为外国投资者与东道国政府间的投资争议具有多样性，无论怎么对投资进行定义都可能不能满足现实的需要，因此认为应将投资的定义交给一国的国内法进行规定。[①] 然而，在国内法和投资协定都未对投资进行定义时，ICSID必须对投资进行界定，从而判定一项争议是否属于ICSID管辖。在ICSID的实践中，出现了两种对投资定义的解释方法，一种是客观主义方法，另一种是主观主义方法。

①客观主义方法。客观主义方法认为应从投资具体反映的某些特征要素来综合判断。在Salini v. Morocco案中，意大利公司Salini竞标取得了在摩洛哥修建高速公路的合同，Salini在完成相关工程后请求摩洛哥一方代表政府的发包公司支付工程全部款项，但是摩洛哥一方认为Salini迟延完成了工程，因此只支付了部分款项，双方就工程款的支付问题产生争议。Salini依据1990年意大利与摩洛哥签订的双边投资协定中争端解决条款的规定，就其与摩洛哥之间的工程款争议向ICSID提出仲裁。ICSID在判断其是否对该案享有管辖权的前提是解决Salini在摩洛哥修建高速公路的行为是否属于投资的范畴。Salini认为其在摩洛哥修建高速公路的行为属于《意大利与摩洛哥双边投资协定》第1条第1款的“资本化的债权，包括再投资的收入以及具有经济价值的所有契约性服务的权利”“所有由法律或契约所赋予的经济权利，以及所有根据现行法律和法规所取得的执照或特许，包括天然资源的勘探、采集与开发权利”，因而属于投资的范畴。摩洛哥政府则提出了反对的意见，认为投资的定义应依据摩洛哥的国内法进行解释，根据摩洛哥1998年12月30日第2－98－482号法令，Salini在摩洛哥修建高速公路的行为应归类为服务合同而非投资合同，因此主张ICSID对本案无管辖权。仲裁

---

① See ICSID Reports. Vol 1. 1993. p. 200.

庭认为管辖权取决于符合双边投资协定和《华盛顿公约》要求的投资是否存在，从而确立了判断一项投资是否存在的四项标准：实质性的投入；持续一定的时间；双方对交易承担风险；促进东道国的经济发展。对于《意大利与摩洛哥双边投资协定》第1条第1款规定的"'投资'一词是指本条约生效后由自然人或法人，包括缔约国政府，于另一缔约国境内根据该国的法律和法规所投资的所有资产种类"中的符合东道国法律，仲裁庭认为该条规定的重心在于依据东道国的法律确定投资的资产种类，从而避免双边投资协定保护非法投资，规定的是投资的合法性问题而非投资的定义问题。[①] Salini 案所确立的判断投资的四项标准成为后来仲裁庭在判定一项案件是否享有 ICSID 管辖时经常讨论和适用的标准，此后虽然也有 Joy Mining v. Egypt 案的五标准说（持续一定的时间；享有预期利润或回报；双方对交易承担风险；实质性的承诺；构成对东道国发展的重要贡献）[②]，以及 Phoenix v. Czech 案的六标准说（实质性的投入；持续一定的时间；双方对交易承担风险；相关投资是为了在东道国开展经济活动；投资是依据东道国的法律进行的；投资是真实的）[③]，但仲裁庭在适用客观主义方法进行投资解释的大致方法保持基本一致。

②主观主义方法。主观主义方法认为，当外国投资者与东道国政府同意将争议提交 ICSID 仲裁时，双方对投资的定义就已经在主观上确立了。执行董事会的报告认为，在将投资争端提交国际仲裁的过程中，考虑到存在当事人合意这一要件，缔约国可以事先知晓争端的类型，并据此作出是否提交仲裁的判断，因此公约并未试图对投资下定义。[④] 在实践中，仲裁庭在适用主观主义解释方法时通常对投资进行宽泛的解释，认为一项经济活动只要具有投资的特征就属于《华盛顿公约》规定的投资的范畴。在 Fedax N. V. v. Republic of Venezuela 案中，Fedax 是一家荷兰公司，通过背书的方式购买了委内瑞拉政府发行的6张可转让的本票，但是在票据到期后，委内瑞拉政府拒绝承兑付款，于是 Fedax 公司依据1991

① See Salini v. Morocco. ICSID Report. Vol. 6. 2004. p. 400. para 46.

② Joy Mining Machinery Ltd. V. Arab Republic of Egypt. ICSID Case No. ARB/03/11. Award of August 6. 2004.

③ Phoenix Action. Ltd. v. Czech Republic. ICSID Case No. ARB/06/5. Para 114.

④ See Report of the Executive Directors of the International Bank for Reconstruction and Development on the Convention on the Settlement of Investment Disputes Between States and Nationals of Other States. March. 18. 1965. ICSID Convention. Regulations and Rules. Doc. ICSID/15/Rev. 1. January 2003. p. 44.

年荷兰与委内瑞拉签订的双边投资协定向 ICSID 申请仲裁。仲裁庭在认定 Fedax 公司的行为是否属于投资时指出，《荷兰与委内瑞拉双边投资协定》第 1 条第 1 款对投资的定义非常宽泛，包括“在公司或合资企业中的股份债权或其他利益所产生的权利”以及“对金钱、其他资产或有经济价值的薪给的请求权”，表明委内瑞拉政府试图为在其境内的各种投资提供保护。[①] 在本案中，Fedax 公司所拥有的 6 张本票是委内瑞拉政府出具的，虽然该票据可以通过背书变更投资者，但是投资者始终存在，Fedax 公司从拥有票据起就享有对委内瑞拉政府的贷款权利。仲裁庭因此认定 Fedax 公司所持有委内瑞拉政府票据的行为是投资行为。又如在 Antoine Goetz v. Burundi 案中，仲裁庭认为，由于股份份额是《比利时与布隆迪双边投资协定》规定的投资的范畴，因此 Antoine 在布隆迪一家当地注册的公司中所拥有的股份构成了投资。[②]

（2）法律争议。依据《华盛顿公约》第 25 条的规定，提交 ICSID 的政治风险争议必须是法律争议。对于“法律争议”一词，世界银行执行董事会《关于〈解决国家与他国国民之间投资争议公约〉的报告书》进行了解释，认为使用“法律争议”一词是为了说明权利的冲突属于 ICSID 的管辖权范围之内。政治风险争议必须是关于法律权利或义务的存在或其范围，或是关于因违反法律义务而实行赔偿的性质或限度。以征收风险为例，外国投资者可在 ICSID 机制下主张东道国实施了征收、东道国政府的征收对其造成了一定的影响、请求东道国政府进行赔偿等一系列的请求。

对《华盛顿公约》颇有研究的德劳姆教授还对不属于法律争议的事项进行了列举，包括：①当事人之间的利益冲突，如关于对整个协议或其中某些条款重开谈判的愿望的分歧；②事实争议，如对于财务账目或事实调查的争议。当然，事实争议的范围是有限的，当协议规定可以基于某些“艰难”条款或“最优惠投资者或东道国”条款对关系进行重新调整时，显然，有关实施这种条款的事实是否已经存在的争议具有法律意义，因为它最终将影响到履行或不履行的问题。[③]

2. 不属于保留事项

根据《华盛顿公约》第 25 条第 4 款的规定，任何缔约国可以在批准、接受

---

① Fedax N. V. v. Republic of Venezuela. Award. ICSID Case No ARB/96/3.

② Antoine Goetz and others v. Republic of Burundi . ICSID Case No. ARB/95/3. February 10. 1999. para 83.

③ G. R. 德劳姆 . 跨国契约 . Booklet 16. 1982 年 . 第 34 ~ 35 页。

或核准公约时，或在此后任何时候，把它将考虑或不考虑提交给ICSID管辖的一类或几类争端通知ICSID。同时，秘书长应立即将此项通知转送给所有缔约国。对于国际投资中的政治风险，有以下几个国家通知ICSID进行了相关的保留：①1974年5月8日，牙买加作出涉及矿产或其他自然资源的争议不提交ICSID管辖的通知；②1974年7月8日，圭亚那也作出了与牙买加相同内容的通知，但随后在1987年9月29日撤回了该通知；③1980年5月8日，沙特阿拉伯作出涉及石油和有关主权行为的争议不提交ICSID管辖的通知；④1993年1月7日，中国提出只将由于征收和国有化而产生的赔偿争议提交ICSID解决。对于作出保留的事项，ICSID不享有管辖权。

（三）双方同意

根据《华盛顿公约》第25条第1款的规定，外国投资者与东道国政府的政治风险争议必须由双方当事人书面同意提交给ICSID。针对具体案件，当事人应向ICSID提交争议事实的材料、当事人双方的身份以及他们接受ICSID仲裁的书面同意。值得注意的是，东道国政府的批准、接受或核准《华盛顿公约》的事实并不等同于东道国政府同意将外国投资者与东道国政府的任一政治风险争议提交给ICSID，也不代表ICSID就享有涉及东道国任一案件的管辖权。

1. 同意的种类

《华盛顿公约》要求外国投资者与东道国政府双方都向ICSID提交书面的同意，对于书面同意的具体种类，ICSID在实践中主要接受以下几种做法。

（1）外国投资者在东道国投资前，与东道国政府签订了投资协议，其中的争议解决条款包括ICSID机制，即认为双方同意将投资争议交付ICSID进行调解或仲裁，属于《华盛顿公约》所要求的同意。当外国投资者的投资规模较为庞大或受到时间限制等因素影响时，东道国政府可能与外国投资者签订数个投资协议。然而，这数个投资协议不一定每个都载明了同意ICSID管辖的争端解决条款。在Duke Energy v. Peru案中，Duke与秘鲁政府针对同一投资项目签订了一系列合同，但只有其中一部分合同包含了同意ICSID仲裁的条款。ICSID仲裁庭在确立本案的管辖权采用了整体一致原则，即认为每一个投资协议是不能分割的，先前提交的投资协议中规定的ICSID争议解决条款对其他协议同样有效。①

① Duke Energy v. Peru. Decision on Jurisdiction. 1 February 2006. para. 119 ~ 134.

由此可见，仲裁庭对“同意”进行了广义的理解，认为ICSID争议解决条款并非只适用于特定的投资协议，而是适用于整个投资项目。

（2）外国投资者与东道国政府产生政治风险争议以后，双方专门对该政治风险争议达成书面协议，同意由ICSID对争议进行解决。在实践中，这种事后达成同意ICSID管辖的协议非常少见。外国投资者与东道国政府出现政治风险争议后，东道国政府通常不愿意将此种类型的案件交由国际机构进行裁决，而倾向于国内的一些行政、仲裁、司法等救济方式。因此，外国投资者很难在出现争议后与东道国政府再达成同意ICSID管辖的协议。

（3）东道国的国内法规定同意将其与外国投资者的政治风险争议提交ICSID进行解决，从而构成东道国单方的明示同意。如1993年阿尔巴尼亚《外商投资法》第8条第2款规定：“外国投资者可以将与阿尔巴尼亚共和国的争端提交ICSID。”如果东道国的国内法只是规定外国投资者与本国的争议可以提交国际仲裁，但是却并未具体指明ICSID机构，那么不能认为东道国的国内法单方同意了ICSID的管辖。当然，也有一些东道国只是在国内法中对争议解决方式进行了列举，将ICSID列为其中的一种。对于此种情况，能否直接认定东道国的国内法构成了单方同意呢？在ICSID审理的SPP v. Egypt案中，SPP依据1974年埃及《第43号法案》中“本法案执行过程中产生的投资争议应通过以下方式解决：①双方一致同意的方式；②在埃及与投资者本国现行法律体系下允许的方式；③根据埃及1971年第90号法案所批准参加的ICSID公约体系下”的规定认为东道国构成了同意ICSID管辖的单方同意，而埃及政府认为其规定这一争议解决条款的目的是说明争议解决的种类，ICSID只是其中之一，只有外国投资者与埃及政府另行签订同意ICSID管辖的协议，才能认定埃及政府接受ICSID的管辖。[①] 仲裁庭认为从埃及《第43号法案》本身不能看出建立ICSID管辖权需要任何进一步的明示，因此驳回了埃及政府关于管辖权的抗辩。

由于东道国国内法的规定只构成东道国的同意，因此，外国投资者也需作出相应的同意才可认为是双方的同意。外国投资者单方的同意可以多种方式作出，如在投资协议中表示接受、作出简单的声明书、在向ICSID提交管辖的申请书中表示接受等。

---

① SPP v. Egypt. Decision on Jurisdiction. 27 November 1985. 3 ICSID Reports 112.

（4）双边投资协定或区域性多边投资条约中规定了 ICSID 的争端解决方式，ICSID 对此予以接受。在 Lanco International Inc. v. Argentina Republic 案中，仲裁庭指出："缔约国在双边投资协定中所作出的对 ICSID 管辖权的同意，可以理解为缔约国从作出的即刻起就对另一缔约国的投资者将可能的争端提交 ICSID 管辖的统括性的要约。"①

从 1997 年开始，ICSID 开始接受以投资国与东道国签订的双边投资协定为基础的同意，这使得 ICSID 在 1997 年登记的案件数大幅增加，上升到了 10 件，而在 1997 年之前，ICSID 每年登记的案件数在 0 ~4 件之间（见图 7 –4）。

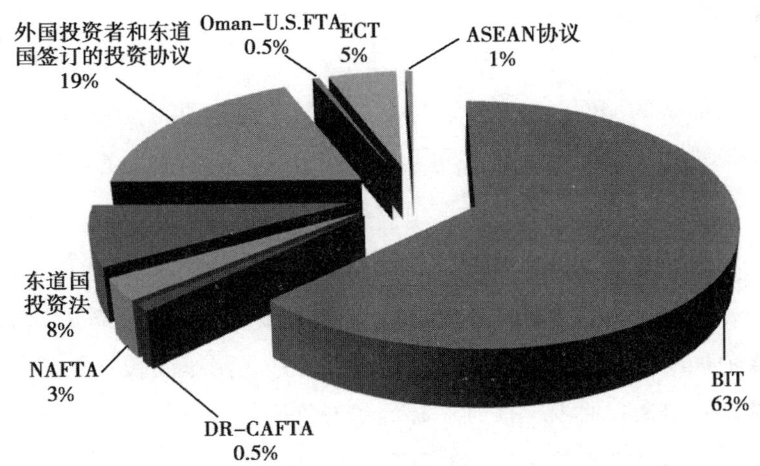

图 7 –4　ICSID 登记案件管辖权的判定依据（1972 ~2013 年）

由图 7 –4 可见，截至 2013 年年底，投资国与东道国签订的双边投资协定占 ICSID 登记案件管辖权判定依据的 63% ，是判断外国投资者与东道国政府对 ICSID 管辖同意的最主要依据。NAFTA 作为区域性多边投资条约的典型代表，也占到了 3% 。双边投资协定和区域性多边投资条约在判定双方是否同意 ICSID 管辖权方面发挥着不可替代的作用。

双边投资协定与区域性多边投资条约对 ICSID 的管辖权主要规定为以下两种类型：①规定外国投资者有将争议选择提交给 ICSID 的权利，如 2009 年《中华人民共和国政府和瑞士联邦委员会关于促进和相互保护投资协定及其议定书》第

① Lanco International Inc. v. Argentina Republic. Decision on Objections to Jurisdiction. 1998.

11 条第 2 款规定："投资者有权选择提交给依据 1965 年 3 月 18 日在华盛顿开放签署的《解决国家和他国国民之间投资争端公约》设立的'解决投资争端国际中心'。"此种情况下，双边投资协定当然可以成为外国投资者与东道国政府对 ICSID 管辖权的同意。②规定东道国对于外国投资者将争议提交 ICSID 应给予认真的考虑。此种情形下，东道国需考虑是否接受 ICSID 的管辖，但并无义务同意 ICSID 的管辖，因此，该种类型的投资协定不能认为是双方接受 ICSID 管辖的同意。当外国投资者与东道国政府出现政治风险争议时，外国投资者仍需与东道国政府另行签订同意 ICSID 仲裁的协议，才可将争议提交 ICSID。

2. 同意的程序

（1）同意的等待期间。外国投资者与东道国政府同意向 ICSID 提起申请前，通常应经过一个等待的期间，如 2005 年《中华人民共和国和西班牙王国关于促进和相互保护投资的协定》第 9 条规定："如争议自提出书面通知之日六个月内未能通过协商解决，经投资者选择，该争议可提交到依据 1965 年 3 月 18 日在华盛顿开放签字的《解决国家和他国国民之间投资争端公约》设立的'解决投资争端国际中心'仲裁。"这个期间多规定在投资国与东道国签订的投资协定中，期限从 3 ~ 36 个月不等，以 6 个月的规定居多。一般情形下，投资协定鼓励外国投资者与东道国政府通过协商、谈判、磋商等有好方式先行解决，如果在一定期间不能解决，再将争议提交 ICSID，这个等待期间就是大多数国家规定的等待期间。由表 7 - 3 可见，等待期间的起算点不一定是外国投资者与东道国政府进行协商、谈判、磋商的起始日，各国签订的投资协定规定的等待期间的起算点主要分为以下四类：①争议发生之日；②争议提出解决之日；③争议提出书面解决之日；④争议提交法院之日。

表 7 - 3　投资协定规定的 ICSID 等待期间①

投资协定时间	投资协定名称	等待期间（月）	期间起算时间点
1994 年	ECT	3	提起友好方式解决之日
2003 年	意大利 BIT 范本	6	提出书面协商之日
2003 年	印度 BIT 范本	6	争议超过 6 个月不能得到解决

① BIT 是 Bilateral Investment Treaties 的缩写，指双边投资协定。

续表

投资协定时间	投资协定名称	等待期间（月）	期间起算时间点
2004 年	加拿大 BIT 范本	6	投资者诉求之日起
2005 年	中国与西班牙 BIT	6	提出书面通知之日
2006 年	法国 BIT 范本	6	争议发生之日
2007 年	哥伦比亚 BIT 范本	12	外国投资者向东道国政府提交书面通知之日
2007 年	挪威 BIT 范本	36	争议提交当地法院之日
2008 年	德国 BIT 范本	6	一方提起争议之日
2008 年	中国与东盟投资协定	6	提出磋商和谈判的书面请求之日

（2）用尽当地救济。《华盛顿公约》第 26 条规定："缔约国可以要求以用尽该国行政或司法救济作为其同意根据本公约交付仲裁的条件。"因此，如果东道国有此要求，那么外国投资者必须先用尽东道国的行政救济或司法救济，其后再向 ICSID 提出争议解决的申请。东道国的这种规定是自愿的，可以规定，也可以不规定。如果东道国希望充分体现本国的国家主权，或者东道国在处理国内救济手段与国际救济手段时存在冲突，则可以通过此种规定充分调和国内救济和国际救济之间的关系。毫无疑问的是，东道国的此种规定将给外国投资者带来相当大的负担。外国投资者在东道国的相关部门进行当地救济，相关部门考虑到政治风险争议的特殊性，往往会作出对外国投资者不利的裁决。如果外国投资者对相关部门的裁决结果不满意，还应提起申诉、上诉等程序，大大增加了案件审理的时间和成本。在经历过一系列的当地救济之后，外国投资者才可向 ICSID 提请争议解决，其合法权益很难在较短时间内得以维护。

3. 同意的效力

《华盛顿公约》第 25 条第 1 款规定："当外国投资者与东道国政府表示同意后，任何一方不得单方面撤销其同意。"不得单方面撤销同意包括不得撤销同意的范围、同意的前提等内容。即使外国投资者与东道国政府签订的投资协定终止了，也不影响同意的性质，外国投资者与东道国政府仍可通过 ICSID 解决相关争议。如果此时仍有一方单方撤销了提交 ICSID 管辖的同意，那么另一方仍可将争议提交 ICSID 进行解决，ICSID 仲裁庭可依法作出缺席裁判。

外国投资者与东道国政府同意将争议提交 ICSID 管辖，将产生两种效力，一种是赋予 ICSID 管辖权，另一种是在赋予 ICSID 管辖权的同时排除任何其他救济

方式。《华盛顿公约》第 26 条规定："除非另有规定，双方同意根据本公约交付仲裁，应视为同意排除任何其他救济方法而交付上述仲裁。"这就意味着，一旦外国投资者与东道国政府同意将争议提交 ICSID 之后，就不得再运用其他救济方式，如东道国的当地救济、其他国际仲裁等。在国际海运提名公司诉几内亚案（Maritime International Nominees Establishment v. Guinea）中，国际海运提名公司不顾与几内亚政府已达成的同意 ICSID 管辖的协议，擅自向美国哥伦比亚地区法院起诉。ICSID 仲裁庭根据 ICSID《仲裁程序规则》第 39 条的规定，对此采取了临时措施，并敦促国际海运提名公司立即撤回在国内法院进行的诉讼，并且不得就同意争议提起新的诉讼。①

二、ICSID 管辖权的排他效力

ICSID 管辖权的排他效力主要是指 ICSID 管辖权对外交保护的排斥，具体说来，外国投资者和东道国已经作出交付 ICSID 管辖的同意或已经交付 ICSID 之后，投资国就不得再对东道国提起外交保护。这主要分为两种情形：第一种情形是外国投资者单方作出同意，此种情形构成投资者向本国申请外交保护的放弃，同时也构成投资国对东道国外交保护的放弃。第二种情形是外国投资者与东道国政府双方都作出的同意或已经将案件提交 ICSID，在这种情形下，除非东道国政府拒不执行 ICSID 的裁决，否则投资国在任何情形下都不得向东道国行使外交保护。ICSID 管辖权对外交保护的排斥在一定程度上缓和了投资国与东道国的国际关系，有利于促进争议公平、有效地解决，避免政治因素的干预。

① 陈安主编：《国际投资争端案例精选》，复旦大学出版社 2001 年版，第 800 ~ 801 页。

第三节 ICSID 的争端解决机制

ICSID 解决国际投资争议的途径有两种，即调解程序和仲裁程序。当事人对于适用调解还是仲裁可自行商定，可直接进行调解或仲裁，也可先调解后仲裁。外国投资者与东道国政府向 ICSID 提起调解或仲裁时，可以自行约定所适用的程序性规则，如果双方没有约定，则应适用 ICSID 管理委员会制定的《起诉规则》《调解规则》和《仲裁规则》。

一、ICSID 的调解机制

（一）调解程序

1. 请求调解

根据《起诉规则》和《华盛顿公约》第 28 条的规定，外国投资者或东道国政府中的任一方均可向 ICSID 请求对政治风险争议进行调解。调解申请书应以英文或法文书面写成，请求内容包括争端的事项、双方的身份以及他们同意依照交付调解和仲裁的程序规则进行调解等。申请人在向 ICSID 秘书长提交调解申请书时应缴纳 100 美元的费用，秘书长将该项请求的副本送交另一方。秘书长收到当事人的调解申请后，应对申请人的身份情况及调解申请书的内容进行审查，除非他根据请求的内容认为此项争端显然在中心的管辖范围之外，应对调解申请进行登记，并立即将登记或拒绝登记通知双方。值得注意的是，秘书长的审查通过并不意味着 ICSID 就一定对案件享有管辖权，在当事人组成调解委员会后，仍可向调解委员会提出管辖权异议，由调解委员会作出最终决定。

2. 组成调解委员会

调解委员会应在秘书长进行登记之后尽速组成。委员会应由双方同意任命的独任调解员或任何非偶数的调解员组成。如双方对调解员的人数和任命的方法不能达成协议，则委员会应由三名调解员组成，由每一方各任命调解员一名，第三名由双方协议任命，并担任委员会主席。如果在秘书长发出已登记的通知后90天内，或在双方可能同意的其他期限内未能组成委员会，主席经任何一方请求，并尽可能同双方磋商后，可任命尚未任命的一名或数名调解员。除主席根据《华盛顿公约》第30条进行任命的情况外，可任命调解员小组以外的人为调解员。

3. 进行调解

委员会有责任澄清双方发生争端的问题，并努力使双方就共同可接受的条件达成协议。为此目的，委员会可以在程序进行的任何阶段，随时向双方建议解决的条件。双方应同委员会进行真诚的合作，以使委员会能履行其职责，并对委员会的建议给予最认真的考虑。

如果双方达成协议，委员会应起草一份报告。指出发生争端的问题，并载明双方已达成协议。如果在程序进行的任何阶段，委员会认为双方已不可能达成协议，则应结束此项程序，并起草一份报告，指出已将争端提交调解，并载明双方未能达成协议。如果一方未能出席或参加上述程序，委员会应结束此项程序并起草一份报告，指出该方未能出席或参加。

（二）调解效力

外国投资者与东道国政府达成的调解协议对双方无约束力，因此，在1972～2013年，在ICSID中通过调解结案的只有7件，而通过仲裁结案的有407件。双方达成调解协议后，若一方拒不执行调解协议的内容，那么只能再寻求其他的救济方式，如ICSID机制下的仲裁。

当然，调解结案的效率较高，在Tesoro Petroleum Corporation v. Trinidad and Tobago案中，秘书长于1983年8月26日对该案进行了登记，随后在1984年1月6日组成了调解委员会，由英国人Richard WILBERFORC独任调解员。双方于1985年11月27日对石油征收争议达成了调解协议，整个案件历时2年3个月。在另一起调解案件Republic of Equatorial Guinea v. CMS Energy Corporation and others中，从秘书长登记到调解协议的达成则仅用了1年3个月。调解结案有利于外国投资者与东道国政府的争议通过达成调解协议的形式迅速得到解决，但是调解协议并不对当事人产生约束力，不利于调解协议的执行。

二、ICSID 的仲裁机制

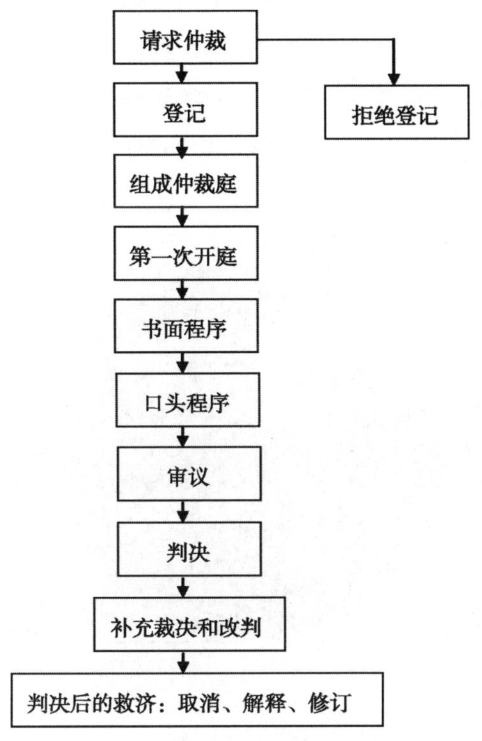

图 7－5　进行仲裁的程序

（一）仲裁程序

1. 请求仲裁

外国投资者与东道国政府在 ICSID 请求仲裁的程序与请求调解类似，都需要向 ICSID 秘书长提出书面申请书，申请书的内容包括争端事项、双方的身份以及他们同意依照交付仲裁的程序规则提交仲裁等内容，由秘书长根据请求的内容，对仲裁申请进行登记，并立即将登记或拒绝登记通知双方。

2. 组成仲裁庭

（1）仲裁员的任命。仲裁庭应由双方同意任命的独任仲裁员或任何非偶数的仲裁员组成。如双方对仲裁员的人数和任命的方法不能达成协议，仲裁庭应由三名仲裁员组成，由每一方各任命仲裁员一名，第三人由双方协议任命，并担任

首席仲裁员。如果在秘书长发出已登记的通知后90天内，或在双方可能同意的其他期限内未能组成仲裁庭，主席经任何一方请求，并尽可能同意双方磋商后，可任命尚未任命的仲裁员或数名仲裁员。主席根据本条任命的仲裁员不得为争端一方的缔约国的国民或其国民是争端一方的缔约国的国民。仲裁员的多数不得为争端一方的缔约国国民和其国民是争端一方的缔约国的国民。除主席进行任命的情况外，可以从仲裁员小组以外任命仲裁员（见图7－6）。

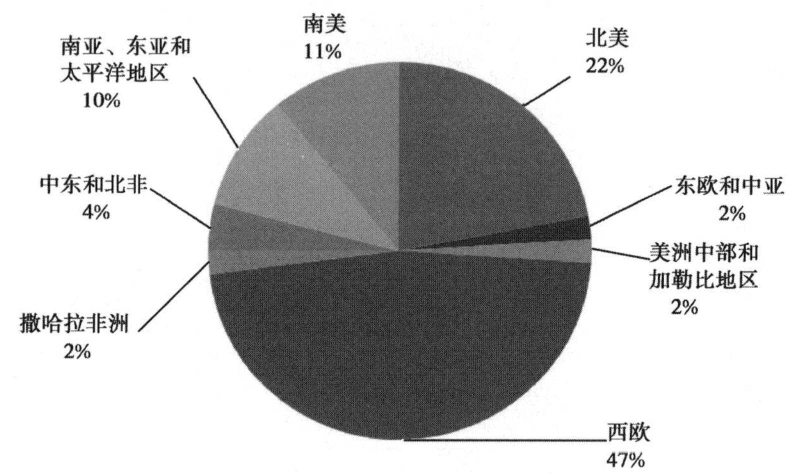

图7－6　ICSID仲裁员、调解员、合议庭组成人员国籍分布（1972～2013年）

由图7－6可见，ICSID仲裁员、调解员、合议庭组成人员绝大部分属于西欧地区，占47%；其次是北美，占22%；再次是南美和南亚、东亚、太平洋地区；中东和北非、撒哈拉非洲、东欧和中亚、美洲中部和加勒比地区所占的比例非常小。由图7－7可见，绝大部分地区都是当事人选任仲裁员，在西欧、北美、南美地区，当事人选任仲裁员数量甚至是ICSID委任仲裁员数量的好几倍；但是，在美洲中部和加勒比地区、东欧和中亚当事人选任仲裁员的数量与ICSID委任仲裁员的数量几乎持平；在撒哈拉非洲，ICSID委任仲裁员的数量甚至超过了当事人选任仲裁员的数量。结合图7－5和图7－6我们不难发现，ICSID的仲裁员主要集中在西欧、北美、南美等一些发达地区，在这些地区，仲裁员的任命多是由当事人自行选任的。在美洲中部和加勒比地区、东欧和中亚以及撒哈拉非洲等欠

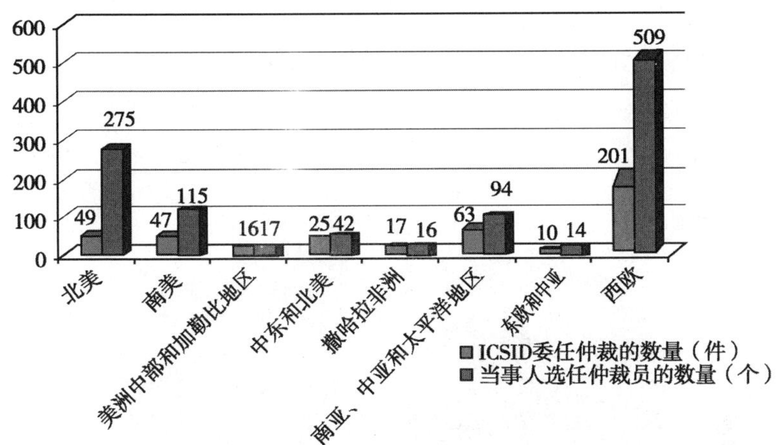

图 7－7　不同地区 ICSID 和当事人选任仲裁员的数量对比（1972～2013 年）

发达地区，仲裁员的任命既通过当事人选任也通过 ICSID 委任，且数量相差不大。

（2）仲裁庭的权限。仲裁庭在程序的任何阶段认为有必要时，可以要求双方提出文件或其他证据并访问与争端有关的场地，在该地进行他可能认为适当的调查。如果当事人一方未出席或陈述其案情，不得视为接受另一方的主张。如果一方在程序的任何阶段未出席或陈述案情，另一方可以请求仲裁庭处理向其提出的问题并作出裁决。仲裁庭在作出裁决之前，应通知未出席或陈述案情的一方，并给以宽限日期。仲裁庭如果认为情况需要，得建议采取任何临时措施，以维护任何一方的权利。

3. 仲裁裁决

根据《华盛顿公约》第 48 条的规定，仲裁裁决应当：①由仲裁员的大多数作出决定；②裁决应以书面作出，并由仲裁庭投赞成票的成员签字；③裁决应包括提交仲裁庭的每一事项，并说明裁决所依据的理由；④仲裁庭的任何成员均可以在裁决上附上个人的意见；⑤裁决的公布需经过双方同意。

仲裁庭经一方在作出裁决之日后 45 天内提出请求，可以在通知另一方后对裁决中遗漏的任何问题作出决定，并纠正裁决中的任何抄写、计算或类似的错误。其决定应为裁决的一部分，并应按裁决一样的方式通知双方。

仲裁则具有最终的约束力。ICSID 的裁决是一裁终局，任何缔约国都应承认

其效力，它不同于世界上任何一个仲裁机构的裁决，它相当于各国法院的终局裁决，国家法院无权对它进行任何形式的审查（见图 7－8）。①

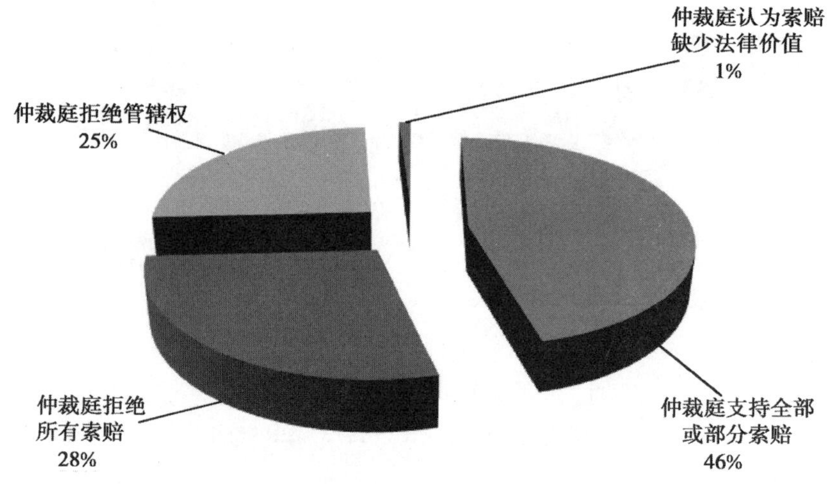

图 7－8　ICSID 仲裁庭裁决结果分类（1972～2013 年）

由图 7－8 可见，ICSID 仲裁庭裁决的结果主要分为四类，其中仲裁庭支持全部或部分索赔占的比例最大，为 46%；其次是仲裁庭拒绝所有索赔和仲裁庭拒绝管辖权，各占 28% 和 25%。仲裁庭认为索赔缺少法律价值主要是依据 ICSID《仲裁规则》第 41 条第 5 款和第 45 条第 6 款的规定，仲裁庭可以在仲裁程序的早期阶段，作出认为索赔缺少法律价值的裁决。

（二）仲裁裁决的承认与执行

1. 当事人对仲裁裁决的遵守与履行

《华盛顿公约》第 53 条规定："裁决对双方具有约束力。不得进行任何上诉或采取除本公约规定外的任何其他补救办法。除依照本公约有关规定予以停止执行的情况外，每一方应遵守和履行裁决的规定。"这实际上是对习惯国际法中"约定必须遵守"原则的遵循，从而发挥仲裁裁决的执行力。如果外国投资者或东道国政府拒不遵守与履行仲裁裁决，将会产生以下法律后果：①东道国拒不遵守与履行仲裁裁决，投资国可恢复行使外交保护；②投资者拒不遵守与履行仲裁

① 郭寿康、赵秀文主编：《国际经济贸易仲裁法》，中国法制出版社 1999 年版，第 70 页。

裁决，东道国可要求本国法院或投资国的法院对投资者进行强制执行。

当然，在实践中，败诉方常常基于各种理由（如仲裁庭缺乏管辖权、裁决违反了公平正义、仲裁过程中存在欺诈行为等）宣布仲裁裁决无效，从而拒绝遵守与履行仲裁裁决。针对这一情况，《华盛顿公约》在第50～52条规定了一些对仲裁裁决的补救措施。

（1）对仲裁裁决的解释。如果双方对裁决的意义或范围发生争议，任何一方可以向秘书长提出书面申请，要求对裁决作出解释。应尽可能将该项要求提交作出裁决的仲裁庭，如果存在困难也可组织新的仲裁庭。仲裁庭如认为情况有此需要，可以在它作出决定前停止执行裁决。

（2）对仲裁裁决的修正。对仲裁裁决的修正应在发现事实后的90天内，且无论如何应在作出裁决之日后3年之内提出。任何一方可以根据所发现的某项其性质对裁决有决定性影响的事实，向秘书长提出书面申请要求修改裁决，但必须以在作出裁决时仲裁庭和申请人都不了解该事实为条件，而且申请人不知道该事实并非由于疏忽所致。

（3）对仲裁裁决的取消应在作出裁决之日后120天内提出，以受贿为理由而要求撤销的，应在发现受贿行为后120天内，且在作出裁决之日后3年内提出。

根据《华盛顿公约》第52条的规定，任何一方可以根据下列一个或几个理由，向秘书长提出书面申请，要求撤销裁决：①仲裁庭的组成不适当；②仲裁庭显然超越其权力；③仲裁庭的成员有受贿行为；④有严重的背离基本程序规则的情况；⑤裁决未陈述其所依据的理由。在柯劳克勒诉麦克隆案中，仲裁裁决被取消的理由包括：①仲裁庭缺乏管辖权；②仲裁庭超越职权；③仲裁庭严重背离了仲裁的基本程序规则；④仲裁裁决未陈述裁决的理由。

ICSID主席在接到要求时，应立即从仲裁员小组中任命一个由三人组成的专门委员会。委员会如认为情况有此需要，可以在作出决定前，停止执行裁决。如果申请人在申请书中要求停止执行裁决，则应暂时停止执行，直到委员会对该要求作出决定为止。如果裁决被撤销，则经任何一方的请求，应将争端提交给新组成的仲裁庭。

2. 缔约国对仲裁裁决的承认与执行

根据《华盛顿公约》第54条第2款，任何要求在一缔约国领土内予以承认或执行的一方，只要向该缔约国为此目的而指定的主管法院或其他机构提供经秘

书长核证无误的该裁决的副本一份，就可得到裁决的承认与执行。由此可见，ICSID 仲裁裁决的承认与执行程序设置得较为简便，缔约国的主管法院或其他机构一旦被指定，必须无条件地对裁决进行承认与执行。在 Benvenuti and Bonfant v. The people's Republic of the Congo 案的执行中，法国巴黎民事法庭承认了 ICSID 的裁决，但是法院发出的承认许可命令却指出：如果裁决中的债权人欲执行刚果在法国的资产，必须寻求法院院长的认可。这一许可实际上是对 ICSID 仲裁裁决施加国内法的影响。对此，巴黎上诉法院认为一国法院对 ICSID 仲裁裁决的承认与执行仅限于对裁决真实性的审查，并不能对裁决的执行限定一定的条件，从而纠正了这一错误。

（1）缔约国对仲裁裁决的承认。每一缔约国都负有承认 ICSID 仲裁裁决的义务。外国投资者与东道国政府可向任一 ICSID 成员国申请对仲裁裁决的承认与执行，包括投资国、东道国以及第三国境内。缔约国应承认与执行 ICSID 的仲裁裁决，并在其领土内履行该裁决所赋予的财政义务，否则缔约国将承担相应的国际责任。

（2）缔约国对仲裁裁决的执行。在 ICSID 的仲裁裁决中，裁决的执行大多是针对外国投资者的，对于东道国的财产能否予以执行，取决于裁决执行地法院法律的管辖。因此，ICSID 的仲裁裁决有可能在一些主张限制豁免的国家中得以执行，而在一些主张绝对豁免的国家不能得以执行。《华盛顿公约》为了保证仲裁裁决较少地受到执行豁免的影响，在第 27 条规定了外交保护作为补充，即东道国如果未能遵守和履行仲裁裁决，外国投资者可以请求投资国行使外交保护的权利。

第四节 ICSID机制评析

一、ICSID的制度价值

（一）平衡外国投资者与东道国的利益关系

《华盛顿公约》是经包括有发达国家和发展中国家的各国法律专家们的反复讨论并在征求各国政府意见的基础上，作了数次修改制定出来的。正因为如此，ICSID在执行《华盛顿公约》的许多规定时较好地平衡了外国投资者与东道国的利益关系，使ICSID机制不仅能够为发达国家服务，也可为发展中国家所接受和采用。在接受中心管辖方面，在同意作出后，对投资者而言，他能直接对东道国提起诉讼，而不会遇到任何障碍，对东道国而言，它除了能同样直接对投资者起诉外，还能免遭外交保护。在裁决执行方面，既能够保证有利于投资者裁决的执行，也能够保证有利于东道国裁决的执行。

（二）建立了一个独立自主的裁决机制

ICSID将自治性和排他性有效地结合起来，促使ICSID既有能力独立自主地处理争议，又能有效阻止外部干扰，防止国家之间的冲突，真正实现投资争议解决的“中立化”和“非政治化”，维护良好的国际投资环境，这也是一般国际商事仲裁难以达到的。从管辖权到调解程序与仲裁程序，再到仲裁裁决的承认与执行，ICSID均有一套完善的机制，整个过程基本无须借助外部力量实施。

（三）执行机制简单、合理

ICSID将当事人自动遵守与执行裁决的义务和各缔约国承担承认与执行裁决的义务相结合，从而消除了通常情况下承认与执行外国裁决可能遇到的种种问

题，能够保证ICSID裁决的顺利履行。同时，为了确保争议的公正解决，ICSID又为纠正不当裁决提供了相应的救济措施。

二、ICSID机制存在的问题

（一）ICSID管辖权存在的缺陷

对于ICSID的管辖权，根据《华盛顿公约》第25条的规定，ICSID享有对经缔约国与另一缔约国国民之间双方书面同意并提交的案件的管辖权。其中，“国民”应作广义的理解，既包括自然人也包括法人。而书面同意不单指外国投资者与东道国签订书面协议，投资国与东道国签订的双边投资协定也可作为双方书面的同意。在Camuzzi诉阿根廷政府案中，ICSID仲裁庭以《阿根廷与比利时——卢森堡经济体关于促进与互惠保护投资协定》为依据，裁定其对该案具有管辖权。而当投资国既未与东道国签订书面协议也未与东道国签订双边投资协定时，强势的东道国一方拒绝通过ICSID解决与外国投资者之间的政治风险争议，那么，外国投资者在寻求ICSID救济时将处于非常被动的境地。

（二）ICSID对投资定义的缺失

《华盛顿公约》缺少对投资的定义性规定，只是在实践中选择采用客观主义方法和主观主义方法对投资进行解释。从客观主义方法来看，尽管“Salini标准”所确立的四项投资特征被普遍地适用，但是，这四项标准并没有法律的明文规定，仲裁庭在裁判过程中仍具有较强的自主选择性，裁决结果相对独立。同时，“Salini标准”也有可能和双边投资协定中规定的投资定义条款相冲突，如果允许“Salini标准”优先于双边投资协定适用，便会产生违反《华盛顿公约》的情形，不利于国际投资的良好发展。从主观主义方法来看，ICSID仲裁庭无限扩大投资的范围，导致不同仲裁庭对相似案件管辖范围或窄或宽，管辖权存在极大的不确定性。东道国与投资国签订的双边投资协定中规定的投资定义条款不一定为ICSID所认可，如果外国投资者与东道国政府在向ICSID秘书长登记时就已经为秘书长拒绝登记，那么外国投资者将不得不寻求其他救济方式。如果外国投资者与东道国政府已经作出接受ICSID管辖的同意且争议为ICSID秘书长登记，在ICSID仲裁过程中外国投资者将面临败诉的风险，且将不得不寻求其他救济方式。

（三）ICSID 对征收规定的缺陷

1. ICSID 对征收合法性审查的缺陷

ICSID 仲裁庭作出的对征收合法性的审查在一定程度上侵犯了东道国的主权。对于征收的合法性问题，我国学者认为，征收是一种得来十分不易的主权权利。① 主权国家通过制定本国的国内法或与他国签订双边投资协定或区域性多边投资条约的形式，规范本国政府的征收行为，征收行为的合法性理应由东道国自行行使，而不应受到其他干涉。而 ICSID 审理的一系列外国投资者与东道国征收争议案件中，如 SPP 诉埃及案、LETCO 诉利比亚案，就出现了 ICSID 仲裁庭依据国际法对东道国政府征收行为的合法性进行审查。

2. ICSID 对征收补偿的缺陷

征收分为非法征收和合法征收，对这两种征收的补偿标准，ICSID 裁决有着不同的规定。对于非法征收，仲裁庭多裁定东道国进行全部补偿。在阿姆科诉印尼案中，仲裁庭就认为应对受到损害的投资者进行国际法所要求的全部、有效的补偿。② 而在艾吉卜诉刚果案中，意大利籍的艾吉卜公司与刚果政府签订了一份协议，保证其私有化。然而，刚果政府宣布对艾吉卜公司实行征收。艾吉卜公司以刚果政府的征收和违约为由，向 ICSID 提起仲裁。仲裁庭认定刚果政府的行为属于非法征收，应对外国投资者进行全部补偿，但尽管如此，仲裁庭仅对利润损失裁定支付 1 法郎的象征性补偿。而对于合法征收，仲裁庭多裁定进行适当补偿。如 LETCO 诉利比亚政府案中，仲裁庭作出的附带意见认为东道国应进行适当补偿，但并无进一步的阐述。Aminoil 案仲裁庭则认为应对合法征收采用适当补偿标准，仲裁庭以“合法期望”概念代替“预期利润”概念，裁定的补偿额（8300 万美元）远低于申请方的求偿额（30 亿美元），这表明合法征收不适用全部补偿标准。

（四）依托 ICSID 与利用其他救济手段的冲突

《华盛顿公约》第 26 条规定：“除非另有规定，双方同意根据本公约交付仲裁，应视为同意排除任何其他补救办法而交付上述仲裁。缔约国可以要求用尽当地各种行政或司法救济作为其同意根据本公约交付仲裁的条件。”这就表明，一

① 陈安主编：《国际投资法》，鹭江出版社 1987 年版，第 91 页。

② 柳经纬主编：《厦门大学法律评论》2001 年第 1 期，厦门大学出版社 2011 年版，第 332 页。

旦双方当事人同意将政治风险争议提交 ICSID 仲裁，就不得再将争议提交任何其他机构解决，包括投资国的外交保护和其他仲裁机构等。在国际海运提名公司诉几内亚案（Maritime International Nominees Establishment v. Guinea）中，国际海运提名公司不顾与几内亚政府已达成的同意 ICSID 管辖的协议，擅自向美国哥伦比亚地区法院起诉。ICSID 仲裁庭对此采取了临时措施，并敦促国际海运提名公司立即撤回在国内法院进行的诉讼。[①] 当然，作为例外，东道国可以要求以用尽本国行政或司法救济作为其同意 ICSID 仲裁的条件。这主要体现在东道国与投资国签订的双边投资协定中，如《意大利与罗马尼亚双边投资保护协定》就规定，关于征收补偿数额的争议，须在用尽当地救济 2 个月后，才能提交 ICSID 仲裁。

① 陈安主编:《国际投资争端案例精选》，复旦大学出版社 2001 年版，第 800 ~ 801 页。

第八章 国际投资政治风险与双边投资协定

第一节　双边投资协定概述

一、双边投资协定的产生

在国际投资法律体系中，双边投资协定是鼓励与促进外国投资者开展海外投资的重要法律依据，它的产生可追溯到"二战"后。战后，世界经济开始复苏，政治环境趋于稳定，国际投资得到了迅速发展。然而，到了20世纪50年代，战后独立的发展中国家为恢复和维护本国的经济主权，对在本国境内的外国资本实施大规模的征收，致使外国投资者遭受了重大的损失。发达国家的投资者就面临这样一个难题，是否还要继续在发展中国家进行投资呢?

从当时的投资环境来看，发展中国家虽然颁布了一系列的国内法以鼓励和促进外国投资者进行海外投资，但是这些国内法并不能从根本上解决外国投资者遭遇东道国政治风险后的救济问题。首先，国际投资不仅涉及外国投资者与东道国之间的关系，还涉及东道国与投资国之间的关系。东道国在国内法中制定的一系列鼓励与保护外国投资者的法律规范如果不能得到投资国的配合，将很难在国际投资中得到贯彻与落实。其次，东道国国内法中规定的救济方式有限。在遭遇东道国的政治风险后，外国投资者往往难以通过东道国的国内法获得充分、及时、有效的救济。从长远来看，发达国家需要开拓本国的投资市场以促进资本在国际间的流动，而发展中国家也需要吸收大量的外国资本以促进本国经济的发展。为充分调和发展中国家与发达国家间的经济利益关系，构建良好的国际投资环境，保证外国投资者的投资安全与利益，有必要借助与国家间的协定来调整外国投资者与东道国政府间的投资争议，这就促成了国家间双边投资协定的产生。随后，发达国家的海外投资保险制度也逐渐出台，一些海外投资保险制度要求以国家间签订双边投资协定为前提，以促进本国代位求偿权的实现，进一步加速了双边投资协定的发展（见图 8 - 1）。

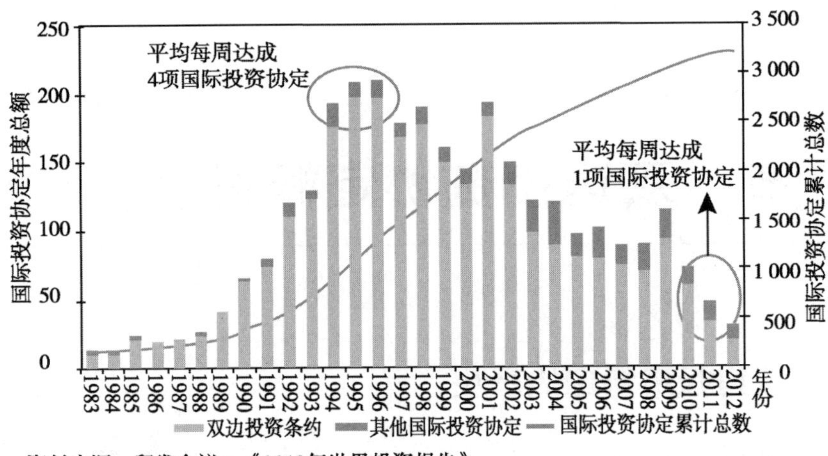

资料来源：贸发会议，《2013年世界投资报告》。

图 8 - 1　国际投资协定中双边投资协定的年度总数（1983 ~ 2012 年）

由图 8 - 1 可见，国际投资协定中的双边投资协定的年度增长主要分为三个阶段，第一个阶段从 1983 ~ 1993 年，双边投资协定的签订数量每年呈增长趋势。第二个阶段从 1994 ~ 2009 年，在这一阶段，各国纷纷签订双边投资协定，尤其是在 1994 ~ 1996 年，世界上平均每周就达成 4 项双边投资协定。第三个阶段从 2010 ~ 2012 年，由于区域一体化趋势的加强，在这一阶段，双边投资协定的签订数量开始逐年递减。在 2012 年，世界范围内只有 20 项双边投资条约得到签署，这是自 1987 年来所达成的双边投资协定数目最少的年份（见表 8 - 1）。

表 8 - 1　各国签订的双边投资协定的数量（截止到 2012 年年底）

序号	国家名称	双边投资协定（项）
1	阿富汗	3
2	阿尔巴尼亚	43
3	阿尔及利亚	47
4	安哥拉	8
5	安提瓜和巴布达	2
6	阿根廷	58
7	亚美尼亚	38

（续表）

序号	国家名称	双边投资协定（项）
8	澳大利亚	23
9	奥地利	64
10	阿塞拜疆	45
11	巴哈马	1
12	巴林	30
13	孟加拉	29
14	巴巴多斯	10
15	白俄罗斯	59
16	比利时	93
17	伯利兹	7
18	贝宁	14
19	玻利维亚	19
20	波斯尼亚和黑塞哥维那	39
21	博茨瓦纳	8
22	巴西	14
23	文莱	8
24	保加利亚	68
25	布基纳法索	14
26	布隆迪	7
27	柬埔寨	21
28	喀麦隆	15
29	加拿大	31
30	佛得角	9
31	中非	4
32	乍得	14
33	智利	51
34	中国	128
35	哥伦比亚	7
36	科摩罗	6
37	刚果（金）	12
38	刚果	15
39	哥斯达黎加	21

（续表）

序号	国家名称	双边投资协定（项）
40	科特迪瓦	10
41	克罗地亚	58
42	古巴	58
43	塞浦路斯	27
44	捷克	79
45	丹麦	55
46	吉布提	8
47	多米尼加联邦	2
48	多米尼加共和国	15
49	厄瓜多尔	18
50	埃及	100
51	萨尔瓦多	22
52	赤道几内亚	8
53	厄立特里亚	4
54	爱沙尼亚	27
55	埃塞俄比亚	29
56	芬兰	71
57	法国	102
58	加蓬	13
59	冈比亚	13
60	格鲁吉亚	31
61	德国	136
62	加纳	26
63	希腊	43
64	格林纳达	2
65	危地马拉	17
66	几内亚	19
67	几内亚比绍	2
68	圭亚那	8
69	海地	7
70	洪都拉斯	11
71	中国香港	15

（续表）

序号	国家名称	双边投资协定（项）
72	匈牙利	58
73	冰岛	9
74	印度	83
75	印度尼西亚	63
76	伊朗伊斯兰	61
77	伊拉克	7
78	以色列	37
79	意大利	93
80	牙买加	17
81	日本	19
82	约旦	53
83	哈萨克斯坦	42
84	肯尼亚	12
85	韩国	90
86	朝鲜	24
87	科威特	61
88	吉尔吉斯斯坦	29
89	老挝	23
90	拉脱维亚	44
91	黎巴嫩	50
92	莱索托	3
93	利比里亚	4
94	利比亚	32
95	立陶宛	52
96	卢森堡	93
97	中国澳门	3
98	马达加斯加	9
99	马拉维	6
100	马来西亚	67
101	马里	17
102	马耳他	22
103	毛里塔尼亚	19

（续表）

序号	国家名称	双边投资协定（项）
104	毛里求斯	36
105	墨西哥	28
106	摩尔多瓦	39
107	摩纳哥	1
108	蒙古	43
109	黑山	17
110	摩洛哥	62
111	莫桑比克	24
112	缅甸	6
113	纳米比亚	13
114	尼泊尔	6
115	荷兰	96
116	新西兰	5
117	尼加拉瓜	18
118	尼日尔	5
119	尼日利亚	22
120	挪威	15
121	阿曼	34
122	巴基斯坦	46
123	巴勒斯坦	3
124	巴拿马	23
125	巴布亚新几内亚	6
126	巴拉圭	24
127	秘鲁	32
128	菲律宾	35
129	波兰	62
130	葡萄牙	55
131	卡塔尔	49
132	罗马尼亚	82
133	俄罗斯联邦	71
134	卢旺达	6
135	圣卢西亚	2

（续表）

序号	国家名称	双边投资协定（项）
136	圣文森特和格林纳丁斯	2
137	圣马力诺	8
138	圣多美和普林西比	1
139	沙特阿拉伯	22
140	塞内加尔	24
141	塞尔维亚	49
142	塞舌尔	7
143	塞拉利昂	3
144	新加坡	41
145	斯洛伐克	54
146	斯洛文尼亚	38
147	索马里	2
148	南非	46
149	西班牙	84
150	斯里兰卡	28
151	苏丹	27
152	苏里南	3
153	斯威士兰	5
154	瑞典	69
155	瑞士联邦	118
156	阿拉伯叙利亚	41
157	中国台湾	23
158	塔吉克斯坦	32
159	泰国	39
160	前南斯拉夫的马其顿共和国	37
161	东帝汶	3
162	多哥	4
163	汤加	1
164	特立尼达和多巴哥	12
165	突尼斯	54
166	土耳其	84
167	土库曼斯坦	24

（续表）

序号	国家名称	双边投资协定（项）
168	乌干达	15
169	乌克兰	67
170	阿拉伯联合酋长国	40
171	大不列颠及北爱尔兰联合王国	104
172	坦桑尼亚	16
173	美国	46
174	乌拉圭	30
175	乌兹别克斯坦	49
176	瓦努阿图	2
177	委内瑞拉	28
178	越南	60
179	也门	37
180	赞比亚	12
181	津巴布韦	30
	总计	2 857

数据来源：UNCTAD《2013 年世界投资报告》

由表 8－1 可见，到 2012 年年底，全世界共签订了 2 857项双边投资协定，共涉及 181 个国家。双边投资协定签订数量之庞大，所涉国家数目之多是任何其他争端解决机制所无法企及的。其中，德国签订的双边投资协定数量最多，达到了 136 项，其次是中国、瑞士联邦、大不列颠及北爱尔兰联合王国、法国和埃及，签订的双边投资协定数量都超过了 100 项。当然，也有一些国家签订双边投资协定的数量非常少，如巴哈马、圣多美和普林西比及汤加，仅签订了 1 项双边投资协定。一国签订双边投资协定数量的多少和多重因素相关，如一国对外投资及吸引外资的水平、一国外国投资法的完善程度、一国是否加入了有关投资国际公约等。

二、双边投资协定的概念与特征

（一）双边投资协定的概念

双边投资协定（Bilateral Investment Treaty，简称 BIT）是指东道国与投资国签订的以鼓励、促进、保护或保证国际投资为目的并约定双方权利与义务关系的书面协议，即以两国间双边协定的形式确定外国投资者的待遇、救济方式等事项。当然，也有学者从双边投资协定的产生背景出发作出如下定义："双边投资协定是由两个国家对投资问题进行系统的谈判，并将双方的权利义务以条约的方式确定下来，是解决国家间投资管制法律规则不一致的良好途径。"①

（二）双边投资协定的特征

1. 双边性

双边投资协定的缔结者只能是两个国家，即东道国与投资国，而不能是外国投资者与东道国。两国在对与投资定义、投资者的范围、投资待遇、投资风险、救济方式等问题达成一致时，即可通过签订双边投资协定的方式将上述事项确定下来，约束相关的主体。

2. 约束性

双边投资协定作为国际条约的一种，是一种有法律约束力的国际法规则。双边投资协定不仅约束缔约双方，而且在一定条件下对缔约国的投资者也具有相应的影响力，如一些国家的海外投资保险机构承保的前提就是投资国与东道国签订了双边投资协定。

3. 配套性

双边投资协定的配套性体现在三个方面：一是其与投资国的海外投资保险制度相配套。双边投资协定一般规定了代位求偿条款，而代位求偿的实现依赖的是投资国海外投资保险机构已经对本国投资者进行了相关的赔偿。二是其与东道国的国内法相配套。在救济方式中，双边投资协定多要求外国投资者先通过东道国的当地救济进行解决，而东道国当地救济由东道国的国内法进行规范。三是其与国际仲裁机构相配合。大多数双边投资协定都规定国际仲裁是外国投资者解决与东道国政治风险争议的选择之一，外国投资者可依据此规定将相关投资争议提交国际仲裁机构。

---

① 吕岩峰、何志鹏、孙璐：《国际投资法》，高等教育出版社 2005 年版，第 147 页。

三、双边投资协定的类型

（一）美国式友好通商航海条约

第二次世界大战以前，国际间的经济交往以贸易为主，友好通商航海条约（Treaty of Friendship Commerce and Navigation，简称 TFCN 条约）就是在这一时期产生的调整两国间通商与贸易关系的国际法律文件。早期的 TFCN 条约主要调整国际间的贸易关系，对于国际投资以及投资财产的保护只是 TFCN 条约中的一项条款，内容非常少。早期的 TFCN 条约在投资问题上主要规定了征收和投资收益汇回，对于待遇问题则是从贸易出发规定了最惠国待遇，要求缔约双方相互保证避免歧视、互换领事和战时贸易中立。到了 20 世纪二三十年代，TFCN 条约确立了国际投资中征收必须依据相关的法律程序和给予适当补偿两个前提条件，最惠国待遇标准也由贸易扩大到投资领域，投资条约的性质开始强化。1934 年，美国出台了《贸易协定法案》，该法案授权总统对外谈判一系列的互惠贸易条约，从而削弱了 TFCN 条约在国际贸易领域的重要地位。1947 年，美国加入了《关税及贸易总协定》，该协定要求各缔约方在贸易上实施多边、无条件的最惠国待遇，使 TFCN 条约在双边贸易谈判领域失去了其存在的价值。

“二战”后，国际经济形势发生巨大变化，国际投资成为国际经济交往的重要方式，TFCN 条约开始将保护国际投资作为主要目标。并规定了现代 BIT 四大核心条款中的三种条款，广泛涉及待遇问题、征收及其补偿问题、外汇移转问题，甚至提及了国家间投资争议的解决问题。因此，从性质上讲，TFCN 条约可被视为一种双边投资条约的雏形。从美国的角度来看，该国对外缔结 TFCN 条约的计划虽然在发达国家伙伴中得到了一定的响应，但发展中国家一直不积极参与，这也是导致美国最终放弃 TFCN 条约而转向缔结专门化的 BIT 的一个重要原因。①

（二）双边投资协定

1. 联邦德国式“促进与保护投资协定”

20 世纪 50 年代末，联邦德国与东道国签订了促进与保护投资的专门性双边

① 刘笋：《国际投资保护的国际法制——若干重要法律问题研究》，法律出版社 2002 年版，第 3～5 页。

协定，确立了联邦德国式“促进与保护投资协定”。联邦德国式“促进与保护投资协定”借鉴美国 TFCN 条约的长处，并克服了其内容庞杂、针对性不强的弱点，在内容上既包括促进和保护投资的实体性规定，如投资的定义、投资者的范围、投资待遇、征收与国有化的条件及其补偿规则等，也包括关于代位求偿、投资争议解决等程序性规则。联邦德国式“促进与保护投资协定”对投资自由化的要求相对和缓，更多地反映了发展中国家的现实经济发展状况，对外资管辖权的限制也相对较少。例如，有些 BIT 只规定了最惠国待遇，允许东道国政府在对所有外国投资者一视同仁的前提下给予东道国当地投资者更高的待遇。虽然也有不少 BIT 对外国投资者作出了国民待遇的规定，但并不将国民待遇适用于外资准入。这样，东道国可以灵活地将某些投资领域保留给本国投资者，或者在某些领域限制外资的进入。再如，联邦德国式“促进与保护投资协定”通常没有禁止履行要求的规定，东道国可以依据自身经济发展目标的需求，通过制定各种形式的投资措施，对外资进行适当的引导。[①] 因此，此类条约一经推出，就迅速得到许多发展中国家的欢迎，逐渐成为现代 BIT 的主要表现形式。

2. 美国式“投资保证协议”

20 世纪六七十年代，TFCN 条约的内容庞杂性和条款的相对抽象性已经不能适应加强投资保护的需求，加上欧洲和日本已经从战后的经济恢复期转入经济的再度繁荣，海外投资迅速发展，在国际法层面与东道国纷纷签订双边投资协定，进一步强化了对本国投资的保护。同时，国际社会上出台的一系列联合国大会的决议、宣言、宪章或纲领，确认了国际投资领域应当遵循的一系列基本原则和规则，而美国 TFCN 中对此的一些规定与此相违背。为争夺海外投资市场，20 世纪 70 年代末，美国改变了依靠 TFCN 条约和程序性的投资保证协定相互配合来实现海外投资保护的做法，开始考虑借鉴联邦德国式“促进与保护投资协定”的成功经验，并结合美国的实际需求，对外缔结专门化的融实体性规则和程序性规则为一体的 BIT，一步到位地加强对海外投资的保护。美国国际投资法学者范德菲尔德教授曾指出，从一开始，美国式“投资保证协议”就致力于实现三大目标：①为美国投资者提供更强有力的保护；②重申保护海外投资是美国外交政策的重要组成部分；③通过美式 BIT 的广泛实践，支持和巩固美国倡导的关于国际投资

① 杨文升：《国际投资准入法律制度》，辽宁师范大学出版社 2007 年版，第 55 页。

保护的国际法标准。[①] 1982 年，美国缔结了第一个具有美国特色的双边投资协定，其特点是，重在政治风险的保证，特别是着重于求偿代位权及处理投资争端程序的规定。其保护的对象是单方的投资，而不是相互的投资。

---

① Kenneth J. Vandevelde. The Bilateral Investment Treaty Program of the United States. Cornell International Law Journal. Vol. 21. Summer 1988. p. 210.

第二节　双边投资协定中政治风险的相关规定

双边投资协定的框架和具体内容根据缔约当事国的经济发展水平与协商能力而有所差异，但总体上包括以下几个方面的内容：投资的定义、投资者、投资准入、投资的待遇、政治风险、代位求偿权、投资争议的解决等（见表 8－2）。

表 8－2　2012 年各国签订的 BIT 一览表

BIT 名称	巴基斯坦—土耳其 BIT	尼加拉瓜—俄罗斯联邦 BIT	摩洛哥—越南 BIT	日本—科威特 BIT	伊拉克—日本 BIT	加蓬—土耳其 BIT	马其顿—哈萨克斯坦 BIT	加拿大—中国 BIT	喀麦隆—土耳其 BIT	孟加拉国—土耳其 BIT	阿尔巴尼亚—阿塞拜疆 BIT
前言中包括保护身体和安全、劳工权利、环境或实性质发展	无			无	无		无	无	无	无	无
投资定义条款	无	无							无		
在金融服务领域存在监管措施				无	无			无			
外国人最低待遇标准和公平和正义标准	无		无				无	无	无	无	
构成间接征收的具体情形	无						无	无	无	无	
资本的自由移转	无	无	无	无	无		无	无	无	无	无

（续表）

BIT 名称	巴基斯坦—土耳其 BIT	尼加拉瓜—俄罗斯联邦 BIT	摩洛哥—越南 BIT	日本—科威特 BIT	伊拉克—日本 BIT	加蓬—土耳其 BIT	马其顿—哈萨克斯坦 BIT	加拿大—中国 BIT	喀麦隆—土耳其 BIT	孟加拉国—土耳其 BIT	阿尔巴尼亚—阿塞拜疆 BIT
“保护伞”条款	无	无	无				无	无	无	无	无
一般例外条款，如保护人、动植物的生命或为了保护自然资源	无			无			无	无	无	无	
明确认识到，各方在吸引投资时不应放弃健康、安全或环境标准				无	无			无		无	
企业责任标准											
和 ISDS 相关的限制性条款	无			无	无		无	无	无	无	无

资料来源：UNCTAD 官网。

由表 8－2 可见，2012 年各国新签订的双边投资协定中都纳入了相关的企业责任标准，大部分国家规定了投资定义条款，在投资待遇标准方面最低待遇标准和公平正义标准被采纳的并不多，越来越多的国家开始关注构成间接征收的情形，外汇风险中资本的自由转移则仅有《加蓬—土耳其 BIT》作出了相关规定。

一、投资的定义

明确何种类型的经济活动属于投资，是双边投资协定的先决性内容。投资必须是东道国所批准或允许的投资类型，这是对东道国国家主权的尊重，也是该项投资能受到保护的基本前提。因此，各国缔结的双边投资协定一般都规定投资须符合东道国法律的规定，为法律所许可。综观各国签订的双边投资协定，投资的定义一般从投资的主体出发，规定投资者需遵守相应的法律规范，其后对投资者所投资的资产类型进行列举。如 2003 年《意大利双边投资协定范本》第 1 条第 1 款规定：“‘投资’是指缔约一方依照其法律在其领土内接受作为缔约另一方的自然人或法人投资的所有资产。‘投资’应特别包括但不限于：（1）动产和不动产以及其他各种物权，包括第三方在某种程度上对投资所作的担保；（2）公司股份和其他形式的参股债券，以及政府和公共证券；（3）与投资相关的用于创造经济价值的金钱请求权或具有经济价值的行为请求权；（4）著作权、商标、专利、工业设计等知识产权和工业产权、专有技术、商业秘密、贸易名称和商誉；（5）照法律获得的特许权，包括勘探、提炼或开发自然资源的特许权；（6）在原有投资上的再投资；（7）所投资产经允许的任何形式的变化不应影响其作为投资的性质。”

双边投资协定中规定的投资概念通常并不指明投资的类型是否包括间接投资，外国投资者应结合投资条款规定的投资具体形式进行综合判断。如果投资形式中包括享有股份、股票或其他形式的股权参与这一形式，那么不排除该双边投资协定中规定的投资范畴也包括间接投资。新出台的 2012 年《美国双边投资协定范本》第 1 条第 1 款则对间接投资予以了明确规定：“‘投资’指投资者直接或间接所有或控制具有投资特征的资产。这些特征包括资本或其他价值资源的投入、获得收入或利润的预期以及对风险的预估。投资的形式包括：（1）经营实体；（2）经营实体的股份、股票或其他形式的股权参与；（3）债券、债务或其他债务工具和贷款；（4）期货、期权和其他衍生品；（5）交钥匙、建筑、管理、生产、特许权、收入分成和其他类似合同；（6）知识产权；（7）根据国内法授予的批准、授权、许可和类似权利；（8）其他有形资产或无形资产、动产或不动产以及相关财产权利，例如租赁、抵押、留置和质押。”

二、投资者的范围

双边投资协定规定的投资者的范围通常包括缔约双方的自然人、法人以及不具有法人资格的企业和其他社团。如 2007 年《哥伦比亚双边投资协定范本》第 1 条规定：“‘投资者’是指缔约方的成员：（1）缔约一方的自然人。根据缔约一方的法律被认为是其国民；（2）法律实体，包括公司、企业、商业协会和其他组织。根据缔约一方的法律设立的，有组织有地位的，重大业务在同一个缔约方境内开展活动；（3）并非根据缔约一方的法律建立的法律实体，但是缔约一方的自然人对该实体具有实际控制。”

国籍的判断是确定适格投资者的关键。自然人的国籍根据缔约国的国内法进

行确定，对于具有双重国籍的自然人，自然人一般依据最密切联系原则进行判断，如 2012 年《美国双边投资协定范本》第 1 条。法人的国籍，通常是依缔约国国内法，但是也有许多国家采取双重标准，既要求根据本国法律设立，又要求在本国有住所，如 1985 年《中华人民共和国政府和意大利共和国政府关于鼓励和相互保护投资协定》第 2 条规定："'公司'一词是根据缔约一方的法律和法规在其领土内设立，并有住所的法律实体。"

不同双边投资协定中投资者的定义存在共同定义和分开定义的区别。共同定义是指双边投资协定的两个缔约国规定同一投资者条款，如 2006 年《法国双边投资协定范本》第 1 条对投资定义中的"国民"和"公司"作了统一的解释："'国民'是指具有缔约国国籍的任何自然人；'公司'是指依据缔约国法律在其境内成立并由另一缔约国国民直接或间接控制的或在缔约国境内设立分支机构的任何法人。"分开定义是指双边投资协定的两个缔约国对投资者分别定义，每个缔约国适用不同的合格投资者标准，如 1985 年《中华人民共和国政府和丹麦王国政府关于鼓励和相互保护投资协定》第 1 条第 3 款规定："'国民'：在中华人民共和国方面，系指依照中华人民共和国法律获得中华人民共和国公民资格的自然人；在丹麦王国方面，系指依照丹麦王国法律获得丹麦国民资格的自然人。"第 4 款规定："'公司'：在中华人民共和国方面，系指在中华人民共和国任何地方依照有效法律设立或组建的公司、商号或社团；在丹麦王国方面，系指在丹麦王国任何地方依照有效法律设立或组建的公司、商号或社团。"

三、投资待遇

缔约国在引进外资的同时，必须考虑本国关键性经济部门的保护和发展问题，必须权衡外国资本的竞争力对本国经济和企业发展的影响，因此，无论是发展中国家或发达国家，都会结合本国的经济发展水平、经济发展目标、社会公共利益等因素对投资规定一定的待遇。各国规定的投资待遇分为国民待遇、最惠国待遇和公平公正待遇标准三种。

（一）国民待遇

国民待遇要求一国以对待本国国民的同样方式对待外国人，也即外国人与本国人享有同等的待遇。在投资领域，国民待遇就是指外国投资者与本国投资者有权在同等条件下竞争和取得利益。如2012年《美国双边投资协定范本》第3条规定："国民待遇是指：（1）缔约一方应当对缔约另一方投资者在其境内设立、并购、扩大、管理、运营、转让或其他投资处置方面，在同等情况下给予不低于本国国民享有的待遇；（2）缔约一方应当对合格投资在其境内设立、并购、扩大、管理、运营、转让或其他投资处置方面，在同等情况下给予不低于本国国民投资享有的待遇；（3）前两款所述待遇包括缔约一方地方政府在相同情况下给予其居民和企业及其投资的权利。"

当双边投资协定中规定的国民待遇条款与一国国内法规定相冲突时，应视具体情形区别对待。如果国内法虽然对投资待遇加以限制，但是并没有将这种限制进行详细规定，那么以双边投资协定的规定为主。如果国内法对投资待遇加以限制，则只能以国内法为主。

（二）最惠国待遇

最惠国待遇是指，根据条约缔约国一方有义务使缔约国另一方国民享受该国给予第三国国民的同等权利。也就是说，无论何时，缔约国一方给予第三国更优惠的条件，则缔约他方有权享有这种新的更优惠的条件。其特点是使一国享有同第三国国民之间的平等待遇。如2012年《美国双边投资协定范本》第4条规定："最惠国待遇是指：（1）缔约一方应当对缔约另一方投资者在其境内设立、并购、扩大、管理、运营、销售或其他投资处置方面，在同等情况下给予不低于任何第三国投资者享有的待遇；（2）缔约一方应当对合格投资在其境内设立、并购、扩大、管理、运营、销售或其他投资处置方面，在同等情况下给予不低于任何第三国投资者投资享有的待遇。"

大部分双边投资协定都规定了最惠国待遇条款，当然，也有少部分拉丁美洲国家只规定国民待遇，认为外国投资者与本国投资者应享有相同的待遇，而不同意最惠国待遇条款。

（三）公平公正待遇

关于公平公正待遇并没有明确的定义。传统的国际法学说一般认为，公平公正待遇的组成部分包括：无差别待遇、最低国家标准和东道国保护外国财产的义务。如2012年《美国双边投资协定范本》第5条规定："（1）缔约方应当按照国际习惯法的要求赋予合格投资公平公正待遇、全面的保护并保证投资安全；

(2) 为避免产生歧义，第1款规定将国际习惯法上外国人最低待遇标准作为对合格投资的最低待遇标准。‘公平公正待遇’和‘全面保护并保证安全’的概念既不能超出最低待遇标准，也不创设格外的实体权利。缔约方在第1款下的义务包括：(a)‘公平公正待遇’包括保证刑事、民事或行政裁决程序符合各世界主要法律体系中正当程序和正义要求的义务；及(b)‘全面保护并保证安全’要求缔约国根据国际习惯法要求标准的治安保护。"

四、政治风险

双边投资协定规定的政治风险主要包括征收风险、外汇风险、战争与内乱风险。

(一) 征收风险

各国签订的双边投资协定中对于征收风险主要规定了征收的条件、方式、补偿三个方面的内容。如1977年《日本与埃及双边投资协定》规定："缔约国各方国民和公司的投资和收益，在缔约国各方的领土内不得实行征收、国有化、限制或具有相当于征收、国有化和限制效果的其他措施，除非符合下列条件：该措施是为了公共目的采取的并符合正当法律；该措施不是歧视性的；给予及时、充分和有效的赔偿。"

对于征收中的间接征收，新近签订的双边投资协定一般都对此予以了确认，给予同直接征收相同的保护，如2008年《德国双边投资协定范本》第4条规定："投资者在缔约国的投资，不得被直接或间接地征收、国有化或其他等同于征收或国有化的措施，除非是为了社会公共利益并给予补偿。"而对于间接征收的认定标准问题，2004年《美国双边投资协定范本》第一次在作出了概念性的规定，附件B第4条规定："间接征收指缔约一方具有与直接征收相同的效果，但未发生正式产权让渡或公开占领的行为。"该定义规定了间接征收的行为主体，但并未在实质上对间接征收的性质、特征作出明确性的规定，在新发布的2012年《美国双边投资协定范本》中也未对该定义作出任何修改。2004年《加拿大双边投资协定范本》对间接征收的定义与《美国双边投资协定范本》类似，只不过用词稍有些不同，美国将引起征收的行为用"action"一词，加拿大则用"measure"一词，更强调东道国对间接征收行为的事前计划性。2012年签订的11个双边投资协定中，有 6 个双边投资协定对构成间接征收的具体情形进行了规定，分别是《尼加拉瓜—俄罗斯联邦 BIT》《摩洛哥—越南 BIT》《日本—科威特 BIT》《伊拉克—日本 BIT》《加蓬—土耳其 BIT》以及《阿尔巴尼亚—阿塞拜疆 BIT》，这一趋势体现了双边投资协定的新发展。

（二）外汇风险

关于外汇风险，各国双边投资协定一般规定按照缔约方的相关法律，投资者有权将资本、利润和其他合法收益自由兑换成外币，并将其汇回本国。如 2012 年《美国双边投资协定范本》第 7 条规定：“（1）缔约方应当允许所有与合格投资有关的资金汇兑自由、迅速地汇入或汇出其境内。这些资金汇兑包括：（a）资本出资；（b）利润、分红、资本收益以及合格投资的全部和部分转让或清算收入；（c）利息、特许权使用费、管理费、技术指导费等费用；（d）合同（包括贷款合同）应收款；（e）按照最低待遇标准和征收与补偿的应收款；（f）从争端中产生的应收款；（2）缔约方应当允许与合格投资有关的资金，以按照市场最高价换算出的自由使用货币形式进行转移；（3）缔约方应当允许投资利润按照授权或缔约一方与合格投资/缔约另一方投资者书面协议的约定汇出。”

（三）战争与内乱风险

各国双边投资协定通常并未规定专门的战争与内乱风险条款，而是在损失补偿或投资待遇等条款中规定相应的战争与内乱风险事项。如 2003 年《印度双边投资协定范本》在损失补偿条款下规定了在战争、武装冲突、全国紧急状态或骚乱等情况下，外国投资者就损害请求恢复原状、赔偿、补偿或其他解决措施的待遇不应低于本国投资者，并且外国投资者所获得的相关款项应可自由转让。2004 年《美国双边投资协定范本》则规定了战争与内乱状态赋予外国投资者非歧视待遇。而 2007 年《挪威双边投资协定范本》并未规定战争与内乱风险下外国投资者相关权益的保护，反而在第 26 条规定了安全例外条款，并将战争事项纳入其中，因此，当外国投资者因战争事项遭受损失时，缔约国将不承担相应的国家责任。

五、争端解决

双边投资协定中规定的争端解决包括两个层面：一是东道国与投资国之间关

于投资协定解释与适用的争端解决，二是外国投资者与东道国政府间的争端解决，本章主要探讨第二个层面。

（一）协商

对于外国投资者与东道国政府间的政治风险争议，按各国双边投资协定的规定可以通过以下几种方式解决：首先，采用友好协商方式解决争端，友好协商方式的期间根据各国不同的规定从3~36个月不等，以6个月的规定居多。其次，若通过友好协商不能解决争端，则通过国际仲裁的方式予以解决。双边投资协定中约定的仲裁机构主要有ICSID仲裁庭、联合国国际贸易法委员会专设仲裁庭、经争议双方同意的任何其他仲裁机构或专设仲裁庭。以2002年《日本国政府和大韩民国政府关于投资自由化、投资存进和投资保护协定》为例，其第15条第2款就规定投资者可将争议提交有约束力的仲裁机构进行仲裁，包括ICSID、联合国国际贸易法委员会专设仲裁庭或其他仲裁机构。

（二）当地救济

有一部分国家的双边投资协定在协商与国际仲裁之间还规定了东道国当地救济的方式。各国对于双边投资协定下当地救济的种类规定较为不同，一些国家的双边投资协定只规定了东道国的司法救济，如2003年《意大利双边投资协定范本》和2007年《哥伦比亚双边投资协定范本》。还有一些国家的双边投资协定既规定了当地救济中的司法救济也规定了行政救济，如2007年《挪威双边投资协定范本》第15条指出，外国投资者必须在用尽东道国的行政救济之后才能将争议提交司法救济。

（三）仲裁

外国投资者对于双边投资协定中规定的多个国际仲裁机构，应结合自身的情况，选择合适的国际仲裁庭。当投资国与东道国都是ICSID的成员国时，外国投资者可借助ICSID的仲裁机制对征收争议进行国际仲裁。若投资者不能依托ICSID的仲裁机制，可运用UNCITRAL仲裁规则进行仲裁。投资者还可与东道国约定采用其他国际仲裁庭或仲裁规则。《联合国国际贸易法委员会仲裁规则》（UNCITRAL仲裁规则）由联合国国际贸易法委员会于1976年制定，2010年进行了新的修订。联合国国际贸易委员会并未像ICSID一样设立常设国际仲裁机构，而是将UNCITRAL规则作为一种示范性规则，供当事人选择适用。根据UNCITRAL

仲裁规则第 1 条第 1 款的规定："提交的争议应按照《规则》进行解决，但须服从各方当事人可能协议对本《规则》作出的修改。"投资者在利用 UNCITRAL 规则进行仲裁时，具有很大的自主选择性，可以灵活性地对规则的具体条款协议达成一致修改意见。

第三节　双边投资协定评析

一、双边投资协定的作用

（一）调整缔约国间的国际投资关系

双边投资协定是调整两国间投资关系的最有效的手段，对于促进国际投资和国际经济技术合作的发展具有不可替代的作用。对于不同国家间的特殊利益关系，当事国可进行协商，在互利的基础上谋求共同利益，从而达成双边投资协定的具体条款。双边投资协定可以加强或保证国内法的效力，在国际法上对双方当事人都具有法律拘束力，若当事国一方不遵守条约，就会产生国际责任。

（二）为缔约一方投资者向缔约另一国投资提供法律保护

双边投资协定往往既含有关于缔约方权利和义务的实体性规定，又有关于解决投资争端的程序性规定，为缔约国双方的投资者预先规定了建立投资关系所应遵循的法律规范结构和框架，可以避免和减少法律障碍，保证投资关系的稳定性，促进投资活动的发展。

（三）双边投资协定与区域性多边投资条约的关系

在 2013 年，至少有 110 个国家参与了 22 个区域谈判，投资区域主义迅速发展起来。区域主义能够提供一个合理化的机会，如果当事方选择以区域协定中的投资章节取代各自的双边投资条约，今天的全球双边投资条约网络就能得到整合，减少 270 多项（或将近 10% 的）双边投资协定。双边投资协定最重要的特点就是符合缔约双方的特定情况和相互利益，并且能够处理所关心的特定问题，即双边投资协定往往是根据两国具体需要达成有针对性内容的投资协议，从而使得国家间产生不同标准和准则的双边投资协议。如果在一定区域内由各缔约方达成共识，签订区域性多边投资条约，就能减少投资协定中所存在的差异性和复杂性，降低国际投资的不确定性。

二、双边投资协定存在的问题

（一）投资存在差别待遇

双边投资协定中的投资待遇主要有国民待遇、最惠国待遇和公平公正待遇。20 世纪 90 年代之前，外国投资者遭遇东道国的政治风险较多，公平公正待遇因而成为各国双边投资协定的必备条款。而对于最惠国待遇和国民待遇，各国则经历了从谨慎到逐步放开的过程。以我国为例，1985 年《中华人民共和国政府和新加坡共和国政府关于促进和保护投资协定》只规定了最惠国条款，却排除了征收对此条款的适用。2002 年《中华人民共和国政府和特立尼达和多巴哥共和国政府关于鼓励促进和保护投资协定》第 4 条则对运作、管理、维持、使用、享受以及处分投资者的投资的活动给予国民待遇和最惠国待遇。2009 年《中华人民共和国政府和马耳他政府关于促进和保护投资的协定》第 4 条第 3 款规定："最惠国待遇适用于缔约一方投资者在缔约另一方领土内的投资的征收。"一国与不同国家签订的双边投资协定如果确定不同的投资待遇标准，对外国投资者来说无疑是不公平的，外国投资者所面临的政治风险程度也将有所差别。

（二）征收规定存在缺陷

1. 征收概念不统一

一国与不同国家签订的双边投资协定对征收的概念存在不同的规定。以我国为例，1985 年《中华人民共和国政府和泰王国政府关于促进和保护投资的协定》第 5 条只笼统地规定在为了公共利益和补偿的基础上才可以征收，而并未规定征收的具体概念；2003 年《中华人民共和国和德意志联邦共和国关于促进和相互保护投资的协定》第 4 条则将征收区分为直接征收、间接征收和具有征收效果的其他任何措施，对征收进行了相应的归类，但仍缺乏相应的具体规定；2006 年《中华人民共和国政府和印度共和国政府关于促进和保护投资的协定》第 5 条则对征收的概念作出了全面的解释，甚至将认定为征收应考虑的因素进行列举。一国在与他国签订的双边投资协定中未采用统一的征收概念，由此造成不同东道国对征收的认定存在差别。

2. 征收的救济方式存在差别

一国与不同国家签订的双边投资协定对征收救济的规定存在不一致的情形。例如，对于具体征收争议的管辖权存在不同的规定。以我国为例，对于涉及征收合法性的争议，在签订的双边投资协定中，大多将其限定在国内法院的管辖范围内，而不允许国际仲裁。如 1985 年《中华人民共和国政府和泰王国政府关于促进和保护投资的协定》第 5 条第 2 款规定："任何征收、国有化或类似措施的合法性，应由采取征收措施的缔约一方有管辖权的法院进行审查。"由于不同东道国对国内法院争议解决的规定不尽相同，有些东道国存在立法不完善等问题，从而间接妨碍了外国投资者对征收的救济。但晚近签订的双边投资协定则允许将涉及征收的任何法律争议提交国际仲裁，如 2001 年中国与塞浦路斯签订的双边投资协定就作了这样的规定。

第四节 中外双边投资协定规定的救济方式

我国从 1979 年实行开放政策以来，对签订双边投资协定一直持积极态度，在坚持主权原则和平等互利原则的基础上，积极与有关国家谈判磋商，缔结双边投资协定。自 1982 年与瑞典签订了第一个双边投资协定后，到 2014 年 3 月，共签订了 128 个双边投资协定，涉及 101 个国家。这对于健全和完善我国关于国际投资保护的法制，改善投资环境，起到了重要的作用。

一、中外双边投资协定规定的救济方式概述

关于外国投资者与东道国政府政治风险争议的解决，中国双边投资协定的规定经历了从无到有的阶段。在 20 世纪八九十年代，中国与瑞典、罗马尼亚、泰国等国所签订的投资保护协定中，只规定了供缔约两国之间争议解决的方法，对一国投资者与另一缔约国之间的争议，双边投资协定并没有进行任何规定。其后，中国与法国、芬兰、挪威、意大利等国签订的双边投资协定除了规定缔约国间的争议解决方法，还在此基础上增加了投资者与东道国间争议的解决方法，包括协商、国内行政或司法程序以及国际仲裁。当然，也有些双边投资协定并没有规定国内行政或司法程序，如中国与奥地利、芬兰、马达加斯加等国签订的双边投资协定规定协商不成后的解决方式直接是国际仲裁。

同中国签订这类双边协定的国家的投资者可以直接援用协定中规定的方法，亲自直接参与解决程序，解决其同中国政府之间的争议。这里，首先需要明确何为外国投资者。对此各双边协定皆有确切定义，但规定不一，具体应依各协定而定。一般地说，外国投资者是指属于或视为缔约另一国国民的自然人、法人或合伙组织。因此，在我国成立的合营企业和外资企业本身不是外国投资者，而合营企业中的外方合营者、外资企业的业主或股东系外国投资者。这样，当我国政府

侵害了外商投资企业的利益，如实行征收或国有化，而又违反了双边投资协定的义务侵害到外国投资者的权利时，外国投资者可以不依赖企业而以自己的名义即作为股东对中国政府提出求偿。

二、中外双边投资协定规定的具体救济方式

（一）协商

双边投资协定规定，双方因投资问题发生争议后，应首先进行协商友好解决。如 2009 年《中华人民共和国政府和马耳他政府关于促进和保护投资的协定》第 9 条第 1 款规定："缔约双方应当通过友好解决的方式尽力协助解决缔约一方与缔约另一方投资者之间的本协定所调整的任何投资争议。投资者应以书面方式将此类争议同时通知缔约双方，通知中应当包括详细的信息。"协商的期限一般为 6 个月，自一方提出协商要求时起算。期满协商不成方可采用其他方法，故协商为必经程序。这种规定有利予促进双方友好解决争议，对外国投资者与东道国政府均有利。

（二）当地行政或司法救济

如协商不成，投资者可以在东道国诉诸相应的行政主管机关或有管辖权的法院寻求当地救济，对于当地救济中的仲裁救济方式我国对外签订的双边投资协定中则没有进行规定。外国投资者在选用当地行政救济或司法救济时，既可以先通过行政救济的方式进行解决，再通过法院诉讼，也可以直接将争议提交法院诉讼。但是，对于征收争议，要区别对待。对于有关征收或国有化补偿数额的争议，投资者可以选择当地救济或直接提请国际仲裁。但是，有关国有化的合法性争议，只能由当地法院审理。

利用双边投资协定中的国际救济时，若投资者已将征收争议提交东道国国内法院，那么其是否还能将案件提交国际仲裁庭呢？对此争议，在实践中有两种观点。一种观点认为，只要提交至东道国国内法院解决，就不可以将争议再提交到国际仲裁庭，以 1997 年《中华人民共和国政府和南非共和国政府关于相互鼓励和保护投资协定》第 9 条第 2 款为例。另一种观点则认为，已将争议提交投资所在地缔约一方有管辖权的国内法院的投资者仍可诉诸仲裁庭仲裁，条件是该投资者在提交争议后判决作出前，已经从国内法院撤回案件，以 2004 年《中华人民

共和国政府和芬兰共和国政府关于鼓励和相互保护投资协定》第 9 条第 3 款为例。其实，这两种观点在本质上都强调同一个问题，即为了避免国际仲裁庭推翻国内法院作出的判决，从而有损东道国的司法独立性。而 1988 年《中华人民共和国和日本国关于鼓励和相互保护投资协定》将这一理念发挥到最大化，其第 11 条指出只要缔约一方在缔约另一方境内求助于行政或司法解决时，那么争端就不得提交仲裁。

（三）国际仲裁

我国签订的双边投资协定中规定国际仲裁救济方式中的仲裁庭主要包括 ICSID 仲裁庭、依照《联合国国际贸易法委员会仲裁规则》建立的专设仲裁庭以及其他仲裁庭。如 2001 年《中华人民共和国政府和荷兰王国政府关于鼓励和相互保护投资协定》第 10 条第 3 款规定："如争议自争议当事任何一方要求友好解决之日起六个月内未能解决，缔约各方无条件同意应有关的投资者要求将该争议提交：（1）'解决投资争端国际中心'，依照 1965 年 5 月 18 日在华盛顿开放签字的《关于解决国家与他国国民投资争端的公约》，进行仲裁或调解，或（2）除非争议当事方另有约定，依照《联合国国际贸易法委员会仲裁规则》建立的专设仲裁庭。"2009 年《中华人民共和国政府和马里共和国政府关于相互促进和保护投资协定》第 9 条第 5 款进一步对仲裁庭的裁决进行了相关规范："仲裁庭作出裁决应根据：（1）本协定之规定；（2）投资所在国法律，包括真冲突法规则；（3）缔约双方接受的国际法原则；（4）缔约双方间有关投资的双边特别协定；（5）其他缔约双方同为缔约方或可能共同成为缔约方的有关国际投资的条约。"由此可见，双边投资协定中关于国际仲裁的规定，构成缔约国同意仲裁的正式许诺，依此，投资者可直接提起仲裁程序，无须双方另订仲裁协议。

外国投资者与东道国政府的政治风险争议一旦提交国际仲裁则排斥任何其他救济。如 1984 年《中华人民共和国政府和比利时——卢森堡经济联盟关于相互鼓励和保护投资协定》第 10 条第 3 款规定，投资者若提交国际仲裁，即不得诉诸其他任何手段。其他任何手段应包括外国法院诉讼、投资者本国的代位求偿和外交保护等，如 1985 年《中华人民共和国政府和科威特国政府关于促进和保护投资协定》第 8 条第 5 款规定："在仲裁程序终止之前和缔约一国不遵守履行仲裁庭作出的裁决之前，缔约任何一国都不得通过外交途径追究已提交仲裁的事

宜。”其他一些协定无此类明文规定，但都应作此种解释。不过有些协定规定，争议双方使用的程序包括国际仲裁的采用，不应损害缔约国双方对本协定的解释或适用发生争议时适用的解决程序。本书认为，这一规定可以同上述两个协定的规定统一起来，即两国解决争议的事项应限于投资者提交国际仲裁的事项以外的范围（除非东道国不遵守裁决），否则就可能对一个事项出现两种效力相当但却相互矛盾的处理结果。同时，仲裁裁决是终局的，对争议双方具有约束力。缔约双方应承担执行裁决的义务。